La collection
DOCUMENTS
est dirigée par
Gaëtan Lévesque

Dans la même collection

Bettinotti, Julia et J. Gagnon, *Que c'est bête, ma belle! Études sur la presse féminine au Québec.*

Carpentier, André, *Journal de mille jours [carnets 1983-1986].*

Saint-Martin, Lori (collectif sous la direction de), *L'Autre Lecture. La critique au féminin et les textes québécois* (Tome 1).

Vanasse, André, *La Littérature québécoise à l'étranger. Guide aux usagers.*

La nouvelle:
écriture(s) et lecture(s)

Données de catalogage avant publication (Canada)

Vedette principale au titre:
    La Nouvelle: écriture(s) et lecture(s)

(Collection Dont actes; 10)
    Actes d'un colloque présenté au collège Glendon
    de l'Université York, en novembre 1992.
Comprend des références bibliographiques et un index.
ISBN 0-921916-35-3 [Éditions du GREF]
ISBN 2-89261-091-5 [XYZ éditeur]

    1. Nouvelles canadiennes-françaises — Congrès. 2. Nouvelle — Congrès. 3. Roman — Art d'écrire — Congrès. I. Whitfield, Agnès, 1951-. II. Cotnam, Jacques III. Collection.

PS8187.N69 1993   C843'.01   C93-090590-3
PR9192.52.N69 1993

La publication de ce livre a été rendue possible grâce à l'aide financière du Conseil des Arts du Canada, du ministère de la Culture du Québec, du ministère des Communications du Canada et de la Commission permanente de coopération Ontario-Québec.

© XYZ éditeur
    1781, rue Saint-Hubert
    Montréal (Québec)
    H2L 3Z1
    Téléphone: 514.525.21.70
    Télécopieur: 514.525.75.37

    GREF (Groupe de recherche en études francophones)
    Collège universitaire Glendon
    Université York
    2275, avenue Bayview
    Toronto (Ontario)
    M4N 3M6
    Téléphone: 416.487.67.74
    Télécopieur: 416.487.67.28

    et les auteurs

Dépôt légal: 4e trimestre 1993
Bibliothèque nationale du Canada
Bibliothèque nationale du Québec
ISBN 2-89261-091-5 [XYZ éditeur]
ISBN 0-921916-35-3 [GREF]

Distribution en librairie:
Socadis
350, boulevard Lebeau
Ville Saint-Laurent (Québec)
H4N 1W6
Téléphone (jour): 514.331.33.00
Téléphone (soir): 514.331.31.97
Ligne extérieure: 1.800.361.28.47
Télécopieur: 514.745.32.82
Télex: 05-826568

Révision et préparation de la copie: Dominique O'Neill avec l'aide d'Alain Baudot
Conception typographique et montage: Édiscript enr.
Maquette de la couverture: Zirval Design

La nouvelle : écriture(s) et lecture(s)

sous la direction de

Agnès Whitfield
et
Jacques Cotnam

Éditions du GREF
Collection Dont actes n° 10

• documents •

Présentation

Jacques Cotnam
Agnès Whitfield
Collège universitaire Glendon,
Université York, Toronto

> Écrire ou lire des nouvelles, c'est composer
> avec la disparité, donc rompre avec l'artifice
> de la pleine continuité et de la complétude.
>
> André Carpentier [1]

Au cours des dernières décennies, et nombreux sont les auteurs et auteures qui en témoignent dans le présent ouvrage, la nouvelle a connu un essor remarquable, tant au Québec qu'au sein des autres communautés francophones du Canada. Comme le remarque Michel Lord, si la nouvelle et le conte ont toujours eu des adeptes parmi les écrivaines et les écrivains québécois, la pratique actuelle du genre bref au Québec n'en demeure pas moins assez exceptionnelle : « plus de cinq cents recueils de contes, de récits et de nouvelles publiés de 1940 à 1990 ». La parution en 1985 de *XYZ*, revue entièrement consacrée à la nouvelle, la fondation des Éditions XYZ et des Éditions L'instant même, ainsi que la création du prix Adrienne-Choquette, sans parler de l'utilisation de la nouvelle dans les cours, de plus en plus nombreux, de création littéraire, offrent autant de témoignages supplémentaires de l'intérêt croissant que l'on porte de nos jours à ce genre.

Pareille constance dans la pratique de la nouvelle est loin, toutefois, d'avoir reçu l'attention critique qu'elle mérite. Sans doute, cette lacune s'explique-t-elle en partie par le caractère problématique du statut générique de la nouvelle qui, en tant que forme brève, s'apparente à plusieurs types de récits, du conte et de la légende au récit réaliste et fantastique. Les conditions particulières de diffusion de la nouvelle, notamment dans des revues littéraires et populaires, n'ont guère facilité son étude, pas plus que sa brièveté même, qui semble avoir joué un rôle dans la dévalorisation littéraire du genre, inscrit souvent en marge du roman et réduit ainsi à un genre mineur, voire à un sous-genre. Certes, on constate, depuis quelques années, au Canada comme à l'étranger, un regain d'intérêt chez les théoriciens des genres pour les formes narratives brèves. Rappelons, à cet égard, la

---

1. *Infra*. À moins d'avis contraire, les citations qui suivent sont extraites de ce livre.

publication en 1986, par Line McMurray et de Jeanne Demers, d'un numéro spécial d'*Études littéraires* sur la subversion et les formes brèves. Mais ces recherches théoriques sont loin encore de connaître leur prolongement logique en critique littéraire. Si *Québec français* publie un dossier spécial sur la nouvelle en 1987, l'*Index* des articles parus dans *Voix et Images* entre 1967 et 1987, par contre, ne mentionne qu'une dizaine d'articles et comptes rendus portant sur la nouvelle, soit à peu près le même nombre que ceux qui furent consacrés à la peinture.

Ce fut justement dans le but d'encourager l'étude critique de la nouvelle que nous avons réuni plusieurs nouvellistes et critiques, certain(e)s intervenant d'ailleurs à double titre, au Collège universitaire Glendon, du 12 au 14 novembre 1992. Ce sont les fruits de cette rencontre, qui avait pour thème général : « La nouvelle : écriture(s) et lecture(s) » que nous publions dans le présent volume.

Pour faciliter la consultation de cet ouvrage, tout en restant fidèle à l'esprit du colloque, nous avons modifié quelque peu l'ordre des différentes interventions, pour les regrouper en deux grands volets. Le premier rassemble les articles qui, d'une façon ou d'une autre, s'interrogent surtout sur l'écriture de la nouvelle, ses théories et pratiques. Le second propose plutôt quelques lectures d'œuvres, que ce soit dans le cadre d'analyses critiques proprement dites ou de réflexions plus générales sur l'utilisation didactique de la nouvelle littéraire. Cependant, il ne faudrait pas interpréter ce regroupement, qui pourrait paraître arbitraire à l'occasion, comme une tentative de démarcation systématique entre lecture(s) et écriture(s), car il va sans dire que les textes assemblés sous l'une ou l'autre de ces deux rubriques se rejoignent souvent, poursuivant, pour ainsi dire, les uns avec les autres, un dialogue implicite et ce, à divers niveaux et sur des thèmes multiples.

L'envergure possible d'un tel dialogue ressort clairement des principaux enjeux évoqués par Henri-Dominique Paratte dans l'article initial du premier volet. Empruntant tantôt le langage de la fiction, tantôt celui de la critique, puisant ses exemples dans autant de corpus différents : irlandais, américain, suisse, acadien, québécois et français, l'auteur, lui-même nouvelliste, souligne « l'extrême diversité des styles pouvant être réunis sous la dénomination de nouvelle ». Poursuivant cette réflexion sur la pratique du genre dans le contexte de sa propre démarche « au sein de la brièveté et de la discontinuité », André Carpentier signale à son tour « le caractère fragmentaire de l'écriture nouvellière, puis le principe de la discontinuité par assemblage de brièvetés ». Pour sa part, « à la recherche d'un système discursif qui pourrait rendre compte du fonctionnement du récit dans la nouvelle », Michel Lord s'évertue à mettre en lumière « l'idée que le genre bref, en raison même d'une nécessité tant interne qu'externe poussant au "faire bref", est susceptible de recevoir un type particulier d'organisation de ses micro-énoncés et de ses macro-énoncés ».

8

Se situant moins sur le plan des structures internes de la nouvelle qu'au niveau de ses rapports avec son paratexte, voire avec d'autres genres, Jeanne Demers et Sylvie Bérard en concluent, comme plusieurs autres intervenant(e)s d'ailleurs, combien il est difficile, voire impossible, de définir la nouvelle. Sylvie Bérard montre à quel point la pratique éditoriale tend à « brouiller les étiquettes », lorsqu'elle s'aventure à qualifier le texte bref. Partant de l'horizon d'attente spécifique à la nouvelle et au conte, Jeanne Demers examine la question épineuse des rapports entre ces deux genres voisins pour souligner « le fait que la nouvelle problématise une situation, alors que le conte la simplifie, en organise la portée en fonction d'un projet précis : faire rire, faire peur, étonner, émerveiller, faire réfléchir, etc. en fonction aussi du trait final, leçon très souvent ».

Dans un autre ordre d'idées et en s'inspirant tant de leurs lectures que de leur propre pratique du genre, Roland Bourneuf et Gaétan Brulotte avancent, le premier, que la nouvelle privilégie le déploiement et la manifestation du rêve, et le second, qu'elle est à ses yeux le genre idéal pour « satisfaire ce besoin de finir » qu'il éprouve [2].

Ces réflexions sur la pratique de la nouvelle trouvent un prolongement fructueux dans le second volet de cet ouvrage qui regroupe plusieurs lectures de nouvelles. L'étude de la réception critique de la nouvelle au Québec avant 1940 que propose André Senécal, suffirait d'ailleurs à illustrer tout ce que notre classement peut avoir d'arbitraire. Elle soulève, en effet, mais sous un autre angle, tout comme le feront d'autres analyses recueillies dans cette deuxième partie, quelques-unes des questions posées antérieurement, relatives notamment au flottement de la terminologie du genre et à la difficulté d'en reconnaître les frontières. À ce tableau d'ensemble, Maurice Lemire ajoute une étude de cas particulier. Se penchant sur l'œuvre d'Eugène L'Écuyer, l'historien de la littérature se demande s'il est possible d'y percevoir une évolution quelconque sur le plan esthétique, entre 1844 et 1888.

Les trois textes qui suivent examinent la problématique de la nouvelle dans le contexte de l'écriture au féminin. Relisant deux nouvelles d'Anne Hébert, publiées dans *Châtelaine* dans les années 1960, Lori Saint-Martin s'interroge ainsi sur le «rôle fondateur» que la pratique de la nouvelle a pu jouer dans l'œuvre d'Anne Hébert. Dans le prolongement de son ouvrage sur *Châtelaine et la littérature (1960-1975)* [3], Marie-José des Rivières relève quelques-unes des caractéristiques des vingt-six nouvelles publiées dans cette même revue entre 1976 et 1980. Ces nouvelles plus courtes offrent-

---

2. Nous aimerions remercier Monsieur Gérard Dessons, directeur de la revue *La Licorne*, qui nous a bien voulu accorder l'autorisation de reproduire l'article de Gaétan Brulotte, paru pour la première fois dans cette revue en 1991 (numéro 21).

3. Marie-José des Rivières, *Châtelaine et la littérature (1960-1975)*, Montréal, l'Hexagone, 1992, 378 p.

elles « un fort contraste » avec celles des années précédentes, se demande-t-elle ? Y remarque-t-on une évolution des mythes et des idées au sujet des femmes ? En proposant une lecture de *L'Homme qui peignait Staline* de France Théoret à la lumière d'*Entre raison et déraison* de la même auteure et en s'inspirant des travaux d'Alice Jardine et de Teresa de Lauretis sur la représentation de la femme dans l'art postmoderne, Claudine Potvin poursuit cette réflexion afin de « vérifier en quoi le genre de la nouvelle ou du bref récit traduit les préoccupations formelles et mentales des femmes qui écrivent ».

Il n'y a pas qu'au Québec que la pratique de la nouvelle de langue française a connu un essor remarquable au cours des dernières décennies. C'est aussi le cas en Acadie et en Ontario, ainsi que le rappellent fort à propos François Paré et Évelyne Foëx. S'agit-il d'un hasard ? Pour sa part, François Paré en doute. Il formule à ce sujet l'hypothèse que les « conditions matérielles de la diffusion de l'écrit en milieu minoritaire militent en faveur de la brièveté des formes littéraires » et que, plus que toutes autres, celles-ci sont aptes à témoigner de la fragmentation du sujet minoritaire. Et d'observer, en abordant l'œuvre de Marie-Rose Turcot, d'Adrien Thério et de Daniel Poliquin, qu'il ne s'agit point d'un phénomène récent... comme ce serait plutôt le cas en Acadie, selon Évelyne Foëx, qui situe la nouvelle acadienne dans le contexte de l'ouverture de cette littérature à la modernité.

La nouvelle est, par ailleurs, de nature à jouer un rôle important dans l'enseignement collégial et universitaire, qu'elle soit intégrée à des cours de littérature ou à des cours visant à faciliter l'acquisition de la langue française. Jane Koustas et Rosanna Furgiuele nous font part à cet égard de leur expérience personnelle, explorant ainsi différentes dimensions de l'utilisation didactique du genre[4]. Du reste, pour faciliter l'utilisation pédagogique du présent ouvrage, nous avons cru bon d'ajouter aux différentes interventions dans le cadre du colloque, une bibliographie sélective que Michel Lord a bien voulu accepter de préparer, avec l'aide de Camille Pagee.

Au terme de cette présentation, il nous est très agréable d'exprimer publiquement notre gratitude à toutes les personnes qui nous ont aidés à réaliser notre projet. De façon plus particulière, nous tenons à remercier Roseann Runte, principale du Collège universitaire Glendon, qui a généreusement accepté d'assumer une part substantielle des frais du colloque. David Leyton-Brown, doyen de la Faculté des études supérieures, nous est aussi venu en aide et nous lui en sommes très reconnaissants. Nous aimerions également remercier Fabienne Bilodeau, conseillère culturelle au Bureau du Québec à Toronto, qui nous a encouragés, dès le début, dans la

---

4. Citons aussi à cet égard la réalisation, dans le cadre d'un cours de stylistique française au Collège universitaire Glendon, d'un recueil de nouvelles, *Éclats*, publié sous la direction de Michel Lord (Collège universitaire Glendon, Toronto, 1993).

poursuite de notre entreprise. Grâce à son intervention et à l'aide du Conseil des Arts du Canada, il nous a été possible d'organiser, lors de ce colloque, une exposition de livres et deux soirées au cours desquelles Marguerite Andersen, Gaétan Brulotte, André Carpentier, Pierre Karch, Gilles Pellerin, Monique Proulx, Paul Savoie, Lori Saint-Martin et Marie José Thériault ont, tour à tour, lu quelques-unes de leurs nouvelles devant un public nombreux et on ne peut plus attentif. Nous avons été très honorés d'accueillir ces écrivains et écrivaines au Collège universitaire Glendon.

Michel Lord nous fut d'un précieux secours. Qu'il veuille bien trouver ici, de même que Myriam Hazan, Anita Milne et Aileen Rakocevic, qui se sont brillamment acquitté d'une multitude de tâches, l'expression de notre reconnaissance.

La publication de ce livre n'aurait pas été possible sans l'aide généreuse de la Commission permanente de coopération Ontario-Québec. Nous remercions le gouvernement de chacune de ces deux provinces. Grand merci enfin à Alain Baudot, directeur des éditions du Gref, et à Dominique O'Neill qui se sont appliqués avec enthousiasme et générosité à réviser soigneusement notre manuscrit, ainsi qu'à Gaëtan Lévesque des Éditions XYZ qui en a surveillé la production.

Nous dédions cet ouvrage à tous ceux et celles qui aiment lire, écrire ou enseigner la nouvelle dans l'espoir que les textes ici réunis contribueront à faire mieux apprécier la richesse de ce genre encore mal connu.

Jacques Cotnam
Agnès Whitfield

I. Écriture(s) : théorie(s) et pratique(s) de la nouvelle

L'architecture de la nouvelle.
Émergence d'un lieu vers ailleurs

Henri-Dominique Paratte,
Université Acadia

C'était le jour du Sabbat.

Ils étaient assemblés autour d'une table circulaire, apôtres d'on ne sait quelle secte, quel culte, quel mystérieux espace où ils se retrouvaient. Sans distinction de sexe ni de taille. Sans uniforme. Des gros. Des courts. Des longs et des osseux. Et osseuses. Des hommes et des femmes. Des nouveaux. Des nouvelles. Des anciens. Des anciennes. Des créateurs. Des créatrices. Des créatures. Des déconstructeurs, sans doute. Des lecteurs. Des lectrices. Délectations. Sorciers et sorcières du langage. Peut-être. Du moins le croyaient-ils.

Ils étaient assemblés autour d'une table circulaire, et on aurait pu avoir l'impression que leurs débats tournaient en rond. Avaient-ils fait tout ce chemin, depuis trois jours, pour se retrouver à leur point de départ? N'y avait-il pas, dans tout ce qui s'était échangé, une trace de clarté, un éclairage qui eût pu contribuer à montrer la Voie? la Voix? Étaient-ils condamnés à voir l'objet de leur désir comme essentiellement obscur, collection d'idiolectes qui se refusaient à la prétention scientifique des classements du discours? Eux qui, depuis l'enfance, avaient dû faire entrer des grillons dans des boîtes d'allumettes, pas juste pour le fun, mais pour en décortiquer tous les mystères?

Pour un peu, ils se seraient pris à souhaiter que descende du firmament illuminé au-dessus de leur tête, Bernard Derome, le bien nommé, pape de la *nouvelle* télévisée qui était, somme toute, celle que la plus grande majorité de leurs contemporains connaissaient, de jour en jour, communiant dans l'expérience oblique d'une réalité référentielle, indiscutable, en apparence du moins, un en-soi, dont on faisait l'expérience, cependant, par l'oblique communion de l'écran, du verbe, et du *clip* bien organisé — par pure nécessité technique, sinon esthétique — sur ce qui définissait, en définitive, notre intertexte tout autant que notre référent. Sans penser un seul instant aux mille possibilités de trucage à tous les moments de ce processus. La fausse vérité du dinosaure de cinéma, qu'on glisse au dernier moment dans la pellicule.

Mais ce n'était pas là ce que ces apôtres attendaient. *Des nouvelles à la nouvelle*, holà! malgré l'apparente sympathie sonore, il y avait un pas. Celui qui sépare le « réel » — même exprimé par le symbolisme du langage — de la fiction. Le référentiel, création collective présentée, ou représentée, par un regard global — le Derome n'étant que la voix soi-disant neutre de notre objectivité — par opposition au subjectif, au personnel, à la structure d'un imaginaire — celui du nouvellier, du nouvelliste, de la nouvellière, frères et sœurs francophones du / de la *short story writer*. Ce pas était celui qui sépare aussi, peut-être, la masse, gorgée de clips de sports, de politique, de commerciaux de bière, saturée d'audio-visuel — ceux que le romancier suisse-romand Yves Velan appelait les idiots, les incultes, les prisonniers bien heureux du « goulag mou » de cette fin du XXe siècle — et l'« élite », fût-elle réduite aux confins de la secte des littéraires, et parmi ceux-ci, et celles-ci, car les apôtres étaient de sexes différents, sinon indifférents, la petite frange marginale pour qui il n'était d'écriture que de nouvelle.

Celui que ces apôtres attendaient, ce matin-là, c'était le Grand Architecte, celui que Voltaire, sans doute, appelait de tous ses vœux, lui qui, avec *Candide*, avait écrit un *conte* : réflexion moralisatrice, en forme de récit linéaire d'aventures bien choisies, et qui visait à faire passer des idées sous le couvert d'une histoire. À moins, bien sûr, que ce ne fût La Grande Architecte, elle-même, ombre de Sappho ayant déterminé depuis des siècles où se situait la limite entre le poème en prose, aussi long fût-il, et la nouvelle, un peu à la manière de la ligne de partage des eaux, puisqu'en définitive tout venait de la même source, de la même fonte des mêmes champs glaciaires de l'inconscient collectif surgi à la conscience individuelle par l'étincelle d'une chaleur créatrice.

Au fond d'eux-mêmes, sans doute, les apôtres savaient bien, pour avoir lu *S / Z* de Roland Barthes, que l'ambiguïté, bannie autant que faire se pouvait de la parole dénotative, règne en subtile maîtresse sur le discours littéraire, dont elle justifie particulièrement l'entreprise, quel qu'en soit le message. Au fond d'eux-mêmes, ils savaient bien que, comme le dit si bien Barthes lui-même, il n'y a pas de parole absolue, pas de définititon totalisante possible, pas de moyen de voir l'éternité dans un grain de blé, ni de découvrir l'univers dans une nouvelle. Les huards de nickel avaient remplacé les veaux d'or, et l'adoration béate des absolus n'était plus à la mode. L'univers, à tout jamais, portait la marque de fractures, de ruptures, d'éclatements. Le macrocosme n'était peut-être que chaos, et seuls les microcosmes seraient désormais capables de retenir notre attention. Les miniatures. Les anecdotes. Les clips. Les nouvelles.

Pourtant, ils espéraient encore.

C'est dans l'architecture, disaient-ils, que se trouve la vérité. C'est là que s'explique le partage des eaux.

Or, les cieux se fendirent, et voilà que l'on entendit une voix. Ni mâle ni femelle : elle eût pu être celle de Sartre aussi bien que de Gabrielle Roy, de monseigneur Camille Roy aussi bien que d'Antonine Maillet, voire même celle de William Morris et de ses utopistes *Nouvelles de nulle part* (*Tales from Nowhere*) [1] puisque nous étions dans un environnement non seulement bilingue, mais multiculturel, même. La voix s'affirmait dure, tranchante, définitive, voix synthétique comme celle qui annonce les vols dans les aéroports. Elle proclamait soudain :

> Vos textes porteront désormais, en signe de l'alliance entre vous et moi, le signe de la concision. Ce signe de notre alliance sera inscrit dès la mise du texte en clair, si possible en Wordperfect 5.1 ou en Microsoft 4.0, afin que tout le monde sache, et pas seulement les lecteurs du *Reader's Digest* et de la revue *XYZ*, qu'une nouvelle est avant tout concise, reconcise, pour ne pas dire circoncise. Vous éviterez ainsi la logorrhée verbale et la masturbation discursive des *Comédies humaines* et autres *Guerre et Paix*, sauvant du même coup nombre de forêts, tropicales ou autres. C'est ainsi que débute le Nouvel Âge, qui est aussi, bien entendu, l'Âge de la Nouvelle.

Pendant trois jours, nous avons tourné autour de la nouvelle. Nous y pensions avant, nous y avons repensé depuis. Nous en écrivions. Nous en écrivons d'autres. Les éditeurs voient surgir des recueils de nouvelles en lieu et place de poèmes et de romans. Un nouveau recueil de Pierre Gérin à Halifax. Un membre du groupe de rock Brasse-Camarades en train de mettre la dernière touche à un recueil de nouvelles. Nous avons essayé de la définir, de lui trouver des paramètres, et le seul que nous ayons réussi à déterminer avec une certaine assurance, que nous soyons dans la pratique de l'écriture nouvellière ou dans la recherche théorique, c'est la concision.

Distinguons concision et brièveté. Ces deux termes ne sont pas synonymes.

Passe, alors que s'écrit ce texte, une auteure de nouvelles — encore une —, qui vient de remettre aux Éditions du Grand Pré son manuscrit *Sables mouvants*. Textes courts parus en revue, ici ou là, de *Ven d'est* [2] à *Liaison* [3] ou à *Concerto pour huit voix* [4], au gré de ce que l'auteure de nouvelles doit admettre comme son sort : une mouvance d'écriture, une fragmentation de la vision, pour pouvoir, tout simplement, publier. L'image de la mouvance, dans le titre, de l'incertitude, de la mobilité. Se pourrait-il que la nouvelle fût particulièrement adaptée à la fragmentation de la réalité que nous vivons, actuellement, à la veille de l'an 2000 ? Se pourrait-il que notre capacité d'attention, à force de clips télévisuels et de vision littéraire, soit

---

1. Une traduction française de ce texte à but révolutionnaire de l'époque victorienne — peut-être plus roman à thèse, d'ailleurs, que recueil de nouvelles — par Paul Meier a été publiée en 1961, aux Éditions sociales, à Paris. Il s'agissait en fait d'un texte à but idéologique et utopiste publié par livraisons (d'où le titre, probablement) dans la revue *Commonweal*.
2. Magazine acadien. On pense en particulier ici à une nouvelle intitulée « Se retrouver pour mieux se perdre » de l'auteure Martine L. Jacquot, novembre1986, p. 7-8.
3. Magazine de l'Ontario français. On pense en particulier ici à la nouvelle intitulée « Vidéo-Clips », été 1987.
4. Aux Éditions d'Acadie, Moncton, 1989.

réduite, que nous n'ayons plus le goût de la lenteur, de la boucle interminable, de la méthode de Léonard de Vinci chère à Paul Valéry? Que, les civilisations se sachant mortelles, nous soyons poussés, peu à peu, inconsciemment ou non, à l'urgence comme forme d'écriture? Ou la fragmentation serait-elle, peu à peu, notre seule possibilité de coordonner, temporairement mais de façon aussi parfaite que faire se pourrait, les fils contradictoires qu'il serait impossible de renouer en un ensemble cohérent? Je suis frappé de l'image de la mobilité. Chez Christiane St-Pierre, cette fugacité revenait à la mer, à la fois enveloppante et fuyante, surprenante et imprévisible, une mer qui est sans cesse en accord avec actions et états d'âme des personnages, «produisant ces jeux d'alternance entre la violence et la tendresse, le désespoir et l'espérance, le silence et la parole[5]». Notre auteure s'étonne. Il y a une architecture, à la nouvelle? Je ne me suis jamais posé la question.

La nouvelle donne tellement l'impression d'être un tout. À la fois limité et en même temps si complet. Rien à ajouter. Moi, je trouve même que la nouvelle se passe de récit. Il n'y a pas de récit dans mes nouvelles.

Joyce: l'originalité extrême de *Dubliners* (*Gens de Dublin*). Des textes où il ne se passe rien. Où le sens même du texte est dans ce rien. C'est Dublin, au-delà du texte, qui fait les nouvelles.

Image du Jina, l'esprit libéré de la matière, un peu à la manière des icônes d'étain Jain du XVIIIe siècle hindou, où l'esprit libéré apparaissait comme espace découpé sur le fond de porte[6]: la nouvelle, dont toute l'architecture ne serait que prétexte à un texte qui ne serait pas, qui ne pourrait être écrit. Et, en même temps, cette étonnante plénitude, cette existence indiscutable, cette rondeur.

En guise de farce, notre auteure tape sur l'ordinateur: «À la limite, la nouvelle serait comme une pomme bien mûre que l'on aurait envie de croquer comme une fesse bronzée.» Elle s'éloigne en riant. «Faites quelque chose avec cela, vous, les théoriciens.» Ce n'est peut-être pas si loin de la réalité. La plénitude d'une croupe (ce n'est pas pour rien que l'image de la pleine lune a tant marqué le langage érotique) qui, pourtant, n'est qu'un point de départ vers d'autres fanstasmes, d'autres voyages, d'autres lieux.

Où s'arrête le conte? Où est la nouvelle?

Brièveté n'est pas l'équivalent de concision. Si, certes, les deux notions se recoupent souvent, il y a des nouvelles (se rapprochant de la forme appelée *novella* ou même *novelette* en anglais, le premier terme, issu de l'italien, correspondant à l'origine du terme *nouvelle* en français) qui peuvent

---

5. Marielle Cormier-Boudreau, préface à Christiane St-Pierre, *Sur les pas de la mer*, contes et nouvelles, Moncton, Éditions d'Acadie, 1986, p. 9.
6. On trouve une reproduction de cette figure dans *The Way of the Sacred*, de Francis Huxley (Londres, Bloomsbury Books, 1989), p. 283.

atteindre une certaine longueur tout en restant des nouvelles — c'est par exemple le cas de la longue nouvelle qui donne son titre au volume *The Anastasia Syndrome* de Mary Higgins Clark[7], nouvelle polyphonique sans doute, mais distincte du roman court, par exemple *Le Boucher* d'Alina Reyes[8]. Concision n'égale donc pas simple brièveté linéaire, même s'il semble probable qu'on puisse établir un seuil quelque part, au-delà duquel la longueur, par elle-même, distinguerait roman et nouvelle — on n'imagine guère une nouvelle de deux cents pages. Par contre, la nouvelle se prête, et de plus en plus, à la mise en recueil; sans qu'il y ait nécessairement lien entre les nouvelles sur le plan linéaire (les nouvelles tournant autour du même sujet, ou des mêmes personnages, sont fort rares), une certaine architecture, au niveau thématique par exemple, peut rapprocher les nouvelles d'un recueil, faisant ainsi de celui-ci une grammaire discursive dépassant le texte individuel, un peu à la manière d'une série de sketches séparés les uns des autres par un fondu enchaîné (technique utilisée fréquemment au cinéma, ainsi dans la série *New York Tales* où l'on trouve des interventions de Francis Ford Coppola, Woody Allen, par exemple, qui n'ont en commun ni acteurs ni thématique, mais tournent autour d'un lieu spécifique — ce qu'on retrouve aussi pour Montréal, entre autres), alors que le roman se rapprocherait plus (comme c'est le cas pour les romans de Zola, fortement influencés, comme dans *Nana*, par une structure théâtrale) d'une pièce, avec des variations certes, mais une continuité volontaire d'une section à l'autre. Cependant, le recueil de nouvelles ne change pas notablement l'architecture de la nouvelle: celle-ci reste, avant tout autre chose, l'indication d'une incertitude, d'un non-dit, d'un pas-tout-à-fait-abouti, qui contredit l'objectif totalisateur et compilateur du roman (malgré les métamorphoses que l'on a tenté, sans succès durable, de faire subir à celui-ci). Curieusement, à cette incertitude profonde, est liée une technique d'écriture dont la précision sera d'autant plus grande qu'elle doit se concentrer sur une zone d'activité plus limitée. Point de vue et mouvements de la caméra ne pourront être aussi larges que dans le cas d'un roman (où le balayage et la pluralité de voix sont la règle) sans entraîner un grave risque de confusion. Il s'agit pour le nouvelliste / nouvellier de circonscrire et dégager une portion limitée de cette réalité symbolique où s'effectue tout travail littéraire, mais de le faire de façon si intense que le texte soit à la fois compact et dense, et renvoie, mais de façon ouverte et infinie, à tout le non-dit, le non-mentionné, l'espace autre qui entoure comme insondable nuit ce petit rond lumineux sur la scène de notre lecture consciente. L'espace *Jain* à travers la porte sur un fond d'infini.

Si la concision, et non la brièveté, est un des facteurs discrets de l'architecture de la nouvelle, concision signifierait-elle une orientation générale de

---

7. Mary Higgins Clark, *The Anastasia Syndrome and Other Stories*, New York, Simon & Schuster, 1989, p. 9-157.
8. Alina Reyes, *Le Boucher*, Paris, Seuil, 1988.

ce travail littéraire vers l'immobilisme, vers la miniature, la fin de la temporalité, la tentative absurde de réaliser dans l'œuvre écrite, soumise à la contrainte de la chaîne verbale, la simultanéité propre aux œuvres visuelles ? On est tenté de le penser face à certaines formes de nouvelles : la nouvelle purement et exclusivement descriptive, celle où il ne se passe tout simplement rien sur le plan des personnages (on sait que Joyce avait déjà ouvert cette voie), où le schéma actantiel est tout simplement inexistant, mais aussi la nouvelle brève, du style de la nouvelle d'une page telle que la revue *XYZ* en a reçu à partir de l'automne de 1990, leur consacrant un numéro spécial[9] qui ne pouvait manquer de faire ressortir l'extrême diversité de styles pouvant être réunis sous la dénomination de *nouvelle*, d'une invocation lyrique d'Anne Dandurand (p. 22) à une saisie de réalité par Paul-André Bourque (p. 14), une séquence de phrases infinitives en forme de recette pour Gaétan Brulotte (p. 15), une anecdote ambiguë où l'érotisme s'efface au profit d'une visite médicale chez Hervé Viennet (p. 68), un souvenir de la figure paternelle pour Paul Zumthor (p. 69), et l'on pourrait continuer à l'infini, tout en notant que bien souvent la nouvelle se justifie avant tout par l'extrême concision de son final, manière de tailler dans l'attente, de faire surgir l'inattendu, de dérouter le linéaire qui précédait, même lorsqu'il s'agit d'une récurrence. Parfois d'ailleurs, dans une forme qui pourrait sembler avant tout poétique, la concision extrême fait de la nouvelle une caméra tournante qui ne révèle que peu à peu, la linéarité devenant point de vue en spirale, l'étrange auquel nous sommes confrontés, alors qu'un coup d'œil superficiel aurait pu nous laisser voir d'une façon plus ordinaire.

La nouvelle en dit le plus possible avec la plus grande économie de mots possibles ; mais elle n'a nul besoin, en soi, de *raconter* une histoire. Il vaut la peine de citer ici au complet le texte court de Charlotte Boisjoli, auteure par ailleurs de nouvelles où les jeux de langage (d'argot français entre autres) peuvent tenir grande place, mais dont la concision est ici extrême, le texte offrant précisément à la fois la synthèse, complète et immuable, qu'une photo pourrait offrir, et renvoyant en même temps à toute l'altérité qui la précède, la suit, l'explique sans doute, la situe, mais n'est en aucune façon exprimée par le signifiant tangible du discours :

INSTANTANÉ

Ils sont dressés tous deux, mais couchés, mais par terre, mais étendus.

Ils sont noirs, couverts de suie, mais blancs, mais clairs, mais soyeux.

Ils se regardent et ils se taisent.

Leur langue est morte.

Leurs yeux vivent dans la face étonnée, stupéfaite, tout d'horreur figée.

---

9. *XYZ*, n° 28, hiver 1991. Les pages entre parenthèses après les textes renvoient à ce numéro.

Le sable les recouvre.

Peu à peu.

Les efface.

Adieu sable doré.

Adieu désert.

Adieu Bagdad. (p. 11)

Vouloir enfermer la nouvelle dans une forme prédéterminée semble quasi impossible, même si, de toute évidence, la notion de concision stylistique s'impose comme un des éléments essentiels de son architecture. Nouvelle, ou conte? La concision permet de jouer d'effets stylistiques qui touchent facilement à l'humour, à l'ironie, à la satire; de La Bruyère aux *Contes-Gouttes* de l'écrivaine suisse Anne-Lise Grobéty ou, dans le même espace d'écriture, aux *Humorales* de Jacques Chessex ou aux nouvelles satiriques d'Alexandre Voisard, dans *Je ne sais pas si vous savez* ou dans *Un train peut en cacher un autre*; mais pourquoi, auteure par ailleurs de nouvelles plus substantielles, réunies sous le titre *La Fiancée d'hiver*, Anne-Lise Grobéty parle-t-elle de contes dans *Contes-Gouttes*, dont les textes sont essentiellement des visions courtes, distillant — comme le titre le laisse aisément deviner — une dose d'absurdité appuyée sur les errances de langage auxquelles nous contraignent la société et son discours? Prenons le début de «La femme-agraphe»:

Il était une fois une femme-agraphe — une agrafeuse comme on dirait de nos jours.

Son cahier des charges prévoyait qu'elle avait à agrafer les êtres par paires, mais ne précisait nullement selon quels critères.

Le flou de la fonction en aurait paralysé plus d'un.

Pas elle...[10]

Serait-ce le début, l'enclencheur automatique de l'idée de conte, le fameux «Il était une fois»? Pourtant, si la majorité des textes répondent bien à cet élément mnémonique archi connu[11], plusieurs y font exception; ainsi, on trouvera comme débuts «Pincer n'est pas un métier, assurément[12]», «Ah, comme elles étaient belles, les renifleuses de pluie[13]!», «Bien des gens ignorent que le vide doit être brassé[14]». Humour décapant, précis dans sa dénonciation d'une certaine absurdité, et ne renonçant pas à une dimension politique (contrairement par exemple au choix éditorial fait

---

10. Anne-Lise Grobéty, *Contes-Gouttes*, La Tour-de-Peilz, Bernard Campiche, 1986, p. 9.
11. Renvoyons ici encore au texte fondamental sur la mémoire et la forme du conte d'Albert B. Lord, *The Singer of Tales*, New York, Atheneum Press, 1968.
12. Anne-Lise Grobéty, «Le pince sans rire», *Contes-Gouttes, op. cit.*, p. 83.
13. *Id.*, «Les renifleuses de pluie», *Contes-Gouttes, op. cit.*, p. 95.
14. *Id.*, «Le brasseur de vide», *Contes-Gouttes, op. cit.*, p. 105.

par les rédacteurs de la revue française *Nouvelles Nouvelles* pour des textes humoristiques à l'été 1987 [15]), ces contes portent, en définitive, un message que la nouvelle semble moins apte à supporter, même si la forme de la nouvelle n'exclut pas le « Il était une fois », ainsi dans « Défense d'entrer » de *La Fiancée d'hiver* :

IL ÉTAIT UNE FOIS.

Une maison.

Qui ressemblait à toutes ces petites maisons qu'on construisait à cette époque et qu'on appelait — avec révérence — des villas [16]...

Où situer, dès lors, la limite entre conte et nouvelle ? On parle par exemple, sans hésitation aucune, des contes d'Hoffmann, de Perrault ou de Grimm, et l'idée de parler de nouvelles à ce niveau semble impossible à envisager. Si, pour Perrault ou Grimm, la filiation directe avec une certaine tradition orale est évidente, pour Hoffmann, par contre, c'est bien du mouvement même de raconter que naît le conte, dont l'architecture essentielle est précisément dans le mouvement, le flux, le débordement narratif :

Conteur, certes. Mais c'est un conteur qui consent rarement d'aller droit le chemin d'une histoire. Il est le maître du capriccio, de la rhapsodie, de la fantaisie. Sa voie royale est l'école buissonnière. Il excelle dans le détour et la parenthèse, intervient en souriant dans l'aventure qu'il narre, ouvre un dialogue soudain avec ses personnages ou avec son lecteur. Les contes d'Hoffmann ont la liberté à la fois nonchalante et vivace des dialogues de Diderot [17].

La concision de la nouvelle répondait à une volonté de ne pas tenter de tout inclure (à la différence du roman), mais à une décision d'être sans cesse en rupture, à la limite du silence, comme en marge de tout ce non-dit qui ne se dirait que dans un autre type de texte, peut-être, ou en dehors du texte, ou ne se dirait, tout simplement, pas.

Le conte, forme vouée d'abord à la mémoire collective, appartient avant tout à l'espace du symbole et de l'anonyme. La nouvelle, elle, appartient indiscutablement à l'espace du signe : individuée, subjective, répondant à un choix précis de la voix narratrice. La voix qui porte le conte traditionnel, quelles que soient ses qualités, porte ce conte au nom d'une société, d'une tribu, d'un groupe, d'un village, voire d'une mémoire collective que l'on veut préserver et qui pourra fort bien, le moment venu, se retrouver dans l'écriture et l'espace du signe, mais en marquant bien sa

---

15. Daniel Zimmermann, éditorial intitulé « Manques d'humours », *Nouvelles Nouvelles*, été 1987 : « On ne dénichera pas dans ce numéro la moindre satire politique », p. 3.

16. Anne-Lise Grobéty, *La Fiancée d'hiver*, nouvelles, nouv. éd., Yvonand, Bernard Campiche, 1989, p. 49. L'édition originale était parue en 1984 aux Éditions 24 heures, à Lausanne.

17. Claude Roy, préface à Hoffmann, Contes : *Fantaisies à la manière de Callot : tirées du journal d'un voyageur enthousiaste (1808-1815)*, Paris, Le Livre de poche, 1969, p. 10.

volonté de se rattacher à une dimension collective, symbolique, multivoque :

> Si quelqu'un croit se reconnaître dans cette histoire, il a raison : c'est de lui que je parle. Les autres sont des fats qui ne sauraient intéresser le conteur.
>
> C'est un conte qui me vient d'Arthur, qui l'a reçu de Pierre à Tom, qui le tenait de Thaddée à Louis, qui se le fit raconter tel que je vous le donne par nul autre que Johny Picoté. Toutes ces bouches et oreilles sont les plus respectables de la Pointe à Jérôme et, les miennes exceptées, jouissent du meilleur crédit par derrière chez mon père. Je m'abstiendrai donc de toute interposition et vous offrirai cette histoire dans son état original, m'accordant le seul droit d'y mettre un peu de grammaire acadienne et de syntaxe du pays [18]...

Appel au public (transféré fréquemment dans l'usage du « Vous » dans l'écriture maillettienne, qui se réclame ouvertement d'une tradition de conteurs [19]), volonté de rattacher le conte à tout un espace déterminé collectivement (cet espace que nous appelons espace du symbole [20]), désir, surtout, de greffer sur un schéma actantiel dynamique le foisonnement le plus envoûtant d'épisodes divers : voilà l'univers du conte.

Le conte perpétue un état social qui donne — directement, dans la littérature orale ; indirectement, lorsque l'image du pays est déjà reconstituée au travers de l'écriture, ainsi chez Jacques Ferron (ce pays fût-il incertain) ou Maillet, mais déjà chez Honoré Beaugrand (dans « La chasse-galerie » ou « Les loups-garous » par exemple) aussi bien que dans les *Contes de Jos Violon* de Fréchette, une vision collective du pays, un frisson collectif, un ensemble d'événements — généralement fictifs — en rapport avec un certain nombre de contraintes sociales ou de paradigmes propres à la collectivité ; c'est d'ailleurs pourquoi le conte se prête aisément à une capacité moralisatrice, à la possibilité de devenir instrument d'une thèse, ce à quoi la nouvelle se refuse.

Cette dernière, par contre, est par essence révélatrice. Nous y cherchons une révélation, quelque chose qui fasse vaciller nos certitudes.

---

18. Antonine Maillet, « Le revenant du chemin des Amoureux », dans *Par derrière chez mon père*, Montréal, Leméac, 1972), p. 43.
19. Un certain nombre d'éléments applicables au roman maillettien sont aussi vrais des récits courts, dans la mesure où certains romans (en particulier *Cent Ans dans les bois*) se réclament ouvertement de l'espace du conte, et où l'auteure a toujours affirmé être la charnière entre l'espace que nous appelons espace du symbole (le symbole étant défini collectivement), celui du conte et de la tradition orale, et ce que nous définissons comme l'espace du signe (le signe étant, arbitrairement, défini par un accord individuel ou un accord entre individus, pour qui les connotations possibles sont cependant infiniment plurielles), espace de la création personnelle signée d'un auteur, de la parole individuelle, de l'œuvre unique. J'ai signé une analyse globale de l'œuvre d'Antonine Maillet à cet égard dans *Le Roman contemporain au Québec (1960-1985)*, Montréal, Fides, coll. « Archives des lettres canadiennes », t. VIII, 1992, p. 302-330.
20. Henri-Dominique Paratte, *Mythe et Roman*, Lille, Université de Lille III, 1974.

Certes, au cours du cheminement du conte, une telle incertitude était inévitable, inscrite dans ce schéma actantiel de base que nous retrouvons dans tout conte populaire[21] comme dans certains romans[22], par lequel, après des épreuves au cours desquelles se forge le caractère du ou des protagonistes, aidés d'adjuvants, déroutés par des opposants, nous aboutirons à un triomphe quelconque en rapport avec l'objet de nos efforts : *nous*, car le but du conte comme du roman (exception faite de quelques formes expérimentales ayant visé, sans atteindre à un succès de masse, à renouveler le genre) est de permettre une participation / identification collective à l'action qui est en cours. Le conte, et les formes qui en sont dérivées directement (dont le roman), par son goût du développement et de l'emphase discursive, vise avant tout à nous faire voyager dans le discours d'une totalité, nous permettant, en définitive, de partager un certain nombre de certitudes, de nous rassurer, même quand nous y aurions frôlé quelques créatures surnaturelles ou inquiétantes, quelque mise en doute de notre quotidien ; somme toute, nous demandons, comme dans un tour de Grande Roue ou autre manège qui brasse quelque peu, à ce que nos certitudes soient temporairement suspendues — mais non définitivement inquiétées.

Serait-ce en raison de cette marge d'inquiétude profonde, essentielle, que la nouvelle se prête tout particulièrement à l'usage du fantastique ? Hoffmann sans doute, mais Edgar Poe, Théophile Gautier, Honoré Beaugrand, Rosny, Jean Ray, Stephen King, et combien d'autres ? Peu au Canada, curieusement, ni français ni anglais[23], malgré un imaginaire souvent débridé dans le conte et la légende. Dans sa préface à *Nightshift*, en 1977, Stephen King situait les auteurs de nouvelles fantastiques entre les auteurs de nouvelles inquiétantes, mais appuyées sur une réalité dont le signifié était reconnaissable par le lecteur (Albee, Steinbeck, Camus, Faulkner), et les écrivains qui plongeaient directement dans un inconscient symbolique, sans se préoccuper particulièrement de relier le signifié du texte à un référent quelconque (Joyce, Faulkner, et les poètes en général) :

> L'auteur de nouvelles d'horreur est presque toujours au point de jonction extrême entre le monde intérieur et la réalité. S'il a su s'y prendre, nous avons souvent la sensation étrange de n'être ni tout à fait endormis ni tout à fait éveillés ; le temps est malléable ; nous entendons des voix, mais sans saisir ce qu'elles disent ou ce qu'elles insinuent ; le rêve semble réel, la

---

21. On peut renvoyer ici aux analyses bien connues de Vladimir Propp, *Morphologie du conte*, Paris, Gallimard, 1970, et d'A.-J. Greimas, en particulier dans *Sémantique structurale*, Paris, Hachette, 1966.
22. La préface à l'édition du roman de P.-J.-O. Chauveau, *Charles Guérin*, Montréal, Marc-Aimé Guérin, 1973, marque bien l'adéquation du schéma actantiel de Greimas à bon nombre de récits, romanesques ou autres, du XIXe siècle québécois.
23. Exception faite de textes parus dans des revues. Les Éditions du Grand Pré préparent la publication d'un texte de l'écrivain et peintre William Fraser Sandercombe, *Scarecrows*, pour 1994. Il s'agira d'un des premiers recueils de nouvelles fantastiques (dans le sens de *horror stories*) au Canada anglais.

réalité a l'allure d'un rêve. Nous sommes en un lieu étrange et merveilleux à la fois [24].

Stephen King, narrateur invétéré s'il en est, attire l'attention sur le fait que tout ne fonctionnera dans la nouvelle fantastique que si l'«histoire» réussit à attirer l'attention du lecteur. Or, précisément, c'est le côté inquiétant de l'histoire qui est susceptible d'attirer cette attention, et, si nous cherchons à toucher du doigt notre propre mort, à nous confronter à notre propre peur panique à travers la nouvelle, comme Stephen King nous l'indique également, ce n'est pas pour nous rassurer, mais pour aller aussi loin que possible vers une autre dimension, un quelque part qui est surtout un autre part, un au-delà, qu'il ne nous est possible de toucher que par la saisie oblique de ce parcours que nous offre la nouvelle. L'une des nouvelles qui fit l'effet le plus intense sur l'écrivain suisse Jacques Chessex, lui-même auteur de nouvelles (en particulier avec *Le Séjour des morts*, 1977), ayant passé par l'école de concision qu'était la *Nouvelle Revue française* sous la direction de Marcel Arland, était une nouvelle de Charles-Ferdinand Ramuz intitulée « La mort du grand Favre [25] ». Histoire simple : un bûcheron resté dans le bois alors que ses compagnons sont rentrés au village est découvert mort par ces mêmes compagnons. Mais à travers ce parcours, nous vivons l'angoisse des uns, et, intensément, sans rémission aucune, la mort de l'autre, la caméra-point de vue alternant sans pitié des uns à l'autre :

> Il crie et il n'y a personne... il essaie de se relever, il retombe; il ouvre la bouche, et dans sa bouche il n'y a plus de son, elle s'ouvre et se tord à vide; et à présent ses mains seulement bougent, se déchirant les ongles à la pierre; et puis, dans ses épaules, il y a un frisson qui passe, tandis que le grand ciel est vide, et seulement là-haut tournent quelques corbeaux.

> Ils le trouvèrent, la bouche grande ouverte, les yeux ouverts tout grands, la tête sur l'épaule. Il était presque nu. On voyait le jour à travers sa figure, tellement tout son corps était privé de sang [26].

La nouvelle, on le voit, n'est pas simple anecdote. Le signifié dont il y est question doit être particulièrement, intensivement significatif.

---

24. Stephen King, préface à *Night Shift*, nouvelles (New York, Signet Books, 1979), p. xx. « [...] the horror writer is almost always at the terminal joining the two, at least if he's on the mark. When he is at his best we often have that weird sensation of being not quite asleep or awake, when time stretches and skews, when we can hear voices but cannot make out the words or the intent, when the dream seems real and the reality dreamlike. That is a strange and wonderful terminal. »

25. Charles-Ferdinand Ramuz est l'auteur romand, c'est-à-dire suisse-français, le plus connu de la première moitié de ce siècle. Romancier avant tout, il a écrit un certain nombre de nouvelles, dont plusieurs ont été republiées dans les années récentes, dans des volumes de nouvelles et morceaux jusque-là épars dans des revues. Les nouvelles du recueil *La Mort du grand favre* font exception.

26. Charles-Ferdinand Ramuz, « La mort du grand Favre », dans *Œuvres complètes*, vol. I, Lausanne, Éd. Rencontre, 1967, p. 784-785.

L'anecdote, ou l'escarmouche si l'on reprenait un terme utilisé par Jacques Ferron, renvoie à un référent indiscutable — ou du moins présenté comme tel — que l'on s'efforce de recréer ou de documenter. En ce sens, l'engouement du public pour les anecdotes de crime qui remplissent les *Allô Police* québécois, *True Stories* américains, *Détective* français et autres publications similaires, repose sur un mécanisme similaire à celui qui fait la valeur des nouvelles d'horreur pour ce même public, sauf qu'on passe, sans presque s'en apercevoir, de nouvelles — au sens journalistique du terme — à la nouvelle, en ayant déjà effectué dans le référent une coupe au scalpel précise et sans pitié: seuls les éléments qui suscitent une indéniable inquiétude, les événements qui troublent nos certitudes et notre normalité, méritent qu'on s'y attarde. En ce sens, la nouvelle s'articulerait inévitablement autour d'un événement central, élément sur lequel s'appuie René Dionne pour déterminer que « L'ange de Dominique » d'Anne Hébert est un conte poétique et non une nouvelle: « Il n'y a pas, comme dans la nouvelle, un événement central sur lequel s'articulerait le récit, mais plutôt la répétition sérielle d'une vision dont le pouvoir d'incantation rythmique ne cesse de grandir jusqu'à sa réincarnation dans un autre être d'imagination[27]. » Événement central dans certains cas, élément central dans d'autres, il va de soi que la concision nécessaire à l'écriture de la nouvelle réclame également un arrangement significatif des éléments présentés, puisque c'est par cet arrangement que se dégagera une signification, et, en définitive, une seule. On pourrait penser, à cet égard, que la nouvelle d'une page est proche de la miniature, texte particulièrement court (un paragraphe en général): c'est que, ici encore, l'agencement du discours vise à atteindre, au mieux des possibilités, à la simultanéité, à l'effet immédiat, qui est le propre des arts visuels.

La nouvelle peut donc, à partir de l'anecdote, offrir une plus ou moins grande signification, non tant en fonction d'un sujet pré-déterminé qu'en fonction de moyens techniques particulièrement aiguisés — ou insuffisamment aiguisés, et plus proches de la simple narration. Entre un texte à valeur essentiellement anecdotique de l'Acadien Melvin Gallant, intitulé « Maudit Maringouin[28] », et la nouvelle de Virginia Woolf intitulée « The Death of the Moth », et dans laquelle un homme tue une mouche, mettant à nu, ce faisant, toute l'intensité brutale présente quelque part dans l'humanité, nous laissant un goût amer face à cette mort pourtant souhaitée, il y a la différence dans le choix des moyens, qui peuvent, par l'architecture du

---

27. René Dionne, « " L'ange de Dominique " ou l'art poétique d'Anne Hébert », *Australian Journal of French Studies*, vol. XXVIII, n° 2, 1991, p. 200. René Dionne note à juste titre que l'appellation de « nouvelles » fait son apparition dans les années 1950, remplaçant « conte » qui renverrait trop le public lecteur au folklore traditionnel ou aux contes pour enfants. Notre analyse, très volontairement, ne porte pas sur ces variations d'usage qui peuvent avoir à voir avec la mode et la réception de tel ou tel terme dans le public; elles ont, néanmoins, toute leur importance.
28. Texte paru dans le n° 2 de la revue *Éloizes* (publiée à Moncton), automne 1980.

texte, être plus ou moins significatifs. La nouvelle ne nous propose pas tant une série de connotations possibles qu'une ou deux connotations, qui, cependant, nous laissent inévitablement sur notre faim. Car, à la différence du conte, ici encore, dont la morale nous est donnée, ou dont la raison d'être nous est révélée (ainsi le texte d'Anne Hébert, conte poétique, nous propose essentiellement l'histoire d'une création artistique), la question qui se pose en fin de nouvelle est : s'il y a révélation, révélation de quoi ?

Révélation de tout, peut-être, sauf d'une morale *a priori*. Le conte peut se permettre ce mode de fonctionnement (qui était particulièrement courant au XIXe siècle, comme on le trouve dans certains contes de Louis Fréchette) : il faut remarquer cependant que, plus pesante la thèse, plus lourde la morale à illustrer, plus pauvre le texte.

Révélation, peut-être, d'une épiphanie — ou de l'absence d'une épiphanie : que la révélation attendue, espérée, ne se produise pas — voilà qui est révélateur.

Révélateur du moment dramatique où paraît quelque chose qui ne pourrait supporter le foisonnement du conte ou du roman. Comme l'érotisme de l'intimité. Un instant, fugace, incertain. Un *flash*. Un clin d'œil sur ailleurs.

Révélateur.

Mais allez-y voir, avec des éditeurs qui continuent d'appeler contes ce que d'autres appellent nouvelles, et vice versa ! Selon Victor-Lévy Beaulieu, « La femme Anna », « Elle est pour moi », ou « Le secret de Justine », d'Yves Thériault, ce sont des contes [29]. Or, ce ne sont pas des contes, mais bien des nouvelles — souvent, d'ailleurs, fortement marquées par l'influence de Ramuz. Des textes qui *sont*, dont la présence est indiscutable, et qui en même temps nous renvoient sans cesse vers ailleurs. De la volonté de meurtre qui clôture « Elle est pour moi » :

> Avec ces deux mains, je vais t'étrangler, parce que c'est le seul geste qui me reste… Et je crois qu'au fond, tout autre geste dans la vie qui suivra, je ne m'apercevrai même pas qu'il aura été accompli. Tu sais ce que je ferai. Il te reste donc peu de temps, bien peu, je te le jure, pour demander pardon à Dieu [30].

à l'importance symbolique des regards dans « Le secret de Justine » :

> Justine apprit à savoir contempler, ce qui est grand bien. Elle observa le couchant et l'admira comme elle ne l'avait jamais fait auparavant. Elle s'émerveilla de toutes choses qu'à tant parler au long de sa jeunesse elle ne s'était pas arrêtée à regarder vraiment.
>
> Il lui vint souvent même d'admirer son Varan, qui était puissant et dont les cheveux noirs luisaient au feu de l'âtre…

29. Préface à Yves Thériault, *La Femme Anna et autres contes*, Montréal, VLB éditeur, 1981.
30. Yves Thériault, *op. cit.*, p. 121.

Ce soir-là, après que Varan se fut assis devant le grand bol de soupe grasse, Justine vint près de lui, se pencha et posa sa main sur la nuque dure de son homme.

— Varan, dit-elle, écoute-moi.

Il leva les yeux et la regarda.

— Je t'aime, Varan [31].

Nouvelles que ces textes — ce qui n'enlève rien au talent de conteur de leur auteur, puisque de toute évidence il y a dans tout texte un minimum inévitable de narration. Il suffit de les comparer aux contes érotiques d'Yves Thériault pour voir la différence : le conte est plaisir de la narration, amusement, fantaisie — la nouvelle, elle, signifie, saisit, frappe.

Révélation? Celle, peut-être, d'une certaine altérité. La jeune femme qui danse nue dans le texte «Cœur de sucre» de Madeleine Ferron. Le côté fantastique des nouvelles d'Hélène Ouvrard, particulièrement sensible, dans l'écriture des années 1980, à l'altérité présente dans une écriture féminine mal définie.

Révélation? La bizarrerie des personnages dans *Le Mur* de Sartre. Révélatrice d'un monde en désarroi, dont *La Nausée* marquait, par ailleurs, les limites au plan romanesque : devant la fragmentation des êtres, le désarroi dans la continuité du monde, était-il possible de faire des romans? Quelques décennies plus tard, Gilles Marcotte réfléchissait, dans un Canada français qui n'a jamais produit d'équivalent des sagas et autres *Comédie humaine*, que l'inachèvement était peut-être la marque du roman au Canada français, au Québec en particulier.

Une nouvelle n'est pas un roman inachevé. Elle est, dans l'intensité de sa présence, l'expression fiévreuse, douloureuse, inévitable, d'un manque. Patrick Rafroidi expliquait ainsi le succès de la nouvelle en Irlande : « En écho à la conscience collective, la nouvelle est miroir immédiat d'un sentiment d'aliénation, plus adapté que le roman, trop synthétique, et elle peut aisément devenir la voix de ceux que Frank O'Connor appelle " groupes de population submergés " [32]. » Si Patrick Rafroidi ne voit pas de lien direct entre la tradition orale gaélique et la nouvelle littéraire moderne, sinon peut-être dans le recours à l'appel au lecteur (comme à l'appel au public dans l'oralité) — recours que l'on trouve également au Canada français (chez Beaugrand et Fréchette comme chez Maillet) — Declan Kiberd, pour sa part, estime que la nouvelle n'a pu surgir comme forme significative que là où une culture orale

---

31. *Ibid.*, p. 146-147.
32. Patrick Rafroidi, «The Irish Short Story in English: The Birth of a New Tradition», *The Irish Short Story*, Patrick Rafroidi et Terence Brown (dir.), Publications de l'Université de Lille III, 1979), p. 13 : « As the echo of a collective consciousness, the immediate mirror of a feeling of alienation, the short story, more than the synthetic form of the novel, can easily become the voice of those whom Frank O'Connor calls " submerged population groups ". »

28

forte se heurtait de plein fouet à une tradition littéraire nouvelle (généralement importée), les deux mondes requérant une mise en forme littéraire qui soit à la fois souple et particulièrement révélatrice : nouvelles russes de Nicolas Leskov, traditions narratives américaines qui culminèrent avec Mark Twain, traditions normandes formant la base de l'entreprise de Maupassant[33]. C'est, somme toute, possible : tout comme il est possible que le renouveau actuel de la nouvelle, enfin considérée comme une forme d'écriture en soi et non comme un roman raté (du moins dans le monde francophone) vienne de la fragmentation croissante de notre expérience de vie, de la difficulté croissante d'une saisie du réel autrement que sous forme somme toute chaotique et généralement angoissante, et ce, peut-être plus dans les lieux d'écriture minoritaires, menacés, ou en proie à une réévaluation constante d'eux-mêmes, que dans des milieux plus stables, plus établis, où la narration organisée, linéaire, normalisée sinon normative, serait encore possible.

C'est, sans doute, pour cela que de nombreuses nouvelles tournent autour de personnes en état de crise : conflits entre époux, querelles familiales, conflits latents dans de petites communautés (comme chez l'Irlandais Patrick Boyle, par exemple[34]), vies confrontées à un point final et à la nostalgie qui en résulte (dans « Mon amour, mon parapluie », de l'Irlandais John McGahern, par exemple[35], où un couple se défait, lentement, de réunion furtive sous la pluie en autre réunion furtive, la routine aboutissant à la rupture), destins incertains qu'une angoisse sans rémission ne pourra jamais, suite à un épisode tragique, remettre sur la voie d'une quelconque normalité. Comme Jean Serre dans « Le miroir de Dylan Thomas », dans *Le Séjour des morts* de Jacques Chessex :

> Jean Serre ne retourne pas dans ce bar. Mais chaque fois qu'il passe devant, il entend le bredouillement des trépassés au fond de l'ossuaire et de l'herbe. Et il déchiffre à certain miroir un long regard douloureux, chargé de larmes, que la source des eaux vives et de la lumière ne lavera, il le sait, plus jamais[36].

L'architecture de la nouvelle : concision, intensité, économie de moyens narratifs pour en arriver à la vision la plus immédiate, la plus complète, et en même temps la conscience que cette vision débouche sur le non-dit, sur l'indicible, sur la douloureuse impossibilité de faire coïncider le signifié du discours avec la réalité, qui sera toujours en deçà, ou au delà. Destin tragique de « La demoiselle sauvage » de Corinna S. Bille, mise en film par Léa Pool. Silhouette dans la porte. Silence.

---

33. Declan Kiberd : « Story-telling : The Gaelic Tradition », *The Irish Short Story, op. cit.*, p. 14-25.
34. Henri-Dominique Paratte, « Patrick Boyle's Tragic Humanity », *The Irish Short Story, op. cit.*, p. 276-287.
35. Dans le recueil *Nightlines*, trad. de l'anglais par Pierre Leyris sous le titre *Lignes de fond*, Paris, Mercure de France, 1971.
36. Jacques Chessex, « Le miroir de Dylan Thomas », *Le Séjour des morts*, p. 242.

Je ne sais pas dit le poète, je ne sais vraiment pas ce qu'ils ont: ils ne sont pas contents, à moins d'avoir torché toutes les pages d'un bouquin. À moins de s'être essuyé l'inconscient sur des milliers de caractères. Ils écrivent comme d'autres baisent: par hygiène. On les jauge à la quantité.

Ils écribouillent des romans.

Ils ignorent la vertu des silences [37].

C'était le jour du Sabbat.

Ils étaient assemblés autour d'une table circulaire, et on aurait pu avoir l'impression que leurs débats tournaient en rond. Un panda roux s'était échappé du zoo de Buffalo. Certaines communautés étaient inondées. Au sud du Québec, c'étaient pannes d'électricité et branches tombées, poubelles au milieu des rues.

Ils étaient assemblés autour d'une table circulaire, apôtres d'on ne sait quelle secte, quel culte, quel mystérieux espace où ils se retrouvaient. Sans distinction de sexe ni de taille. Sans uniforme. Des gros. Des courts. Des longs et des osseux. Et osseuses. Des hommes et des femmes. Des nouveaux. Des nouvelles. Des nouvelliers. Des nouvellières. Des créateurs. Des créatrices. Des créatures. Des journalistes. Des nouvellistes venus de Trois-Rivières. En canot. Des déconstructeurs, sans doute. Des lecteurs. Des lectrices. Cinquante dollars la demi-heure. Délectations. Sorciers et sorcières du langage. Peut-être. Bermuda bar. Perspective, ou souvenir? Mais, au milieu de tout ceci, se définissait un ensemble, un lieu, l'émergence d'une écriture. Les manuscrits de la mer non encore morte de la littérature dite canadienne — ontaroise, québécoise, acadienne, manitobaine — où nous sommes pris et en train d'évoluer. La nouvelle ne peut en aucun cas être une forme fixe. Architecture de l'inquiétude, elle ouvre une voie vers nulle part, mais ce nulle part est aussi le quelque part d'une réalité qui surgit devant nous, et que les feux tournants de la nouvelle mettent soudain en évidence, alors qu'on ne s'y attendait pas.

Bibliographie

BARTHES, Roland, *S/Z*, Paris, Seuil, 1970, 277 p.

BEAUGRAND, Honoré, *La Chasse-Galerie et autres récits*, édition critique par François Ricard, Montréal, Presses de l'Université de Montréal, 1989.

BILLE, Corinna S., *La Demoiselle sauvage*, Vevey, Éditions Bertil Galland, 1974, 200 p.

BOISJOLI, Charlotte, «Instantané», *XYZ. La revue de la nouvelle*, n⁰ 28, hiver 1991, p. 11.

BOURQUE, Paul-André, «Les méfaits du tabac», *XYZ. La revue de la nouvelle*, n⁰ 28, hiver 1991, p. 14.

---

37. Henri-Dominique Paratte, «Intersection Numéro Un», *Écriture*, n⁰ 18, été 1982, p. 112.

Brasse-camarades, album du groupe rock franco-ontarien, avec Pierre et François Lamoureux, Éditions Brasse-camarades, SOCAN, 1993.

BRULOTTE, Gaétan, « Pommes de terre Leacock », *XYZ. La revue de la nouvelle*, n° 28, hiver 1991, p. 15.

CHAUVEAU, P.-J.-O, *Charles Guérin*, Montréal, Marc-Aimé Guérin, 1973.

CHESSEX, Jacques, *Humorales*, récits courts parus dans le quotidien *24 heures*, Lausanne, 1984-1986.

———, *Le Séjour des morts*, Paris, Grasset, 1977, 266 p.

CLARK, Mary Higgins, *The Anastasia Syndrome and Other Stories*, New York, Simon & Schuster, 1989.

COLLECTIF, *Concerto pour huit voix*, nouvelles et récits, Moncton, Éditions d'Acadie, 1989, 98 p.

CORMIER-BOUDREAU, Marielle. préf. à Christiane St-Pierre, *Sur les pas de la mer*, contes et nouvelles, Moncton, Éditions d'Acadie, 1986, p. 9-10.

DANDURAND, Anne, « Ô toi si volage, hélas », *XYZ. La revue de la nouvelle*, n° 28, hiver 1991, p. 22.

DIONNE, René, « *L'Ange de Dominique* ou l'art poétique d'Anne Hébert », *Australian Journal of French Studies*, vol. XXVIII, n° 2, 1991.

FERRON, Madeleine, *Cœur de sucre*, contes, Montréal, Hurturbise HMH, 1966, 219 p.

FRÉCHETTE, Louis, *Contes de Jos Violon*, Montréal, L'Aurore, 1974, 143 p.

GALLANT, Melvin, « Maudit maringouin », *Éloizes*, n° 2, automne 1980.

GÉRIN, Pierre, *Comme un vol de corbeau*, recueil inédit.

GREIMAS, Algirdas Julien, *Sémantique structurale : recherche de méthode*, Paris, Larousse, coll. « Langue et langage », 1966, 262 p.

GROBÉTY, Anne-Lise, *La Fiancée d'hiver*, nouvelles, Lausanne, Éditions 24 heures, 1984; nouvelle édition, Yvonand, Bernard Campiche, 1989.

———, *Contes-Gouttes*, La Tour-de-Peilz, Bernard Campiche, 1986.

HÉBERT, Anne, « L'Ange de Dominique », *Gants du ciel*, n° 9, automne 1947, p. 15-40.

HUXLEY, Francis, *The Way of the Sacred*, Londres, Bloomsbury Books, 1989.

JACQUOT, Martine L, « Se retrouver pour mieux se perdre », *Ven' d'est*, novembre 1986, p. 7-8.

———, « Vidéo-Clips », *Liaison*, été 1987.

———, « Des yeux d'Irlande », dans *Concerto pour huit voix*, nouvelles et récits, Moncton, Éditions d'Acadie, 1989, p. 73-77.

———, *Sables mouvants*, recueil inédit.

JOYCE, James, *Gens de Dublin*, traduction française de *The Dubliners*, Paris, Plon, 1923.

KIBERD, Declan, « Story-telling: The Gaelic Tradition », *The Irish Short Story* (sous la direction de Patrick Rafroidi et Terrence Brown, Lille, Publications de l'Université de Lille III, 1979, p. 14-25.

KING, Stephen, *Night Shift*, nouvelles, New York, Signet Books, 1979.

LORD, Albert B., *The Singer of Tales*, New York, Atheneum Press, 1968.

MAILLET, Antonine, «Le revenant du chemin des Amoureux», *Par derrière chez mon père*, Montréal, Leméac, 1972, p. 43-49.

———, *Cent Ans dans les Bois*, Montréal, Leméac, 1981, 358 p.

MCGAHERN, John, «Mon amour, mon parapluie», *Lignes de fond*, traduit de l'anglais par Pierre Leyris, Paris, Mercure de France, 1971.

MORRIS, William, *Nouvelles de nulle part*, traduites de l'anglais par Paul Meier, Paris, Éditions sociales, 1961.

OUVRARD, Hélène, *Contes*, Montréal, Éditions de la Pleine Lune, 1991.

PARATTE, Henri-Dominique, *Mythe et Roman*, Lille, Université de Lille III, 1974.

———, «Patrick Boyle's tragic humanity», dans *The Irish Short Story* (sous la direction de Patrick Rafroidi et Terrence Brown, Lille, Publications de l'Université de Lille III, 1979, p. 276-287.

———, «Intersection Numéro Un», *Écriture*, n° 18, été 1982.

———, «Antonine Maillet romancière: foisonnement et unité», *Le Roman contemporain au Québec (1960-1985)* (sous la direction de François Gallays, Sylvain Simard et Robert Vigneault), t. VIII, Montréal, Fides, coll. «Archives des lettres canadiennes», 1992, p. 302-330.

PROPP, Vladimir Iakovlevich, *Morphologie du conte*, Paris, Gallimard, 1970.

RAFROIDI, Patrick, «The Irish Short Story in English: The Birth of a New Tradition», dans *The Irish Short Story* (sous la direction de Patrick Rafroidi et Terrence Brown), Lille, Publications de l'Université de Lille III, 1979.

RAMUZ, Charles-Ferdinand, «La mort du grand Favre», dans *Œuvres complètes*, vol. I, Lausanne, Éditions Rencontre, 1967, p. 784-785.

REYES, Alina, *Le Boucher*, Paris, Seuil, 1988, 90 p.

ROY, Claude, préface à Hoffmann, Ernst Theodor Amadeus, *Contes: Fantaisies à la manière de Callot: tirées du journal d'un voyageur enthousiaste (1808-1815)*, Paris, Éd. Livre de Poche, 1969.

SANDERCOMBE, William Fraser, *Scarecrows*, recueil inédit.

SARTRE, Jean-Paul, *La Nausée*, Paris, Gallimard, 1938, 251 p.

———, *Le Mur*, Paris, Gallimard, 1939, 249 p.

THÉRIAULT, Yves, *La Femme Anna et autres contes*, Montréal, VLB éditeur, 1981, 321 p.

VIENNET, Hervé, «L'habituée», *XYZ. La revue de la nouvelle*, n° 28, hiver 1991, p. 68.

VOISARD, Alexandre, *Je ne sais pas si vous savez*, Vevey, Éditions Bertil Galland, 1975, 103 p.

———, *Un train peut en cacher un autre*, Vevey, Éditions Bertil Galland, 1979, 180 p.

WOOLF, Virginia, «The Death of the Moth», *Collected Essays*, vol. I, Londres, The Hogarth Press, 1968, p. 359-361.

ZIMMERMANN, Daniel, « Manques d'humours », *Nouvelles Nouvelles*, été 1987, p. 3.

ZOLA, Émile, *Nana*, dans *Œuvres complètes* (sous la direction d'Henri Mitterand), Paris, Le Cercle du livre précieux, Fasquelle & Claude Tchou, 1967, p. 21-363.

ZUMTHOR, Paul, « Le père », *XYZ. La revue de la nouvelle*, n° 28, hiver 1991, p. 69.

Commencer et finir souvent. Rupture fragmentaire et brièveté discontinue dans l'écriture nouvellière

André Carpentier,
Université du Québec à Montréal

> [J]e mettrais au dossier ce qu'est le fragment pour moi : c'est un morceau de langage dans lequel il y a une jouissance à commencer et à finir.
>
> Roland Barthes

> [I]l n'est nullement certain que [...] la discontinuité puisse exister [...] autrement qu'en tant que conscience négative et malheureuse [...], ou projet informulable d'une musique savante qui toujours manque à notre désir.
>
> Ralph Heyndels

Je n'ai nullement l'ambition de tenir, sur la question de l'écriture nouvellière, un discours englobant qui aurait la prétention de décrire les récurrences et invariants d'une pratique dans laquelle tout nouvellier devrait se reconnaître. Il y a bien des motifs et des façons de décrire l'écriture de fictions brèves. Certaines me conviennent, d'autres pas. Je vais donc aborder ici mon propre rapport à l'écriture de nouvelles, en retenant le principe selon lequel le singulier est porteur de généralités.

Signalons, d'emblée, que les mots « fictions brèves » et « nouvelles », employés plus haut dans les expressions « l'écriture de fictions brèves » et « l'écriture de nouvelles », ont consciemment été mis au pluriel. C'est que, pour moi, être nouvellier signifie se mettre dans un processus qui consiste à écrire *des* nouvelles[1].

Un jour que je répondais à un interviewer radiophonique, je me suis senti obligé de préciser, après qu'on eut mentionné que j'étais « nouvelliste », que cela voulait signifier que j'écrivais des nouvelles littéraires. Il

---

1. Tout au long de cet article, on se gardera de confondre le nouvellier, qui est pleinement engagé dans une démarche nouvellière, avec l'apprenti ou le nouvellier occasionnel, car c'est du nouvellier, exclusivement, qu'il sera ici question.

s'agissait d'établir par là que je n'écrivais pas des informations générales dans un quotidien. Voilà d'ailleurs pourquoi je préfère aujourd'hui utiliser le mot nouvellier, qui est mieux en cohésion, me semble-t-il, avec romancier[2]. Or, à la diffusion de l'entrevue, c'est tout autre chose que j'ai perçu dans l'expression: j'écris des nouvelles littéraires. Cela concernait plutôt une certaine opposition au principe de totalité.

Et de fait, voilà bien le nœud de ce que je voudrais développer ici.

Pour moi, entrer dans un processus d'écriture de nouvelles, c'est choisir de fracturer son écriture. Le nouvellier, en effet, structure son discours en nouvelles, avec un *s*, comme le poète est poète par ses poèmes. Le nouvellier, dans son œuvre de nouvellier (car il a par ailleurs tout le loisir de développer des œuvres de romancier, de poète, de dramaturge, etc.) est donc délibérément fragmentaire. En ce sens, sa démarche, au sein de la brièveté et de la discontinuité, annonce formellement l'illimité du monde. D'ailleurs, le choix de l'écriture nouvellière est justement affaire de lecture du monde. Son efficace dépend de la capacité d'entrer dans le langage du bref administré sous l'empire de la reprise. Voilà ce que veut dire «commencer et finir souvent». Et voilà, plus précisément, le double point de vue à partir duquel je souhaite parler de la nouvelle, parce que, justement, c'est là la pierre angulaire qui soutient ma pratique nouvellière — interprétée comme reprise infinie du bref.

Je voudrais donc commenter ici deux aspects de la nouvelle littéraire, deux questions fondamentales pour sa compréhension, qui sont implicitement contenues dans le paragraphe précédent, soit d'abord le caractère fragmentaire de l'écriture nouvellière, puis le principe de la discontinuité par assemblage de brièvetés. Je m'empresse de préciser que chacun de ces aspects de l'écriture nouvellière ayant incidence sur l'autre, leur distinction n'est que dialectique.

Mais d'abord arrêtons-nous à quelques remarques générales sur le recueil de nouvelles, qui auront leur utilité. Paul Zumthor a noté que le genre nouvellier, à l'époque médiévale, c'est-à-dire dès les premières manifestations en langue vulgaire, était déjà marqué par «une aspiration au regroupement[3]» et plus précisément par «l'établissement de liens organiques entre les récits perçus ou voulus comme des éléments d'un ensemble pourvu de signification propre[4]». De fait, il faut comprendre la nouvelle, selon la formule de Jean-Pierre Boucher, comme un «récit bref qu'on lit d'un coup, oui, mais le plus souvent inscrit à l'intérieur d'un " genre long ", le recueil, d'où elle tire une part importante de sa signification[5]».

---

2. Les suffixes -iste et -ier renvoient tous deux à l'exercice d'un métier. Cependant, le mot nouvellier atténue la confusion avec le métier de journaliste.
3. Paul Zumthor, *Essai de poétique médiévale*, Paris, Seuil, 1972, p. 404.
4. *Ibid.*, p. 404.
5. Jean-Pierre Boucher, *Le Recueil de nouvelles: études sur un genre littéraire dit mineur*, Montréal, Fides, 1992, p. 10.

Risquons cette formule, la nouvelle ne vient jamais seule. (Les cas sont rarissimes où la nouvelle apparaît comme un tout livresque autosuffisant et clos sur lui-même [6].)

Ce constat de cotextualisation implique que les nouvelles réunies sont l'objet d'un double système de lecture. D'abord, lecture des nouvelles comme objets singuliers, qui actualise une certaine forme d'autonomie de celles-ci; et parallèlement, lecture d'une série, qui met les nouvelles en relation avec leurs voisines et qui fait peser sur chacune d'elles la dynamique d'un mode de rassemblement. On comprendra ainsi que l'équilibre soit plutôt fragile entre l'autonomie restreinte des nouvelles recueillies et le penchant à la cohérence imposé par leur regroupement. C'est dire que l'unité de publication, en l'occurrence l'objet livre, « ce monstre de la totalité [7] », comme le qualifie Barthes, compte pour beaucoup dans notre rapport à la nouvelle.

Établissons par ailleurs, sur cette même question du rassemblement des nouvelles, une distinction entre les recueils dits homogènes et les recueils hétérogènes. Dans le cas du recueil tendant à l'homogénéité, chaque nouvelle est conçue de façon à s'intégrer à un tout harmonieux. Ces nouvelles entrent donc dans une séquence impliquant un principe de cohérence. En contrepartie, le recueil hétérogène collectionne et conglomère des nouvelles qui n'ont pas nécessairement été produites pour constituer les maillons d'une chaîne. Le recueil hétérogène se veut ouvert à l'interaction imprévisible. Dans un cas comme dans l'autre, cependant, les nouvelles n'échappent pas aux effets ni de leur co-présence générale (ou cohabitation) ni de leur mise en séquence (ou contiguïté). Leur cotextualisation est inévitablement génératrice de sens [8].

La rupture fragmentaire

J'avais déjà suggéré, c'était en 1987, dans un numéro de *Québec français*, que la nouvelle relevait de l'écriture fragmentaire. « Écrire des nouvelles, c'est […] écrire par fragments; c'est s'opposer au continu. Une manière donne toujours son congé aux manières précédentes [9]. » Je bémoliserais volontiers l'emploi du concept de fragment qui, du point de vue de l'histoire littéraire, est déjà lourdement chargé, surtout par le romantisme allemand et par la modernité, mais je ne suis pas près de renoncer à ce

---

6. On pourrait penser, par exemple, à « L'image », de Samuel Beckett, dont le texte fait moins de dix pages. Mais est-ce bien une nouvelle?

7. Roland Barthes, *Roland Barthes par Roland Barthes*, Paris, Seuil, coll. « Écrivains de toujours », 1975, p. 182.

8. Ces deux derniers paragraphes reprennent en abrégé certains éléments d'un article intitulé « Le recueil de nouvelles », à paraître dans le tome IX des *Archives des lettres canadiennes* consacré à « La nouvelle au Québec ».

9. André Carpentier, « Réflexions sur la nouvelle », *Québec français*, n° 66, mai 1987, p. 38.

principe générateur de la nouvelle qu'est la fragmentation. Je retiens surtout de la définition du fragment sa valeur de stratégie discursive visant la subversion du principe de totalité. Ce qui, à mon sens, décrit avec justesse un aspect rarement analysé de l'écriture nouvellière. Je tiens aussi à conserver le terme dans l'exposé, parce que, dans la famille étymologique du mot fragment, on trouve : fracture, fracas, fragile, fraction, infraction, réfractaire, naufrage, etc., tous renvois qui concourent à définir la fiction brève, du moins au sens où je l'entends.

Je souhaite aussi garder à l'esprit le principe fragmentariste, à tout le moins en partie, parce que l'esthétique qui préside à l'accomplissement nouvellier, du moins pour ce qui me concerne, c'est la discontinuité propre à l'écriture fragmentaire. C'est la prescription interruptive du dire, qui incite le nouvellier à procéder de manière rompue, voire spasmée. La reprise, ici, s'oppose au prolongement. Dans l'écriture nouvellière, les modes de continuité et d'accroissement préfèrent la relance à l'augmentation. Si, du moins métaphoriquement, le roman est associable à une longue phrase, la nouvelle, de son côté, peut être comprise comme une phrase courte, certes, mais fulgurante, qui compte moins sur l'illusion confortante et prestigieuse de la croissance que sur les bénéfices de la reprise infinie — par ailleurs, décevante au regard de plusieurs. Il faut donc comprendre la pratique nouvellière comme névrose de diversité, comme errance. Car le genre est en lui-même générateur d'hétérogène, c'est-à-dire qu'il se présente comme relevant d'une pratique d'écriture où l'objectif de liaison entre les textes n'est pas toujours dominant, voire pas nécessairement pris en compte [10]. Ce qui renvoie directement à la diversité de matière et à la multiplicité de registres que cette pratique fait coexister. L'écriture nouvellière renvoie à l'hétérogène et à la rupture fragmentaire. À chaque nouvelle correspond une forme, un défi. À chaque nouvelle, aussi, son interruption. De fait, l'écriture nouvellière implique le principe d'une discontinuité qui accueille incessamment la diversité — formelle, thématique, etc.

Je dirais cependant, au risque de céder à la contradiction, que ces interruptions et reprises sont l'expression d'un autre mode de continuité, qui engage ce que j'appellerais le *discours auctorial*. La science technique des explosifs a un mot pour nommer cela : la brisance, c'est-à-dire la capacité de fragmenter plus ou moins une masse de matière. Je ne prétends donc pas que le nouvellier écrit *contre* la continuité. Au contraire, l'interruption de la continuité et la reprise de la discontinuité, dans une surenchère névrotique, me semblent témoigner conjointement d'un processus continûment brisé, toujours en train de se refaire, mais ne construisant sur aucune certitude. Je reste convaincu que la nouvelle est le genre du doute et du

---

10. « […] [D]ans l'art moderne l'effet de discontinu s'est substitué à l'effet de liaison », note Pascal Quignard, dans un ouvrage sur l'écriture fragmentaire (*Une gène technique à l'égard des fragments*, [s.l.], Édition Fata Morgana, 1986, p. 20.)

scepticisme, comme André Berthiaume le laisse entendre, le genre du renouvellement permanent de sa posture devant l'écriture [11].

La brièveté discontinue de l'écriture nouvellière agit donc comme lieu d'accueil [12] de la diversité et par le fait même comme négation du développement indu. (En ce sens, la nouvelle ne s'oppose pas tant au roman qu'à un étirement du texte qui irait à l'encontre des exigences de sa forme.) Or, on n'est pas sans savoir que certains lecteurs — et même critiques — reçoivent la nouvelle par cette seule négativité, justement, qu'ils la perçoivent comme une configuration du vide, comme l'effet d'un renoncement, d'une paresse, ou, dans les meilleurs cas, comme une forme d'exercice sur le chemin du développement. Je soupçonne, derrière cette réserve, le refus de se laisser interpeller par la signification de la discontinuité, qui prend l'enchaînement et le continuum à partie au profit de morceaux heurtés, donc de l'imprévisible. Le recueil de nouvelles, de fait, est atteint par le jugement plus général contre ces formes où l'avant ne prédispose que peu à l'après, formes qui dénoncent potentiellement, par leur structure même, tout sens promis, toute finalité organisatrice prédéterminée.

Je note aussi la valeur antinomique du terme « fragment » dans sa relation à un certain sens, plutôt abusif, du mot « fresque ». La nouvelle, vue par le prisme du fragmentaire, s'oppose en effet à ces œuvres de grande dimension qui veulent présenter un tableau d'ensemble d'une époque ou traduire une sorte de vision pleine du monde. Ce n'est pas spécifiquement au roman, encore une fois, qu'il s'agit d'opposer la fragmentation nouvellière (d'ailleurs l'équation fresque / roman est aujourd'hui peu justifiable), mais aux grands ensembles à prétention englobante (ce qu'a pu et ce que pourrait toujours être le roman), parce que, justement, la nouvelle propose une démarche toute contraire à cette prétention globalisante.

J'entendrai donc l'écriture nouvellière, à compter d'ici, comme écriture interruptive, comme écriture par saccades, comme rupture et comme syncope, c'est-à-dire comme reprise infinie du bref, donc comme discontinuité et comme fragmentation.

L'expression « commencer et finir souvent », qui fait le titre de cet article, paraît donc dévoiler à elle seule le paradoxe de la nouvelle, qu'il faut entendre à la fois comme forme homogène de la discontinuité et comme forme hétérogène de la continuité. Il suffit en effet de commencer à écrire une nouvelle pour entrevoir que l'interruption ne peut manquer de survenir,

11. André Berthiaume, « À propos de la nouvelle ou les Enjeux de la brièveté », *Écrits du Canada français*, n° 74, 1992, p. 87.
12. « J'ai vu dans *L'Heptaméron* de Marguerite de Navarre que le mot recueil voulait dire accueil à la fin du XVIe siècle. Alors un recueil, c'est un accueil de toutes sortes d'émotions, de sensations, d'images. C'est bien que ce soit varié, diversifié. » (André Berthiaume, « Entrevue avec André Berthiaume, Grand Prix de la science-fiction québécoise », *imagine…*, n° 28, juin 1985, p. 64.)

mais parallèlement, que la nouvelle, comme on l'a déjà dit, ne vient jamais seule et que cela implique la mise en œuvre tout à la fois d'un mode de rupture et de son opposé : le regroupement obligé et, dans le cas du recueil, la ligature même des fictions brèves. Ce paradoxe rend problématique la réception des nouvelles, car la discontinuité est une forme apparemment négative qui conserve ce qu'elle désigne (la valeur formelle de la discontinuité) dans une sorte de vide limbique. La nouvelle force à commencer et à finir souvent la lecture, à s'investir dans les virages les plus difficiles à négocier, dans les lieux les plus compromettants du texte, soit la lancée (l'incipit) et l'arrivée (l'explicit). Entre les deux, la route est courte et plus serpentée qu'il n'y paraît, sans compter que l'entrechoquement des textes produit une vision fracassante du monde. Du point de vue de la réception, les nouvelles sont ainsi déceptives, au sens où, comme le suggère Ralph Heyndels en parlant de la discontinuité fragmentaire, elles « ne s'offre[nt] pas à une complétude potentielle [13] », dans la mesure, donc, où elles ouvrent sur une complémentarité toujours en voie de renouvellement.

Ainsi, écrire ou lire des nouvelles signifie : entrer par un modèle de continuité dans la discontinuité, qui privilégie la pensée interrompue, entrer aussi dans un régime de résistance à l'augmentation. Écrire ou lire des nouvelles, c'est composer avec la disparité, donc rompre avec l'artifice de la pleine continuité et de la complétude. On comprendra mal l'écriture nouvellière si on ne saisit pas l'obsession qui anime le nouvellier de maîtriser des cheminements multiples et diversifiés, voire divergents. Et on recevra mal la littérature nouvellière si on n'adopte pas un comportement de lecture conséquent.

La nouvelle est donc réaction contre le semblable et l'esprit de système. Le nouvellier se conserve en vie littéraire au sein de la diversité, et grâce à celle-ci. Car l'écriture nouvellière exige une réorientation continuelle et improvisée. Le principe d'entrechoquement rapproche ici la nouvelle du poème.

J'irai jusqu'à prétendre que, dans la pratique du nouvellier, il y a un fantasme de discontinuité qui est toujours au travail : faire autre chose, et autre chose encore, ou mieux : se répéter — puisqu'il le faut — mais autrement.

Dans cette perspective fragmentariste, la syncope nouvellière constitue une négation de la continuité des choses, une négation sans cesse reprise

---

13. « En ce qu'elle est *négative*, la discontinuité peut donc être comprise non seulement comme forme paradoxale, mais aussi : *déceptive* (c'est-à-dire : ne s'offrant pas à une complétude potentielle, n'existant pas dans l'attente d'être achevée, dépassée, etc.; mais, se donnant comme *énigme*, donnant à penser, exigeant le mouvement même d'une pensée pour advenir dans une espèce d'adoption toujours relative, dans un dialogue toujours incertain). » (Ralph Heyndels, *La Pensée fragmentée : discontinuité formelle et question de sens [Pascal, Diderot, Hölderlin et la modernité]*, Bruxelles, Pierre Madaga, coll. « Philosophie et langage », [s. d.], p . 11-12. Heyndels met en relief.)

sous une autre forme. Penser nouvellièrement, c'est penser fragmentairement, c'est-à-dire dans une suite aléatoire de brièvetés.

Brièveté et discontinuité

Au regard du nouvellier, la limite immédiate de la brièveté nouvellière, par rapport au terme inévitable, mais plus lointain de la forme longue, prend figure de contrainte formalisante. De fait, la forme nouvellière implique une convention qui, comme toute autre, porte ses prescriptions. La nouvelle, par définition, «jouit des bénéfices éternels de la contrainte [14]», selon l'inoubliable formule de Baudelaire.

La brièveté nouvellière tient le texte aux dimensions d'un récit oral. Alors que le roman est généré par l'expansion, la nouvelle l'est par la brièveté. Plus précisément, comme l'écrit Bruno Monfort : «la nouvelle est courte d'une brièveté produite, coextensive au sens [...] [15].» De fait, et comme nous l'avons déjà souligné, la brièveté s'oppose doublement au long, d'abord dans le sens où la nouvelle se dresse structurellement contre le roman, comme le court exclut le long, mais aussi, et c'est tout autre chose, dans la perspective où la brièveté contrarie l'inutile prolixité, c'est-à-dire que la nouvelle résiste à la tentation d'étirer en roman ce qui n'a pas de raisons formelles de le devenir, de l'étirer en roman parce que les retombées symboliques du roman sont plus profitables, au point que certains croient qu'à la prose narrative ne correspond que la forme romanesque. Par ailleurs, la fiction brève, comme *forme* conventionnelle, nous l'avons aussi vu plus haut, interroge le monde sur l'artifice du continu [16]. Vecteur d'une modernité refoulée par la société qui la porte, elle en nie les valeurs de prolixité et de durabilité. La brièveté renvoie donc au droit à l'existence. À mon entendement, la nouvelle est un genre qui met en scène la jouissance de commencer et de finir, de naître au texte et d'en mourir. Car l'écriture nouvellière n'est pas sans rapport, dans son principe même, avec la mort [17]. La brièveté discontinue de la nouvelle (ainsi comprise comme opposition aux valeurs de prolixité et de durabilité) renvoie à cette finitude de la vie et la fragmentation du recueil, à son éclatement.

---

14. « La nouvelle, plus resserrée, plus condensée [que le roman], jouit des bénéfices éternels de la contrainte : son effet est plus intense [...].» (Charles Baudelaire, *Théophile Gauthier*, Œuvres complètes, préf., prés. et notes de Marcel A. Ruff, Paris, Seuil, coll. «L'Intégrale», 1968, p. 464.)
15. Bruno Monfort, «La nouvelle et son mode de publication», *Poétique*, n° 90, avril 1992, p. 155.
16. Il resterait, mais ce serait un autre projet de communication, à montrer que la discontinuité est bien une forme, la forme de la vérité qui se défile, et non seulement une conscience négative résultant d'une incapacité ou d'une surcharge de désirs.
17. « Par sa brièveté, la nouvelle entretient d'évidents rapports avec la mort, et tout recueil, si on y réfléchit bien, n'est qu'une série de morts successives.» (Jean-Pierre Blin, «Nouvelle et narration au xxe siècle. La nouvelle raconte-t-elle toujours une histoire ?», *La Nouvelle : définitions, transformations*, textes recueillis par Bernard Alluin et François Suard, Lille, Presses universitaires de Lille, coll. «Travaux et recherche», 1991, p. 122.)

Ce qui est postulé ici, c'est qu'au bref correspond une structure significative et qu'il est en lui-même porteur d'une vision du monde, au sens que Goldmann donne à l'expression [18], ou à tout le moins d'un éprouvé, d'un «ressenti» qui prend valeur de commentaire et qui met en cause le discours totalisant du savoir [19]. Voilà sans doute le genre de phénomène auquel voulait se référer la fameuse formule d'Adorno «[...] l'intention des œuvres d'art est très peu leur contenu [...] [20]».

Cette valeur de commentaire paraît cependant creuse au regard de certains, qui vont jusqu'à interpréter leur propre inaptitude à saisir cette valeur comme une incapacité fonctionnelle de la brièveté discontinue à dévoiler sa structure significative de réception du monde. La nouvelle, de fait, demeure un espace conflictuel, à tout le moins une énigme qui se heurte à la résistance de plusieurs. On ne niera pas qu'un certain lectorat ne reçoit la nouvelle qu'avec méfiance, en raison, par exemple, de l'exigence de renégocier constamment les personnages, les décors, les intrigues, etc. Mais il y a pire: il y a un courant de suspicion à l'égard de la fiction brève, pour au moins deux autres raisons. L'une concerne directement la brièveté, l'autre, la discontinuité.

La première est donc contenue dans le principe même de brièveté, qui est associée à l'incohérence de structure et à l'incapacité de développement. La brièveté est ainsi comprise comme un engourdissement qui empêche de mettre en œuvre les moyens de la prolixité, c'est-à-dire la masse d'information, la complexité, la durée de réception, etc. En ce sens, la brièveté syncopée, forme ramassée et suggestive, est affiliée au morcellement du discours, et conséquemment au bafouillage. L'exercice de la raison discursive y paraît manquer du déploiement associable au double principe de cohérence et de progrès. Ce n'est pas la rigueur structurelle des nouvelles elles-mêmes qui est ici mise en cause, mais l'incomplétude du tout livresque. Chaque nouveau texte semble moins compléter qu'abolir le précédent. Les tenants de cette position ne voient pas, évidemment, que, comme l'écrit André Belleau, «le *court* et le *long* ne sont pas des manières pour l'écrivain de s'en tirer lorsqu'il est aux prises avec une forme; ce sont eux-mêmes des formes et peut-être mieux encore, des catégories esthétiques [21].»

---

18. «[...] extrapolation conceptuelle jusqu'à l'extrême cohérence des tendances réelles, affectives, intellectuelles et même motrices des membres d'un groupe.» (Lucien Goldmann, *Le Dieu caché*, Paris, Gallimard, 1956, p. 349.)
19. Il faut entendre, ici, que la discontinuité nouvellière renvoie métaphoriquement, et non directement à un réel inorganisé et indéterminable, qui n'est lui-même, faut-il le préciser, que le résultat d'un autre fantasme de perception.
20. Theodor W. Adorno, *Théorie esthétique*, Paris, Klincksieck, coll. «Esthétique», trad. de l'allemand par Marc Jimenez, 1982, p. 202.
21. André Belleau, «Pour la nouvelle», dans *Surprendre les voix*, Montréal, Boréal, 1986, p. 68. Repris de la «Préface» de *Du pain des oiseaux*, André Carpentier, Montréal, VLB éditeur, 1982, p. 11-12.

La deuxième raison de cette suspicion est liée au caractère générale-ment énigmatique du recueil qui, par effet de discontinuité radicale, suggère un inachèvement. La lecture mouvementée de ces morceaux de sens que sont les nouvelles implique une résistance à la raison qui rendrait compte d'un tout [22]. L'écriture nouvellière, par ce biais, paraît marquée par le prin-cipe de vide et, conséquemment, de dépossession. La nouvelle implique significativement un appel à la discontinuité. Et c'est par cette interruption compulsive, tactique délibérée, que l'écriture nouvellière s'élève contre la tentation du sens totalisant. Par ailleurs, le point de vue de la totalité est toujours présent dans la nouvelle, d'abord parce qu'elle « [...] vise au serré, au concentré, au soutenu [...] [23] », selon la formule d'André Belleau, aussi par proximité des incipit et explicit. Étrangement, la nouvelle, dont on dit qu'elle est hyperstructurée, ouvre, dans le principe même du rassemble-ment de ses échantillons, à une sensation d'incomplétude.

À certains égards, la brièveté discontinue paraît paradoxale, dans le champ artistique, qui considère plutôt d'un œil satisfait les sommes ache-vées, les fresques, les monuments, et d'un œil inquiet le bref, le fragmen-taire et le *non finito*, qui critiquent jusqu'à leur source certains fondements de l'art, son développement, sa cohérence, son achèvement, etc. La briè-veté déconstruit la norme de développement qui nous informe que quel-qu'un a quelque chose d'important à dire, quelque chose dont l'intelligibilité exige un espace de discours élargi.

Je note au passage qu'une lecture synchronique de l'histoire de l'art et de la littérature, pourrait nous faire voir le développement de ces aversions, par la suite d'une série de tumultes interprétatifs et de désarrois critiques, comme complémentaires à l'horreur du désordre et de la confusion, bref, à l'exécration de l'anarchie et du chaos. La brièveté discontinue renvoie donc, je dirais dans l'esprit d'une majorité, à l'inintelligible et à la résistance au développement, ce qui, à son tour, fait écho à un monde inorganisé, à une démarche individuée et improvisée. Un œuvre nouvellier, au regard de plusieurs, surtout s'il compte des recueils hétérogènes, on dirait un œuvre sans effet d'ordre, un œuvre déroulé au goût du caprice. Commentaire que l'on n'est que rarement tenté d'appliquer à un œuvre romanesque [24].

---

22. « [...] [L]a discontinuité *fissure et subvertit toujours l'édifice notionnel de la Beauté classique* fondée sur la *perfection*, la *complétude* et l'*homogénéité* formelle. » (Ralph Heyndels, *op. cit.*, p. 18, Heyndels met en relief.)
23. André Belleau, *loc. cit.*, p. 68. [*Du pain des oiseaux*, p. 11.]
24. Il peut apparaître que l'on essaie trop souvent de comprendre la nouvelle par son rapport au roman, comme si la fiction brève n'était pas liée directement au tronc littéraire, mais n'était que ramille d'une branche principale appelée roman. Mais cette comparaison est inévitable, d'abord parce que la nouvelle partage avec le roman, outre l'objectif de narra-tion, la tradition d'une esthétique fondée sur la volonté cognitive, sur l'unité de forme, sur l'intelligibilité, sur l'originalité, etc. Par ailleurs, la nouvelle entre dans un dispositif inter-textuel qui la met historiquement en contiguïté, d'un côté avec le roman, de l'autre, avec le conte de la tradition orale. Ensuite, la comparaison est institutionnellement inévitable

Et de fait, vue de l'intérieur, c'est-à-dire de l'instance productrice, la fiction interruptive, à force d'abolitions et de relances, déstabilise de toute assurance de perception du monde. Le nouvellier peut jouer les textes les uns contre les autres, sans plan établi. Par ailleurs, ces reprises incessantes dans la diversité défont, chez le nouvellier, l'assurance que donne un système. L'écriture nouvellière, c'est l'écriture en refonte spasmée d'identité. Le nouvellier, la nouvellière dont je parle sont des chercheurs de formes qui, comme le fragmentariste, écrivent pour voir ce qu'ils ont à dire. Pour eux, écrire des nouvelles, c'est multiplier les blocages et les dérives. C'est même avouer manquantes les liaisons entre les textes.

Vue de l'extérieur, la brièveté interruptive, qui suspend son cours avant de ressembler à un développement achevé, laisse dans un certain désarroi: comment investir un enchaînement entre ces mondes aussi multiples qu'inégalement développés, comment recevoir dans un système leurs décors, leurs personnages, etc.? Le mot clé: système, vient d'être lancé pour la quatrième fois depuis le début de cet article, en l'occurrence, ici, système de réception autant que de production, qui fait appel à la reconnaissance ou à la production d'un «ensemble d'éléments, dit Lalande, qui dépendent réciproquement les uns des autres de manière à former un tout organisé[25]». Ce sont les principes de cohérence et de solidarité entre les parties, disons entre les textes, qui sont ici en jeu. Et derrière eux, toujours le rapport au savoir.

Historiquement, cette exigence de système appliquée à l'art renvoie à une forme pleine excluant tout dysfonctionnement, toute pièce mal ou non intégrée. La forme resserrée de la nouvelle ne répond que partiellement à cette exigence de plénitude, à cause des zones laissées en friche ou carrément mises de côté; mais c'est surtout l'œuvre nouvellier comme ensemble qui y contrevient généralement. Cela se voit notamment dans ces recueils de nouvelles, qui sont aujourd'hui, je crois, la majorité, recueils qui tendent à ruiner la tentation de totalité en renonçant à l'intégration des nouvelles sur un mode imposé, par exemple un microcosme mondain, un thème dominant ou un parcours thématique ou formel qui voudrait guider la réception. Dans ces cas, la nouvelle retrouve en partie son statut d'œuvre autonome et, plutôt que d'apparaître comme une pièce détachée d'un tout constitué, elle prend forme productive dans un ensemble sans cesse en train de se faire — plutôt que de se confirmer —, donc de se défaire et de se refaire au gré d'une réception ouverte.

Chaque nouvelle, dans quelque recueil que ce soit, constitue d'abord son propre tout, cela ne fait pas de doute. Ce pour quoi j'ai l'air de plaider,

---

parce que le roman recueille les meilleures retombées symboliques; pour la plupart des lecteurs, en effet, écrire des nouvelles, c'est écrire dans la marge du roman.

25. André Lalande, *Vocabulaire technique et critique de la philosophie*, Paris, Presses universitaires de France / Société française de philosophie, 1976, p. 1096.

c'est le caractère dynamisant du rassemblement en recueil de ces nouvelles. Ce contre quoi je m'élève, c'est le vice éditorial[26] qui consiste à commander des recueils tendant à la complétude, des recueils structurés comme des romans. Le cas limite étant le recueil carrément déguisé en roman, portant le masque de cette inscription générique. (A-t-on raison d'être plus tolérant quand cette mascarade est affaire d'intention auctoriale?)

Je n'ai certes rien contre les recueils qui proposent des liens organiques forts entre les textes (personnages ou décors récurrents, formules d'emboîtement ou autres machines structurantes); au contraire, disons même que m'apparaissent soit admirables soit intéressantes des œuvres comme *Sans cœur et sans reproche* de Monique Proulx[27], *L'Air libre* de Jean-Paul Beaumier[28], *Ce qui nous tient* de Gaétan Brulotte[29] ou *Ce que disait Alice* de Normand De Bellefeuille[30], etc. Ces recueils, qui désamorcent le reproche de manque de continuité souvent adressé à la nouvelle, ont cependant leurs vis-à-vis sur les questions de structuration.

Et en vérité voici ma position: contre la plupart des critiques en attente de systèmes à l'emporte-pièce, par lesquels ils reconnaissent les œuvres bien nées, je dois admettre que j'aime assez ces recueils délinquants qui refusent de feindre un ordre, qui renoncent au mensonge du système, ces recueils qui trouvent leur unité dans la seule force du style ou de la manière propre de raconter (encore faut-il que cette unité soit dominante, exaltante), bref, ces recueils qui exigent, tout autant que les recueils homogènes, des lecteurs songeant à construire, mais un peu plus par eux-mêmes. Après tout, n'est-ce pas là, justement, la fonction du lecteur que de tendre vers le sens en maîtrisant la fragmentation vertigineuse par l'interprétation?

Mais qu'on me comprenne bien, je ne veux surtout pas prétendre que le recueil hétérogène empêche toute lecture ordonnée ou raisonnée, toute mise en cohérence. Je dis plutôt qu'il suggère, comme tout recueil, un ordre qui « s'acquiert » à l'usure, si je puis dire, quoique pas nécessairement de façon consciente[31]. Car ici comme ailleurs, l'écrivain n'est pas maître du sens qu'il met en circulation, il en est juste responsable; quant au lecteur,

---

26. À propos des pressions éditoriales sur la fiction brève, voir Bruno Monfort, « La nouvelle et son mode de publication », *loc. cit.*
27. Monique Proulx, *Sans cœur et sans reproche*, nouvelles, Montréal, Québec / Amérique, coll. « Littérature d'Amérique », 1983.
28. Jean-Paul Beaumier, *L'Air libre*, nouvelles, Québec, L'instant même, 1988.
29. Gaétan Brulotte, *Ce qui nous tient: nouvelles en trois mouvements obstinés, avec une ouverture, une clôture et quatre interludes, où l'on raconte l'universel entêtement à être et à devenir*, Montréal, Leméac, 1988.
30. Normand De Bellefeuille, *Ce que disait Alice*, nouvelles, Québec, L'instant même, 1989.
31. « [...] [A]ffirmer: "Les fragments sont posés les uns à côté des autres sans rapport", c'est nier la lecture, son temps, la succession des pièces linguistiques fragmentées, l'ordre qui en résulte. Une succession d'irréconciliables fait un ordre. » (Pascal Quignard, *op. cit.*, p. 55.)

s'il est juge de ce qu'il comprend et interprète, c'est que la responsabilité du sens lui incombe.

Coda

Il n'y a pas de conclusion possible à une telle réflexion, du moins, pas du point de vue auctorial; l'expérience d'écrire, sous quelque forme que ce soit, est condamnée à demeurer incommunicable. C'est d'ailleurs pourquoi on en parle sans cesse et sans désemparer. Je mettrai cependant ici une coda, ne serait-ce que pour faire la démonstration que je sais aussi bien m'interrompre que commencer. Une coda interrogative, évidemment, parce que, sur les questions soulevées, même du point de vue de l'observateur extérieur, rien ne saurait être concluant. À peine, là aussi, peut-on indiquer la direction générale d'une «itinérance»...

À la lumière de ce qui a été dit plus haut de l'écriture nouvellière, qui aurait valeur de brièveté discontinue et de reprise à l'infini, on serait tenté de se demander ce qui peut bien inciter un auteur à continuer d'édifier sa vie d'écrivain dans cette nécessité d'abandonnement qu'implique la forme nouvellière, qui est par ailleurs récompensée de peu de bénéfices (économiques ou symboliques). Parce qu'écrire et cesser d'écrire sont liés d'une manière secrète? Parce qu'on n'écrit jamais que sur ce qui se perd, et qui fait énigme? Pour écrire sous la contrainte d'une nécessité dominante qui déporterait l'attention sur la forme générique, ce qui permettrait d'entrer obstinément dans l'œuvre avec insouciance? Pour céder au plaisir ou à l'angoisse de commencer ou de finir souvent, comme le suggère notre titre, et ainsi finir par croiser l'inénarrable, utopiquement: tous les inénarrables? Pour multiplier ce langage impossible qui dit en ne disant pas et ne dit pas lorsqu'il feint de dire? Pour enfin atteindre la manière de révéler le dissimulé? Pour être autre, et autre encore?

En fait, je ne vois qu'une réponse qui ne soit pas trop insatisfaisante à la question du choix de l'écriture interruptive — dans laquelle je mets le fragment, le poème et la nouvelle: pour feindre la dissolution. «Le seul moyen de racheter la faute d'écrire, suggère le jumeau de l'abbé C. de Bataille, est d'anéantir ce qui est écrit[32].» J'en suis venu à croire, à force d'usage, que la pratique de la fiction brève impliquait un principe de dissolution du soi écrivant. Pour moi, la pratique nouvellière est certes une expérience artistique et intellectuelle, mais aussi et surtout une expérience existentielle. Mon écriture des quinze dernières années a été faite de nouvelles, d'articles, d'un journal, de lettres à des amis, mais d'aucun roman, d'aucun essai consistant sous forme de livre. Je dirais que la brièveté m'a choisi autant que j'en ai fait le choix. Je veux dire que la brièveté s'est imposée, chez moi, comme mode privilégié d'accès au littéraire — pour ne

---

32. Georges Bataille, *L'Abbé C.*, Paris, Gallimard, coll. «Folio», 1972 [1950], p.140.

pas dire au discours. Nul ne m'a donné ce mandat d'écrire dans la brièveté interruptive que la brièveté elle-même.

On me comprendra alors si je dis que l'écriture nouvellière n'est pas exempte de la tentation de passer au roman, parfois, justement pour remettre à plus loin la nécessité de recommencer, et pour cesser d'arrêter.

Bibliographie

ADORNO, Theodor W., *Théorie esthétique*, Paris, Klincksieck, coll. « Esthétique », trad. de l'allemand par Marc Jimenez, 1982, 347 p.

BARTHES, Roland, *Roland Barthes par Roland Barthes*, Paris, Seuil, coll. « Écrivains de toujours », 1975, 191 p.

BATAILLE, Georges, *L'Abbé C.*, Paris, Minuit, coll. « Folio », n° 106, 1972 [1950], 183 p.

BAUDELAIRE, Charles, « Théophile Gauthier », *Œuvres complètes*, préf., prés. et notes de Marcel A. Ruff, Paris, Seuil, coll. « L'Intégrale », 1968, 758 p.

BEAUMIER, Jean-Paul, *L'Air libre*, nouvelles, Québec, L'instant même, 1988, 163 p.

BELLEAU, André, « Pour la nouvelle », *Surprendre les voix*, Montréal, Boréal, 1986, p. 65-68. (Reprise de la « Préface » de *Du pain des oiseaux*, André Carpentier, Montréal, VLB éditeur, 1982, p. 9-12.)

BERTHIAUME, André, « Entrevue avec André Berthiaume, Grand Prix de la science-fiction québécoise », *imagine…*, n° 28, juin 1985, p. 62-66.

————, « À propos de la nouvelle ou les enjeux de la brièveté », *Écrits du Canada français*, n° 74, 1992, p. 77-90.

BLIN, Jean-Pierre, « Nouvelle et narration au xxe siècle. La nouvelle raconte-t-elle toujours une histoire ? », *La Nouvelle : définitions, transformations*, textes recueillis par Bernard Alluin et François Suard, Lille, Presses universitaires de Lille, coll. « Travaux et recherche », 1991, p. 115-123.

BOUCHER, Jean-Pierre, *Le Recueil de nouvelles : études sur un genre littéraire dit mineur*, Montréal, Fides, 1992, 216 p.

BRULOTTE, Gaétan, *Ce qui nous tient : nouvelles en trois mouvements obstinés, avec une ouverture, une clôture et quatre interludes, où l'on raconte l'universel entêtement à être et à devenir*, Montréal, Leméac, 1988, 147 p.

CARPENTIER, André, « Réflexions sur la nouvelle », *Québec français*, n° 66, mai 1987, p. 36-38.

DE BELLEFEUILLE, Normand, *Ce que disait Alice*, nouvelles, Québec, L'instant même, 1989, 163 p.

GOLDMANN, Lucien, *Le Dieu caché*, Paris, Galimard, 1956, 454 p.

HEYNDELS, Ralph, *La Pensée fragmentée : discontinuité formelle et question de sens (Pascal, Diderot, Hölderlin et la modernité)*, Bruxelles, Pierre Madaga, coll. « Philosophie et langage », [s.d.], 208 p.

LALANDE, André, *Vocabulaire technique et critique de la philosophie*, Paris, Presses universitaires de France, Société française de philosophie, 1976, 1323 p.

MONFORT, Bruno, «La nouvelle et son mode de publication», *Poétique*, n° 90, avril 1992, p. 153-171.

PROULX, Monique, *Sans cœur et sans reproche*, nouvelles, Montréal, Québec / Amérique, coll. «Littérature d'Amérique», 1983, 247 p.

QUIGNARD, Pascal, *Une gêne technique à l'égard des fragments*, [s. l.], Éditions Fata Morgana, 1986, 71 p.

ZUMTHOR, Paul, *Essai de poétique médiévale*, Paris, Seuil, 1972, 517 p.

La forme narrative brève : genre fixe ou genre flou ? Prolégomènes à un projet de recherche sur la pratique québécoise [1]

Michel Lord,
Collège universitaire Glendon,
Université York, Toronto

Problématique

En l'espace d'une cinquantaine d'années, depuis 1940 — mais surtout depuis les années 1980 —, la production narrative brève au Québec est passée de phénomène relativement mineur à résolument majeur, comme si la fin de ce siècle avait concouru à accélérer le processus de prolifération du discours narratif bref. Tout se passe comme si, *mutatis mutandis*, faire bref était devenu l'un des actes de langage par excellence, cela d'ailleurs autant dans le domaine des médias de masse (le flash informatif, le vidéo-clip) que dans le champ restreint de la culture (la nouvelle). Statistiquement, la production est assez exceptionnelle : plus de cinq cents recueils de contes, de récits et de nouvelles publiés entre 1940 et 1990. Certes, les Québécois pratiquent le conte ou la nouvelle depuis les origines même de la littérature québécoise, mais c'est sans doute la récente poussée du genre, dans les années 1980, qui a mis en lumière le phénomène, grâce, notamment, à la fondation de la revue *XYZ. La revue de la nouvelle*, de XYZ éditeur, des Éditions L'instant même et du prix Adrienne-Choquette. Passant en revue les formes les plus récentes de la culture, Andrée Fortin souligne l'effervescence de la pratique de la nouvelle :

> En littérature par exemple, la paralittérature et des genres mineurs d'autrefois comme la nouvelle deviennent de plus en plus importants, en quantité et en qualité ; dans les années 1980 ne naissent à peu près pas de revues de poésie, certaines disparaissent [...] et ce sont des revues de nouvelles, contes et récits comme *XYZ* ou *Stop* qui sont lancées. Fleurissent la science-fiction et le fantastique. Il s'agit aussi bien de nouveaux

---

1. Cette réflexion a été menée dans le cadre d'un projet de recherche subventionné par le Conseil de recherches en sciences humaines du Canada et portant sur « l'évolution des formes dans le genre narratif bref au Québec de 1940 à 1990 ».

créneaux pour de nouvelles générations d'artistes que d'une nouvelle sensibilité artistique [2].

Ce sont là autant de nouvelles *formes* qui correspondent à de nouvelles sensibilités dans le décor culturel québécois. Et c'est ce qui fait l'intérêt d'un travail comme le mien, car je suis à la recherche d'un système discursif qui pourrait rendre compte du fonctionnement du récit dans la nouvelle. Le problème, c'est que ce *système* fait corps avec un *art* de la narration. L'art est, bien entendu, constitué de procédés qui s'inscrivent dans un système architectonique et compositionnel [3], mais il contient aussi des irrégularités et de ces «détails [4]» dont parlait Roland Barthes et qui sont parfois apparemment irréductibles à tout effort de systématisation. On peut certes ne pas tenir compte de toutes les dérives et de tous ces «détails», mais comme ce sont souvent les éléments les plus intéressants du texte, mieux vaut en prendre acte dès le départ.

De toutes manières, il faut assumer la fonction critique et accepter le risque qu'il y a à réduire une série textuelle à un ensemble de traits et de fonctions, de formes et de structures, quitte à assouplir la sanction dans le «verdict» final. Comme le champ de la nouvelle demeure encore très problématique, j'aimerais avant tout faire part, dans cet article, d'une série de questions que je me pose à propos du *genre* narratif bref, de sa pratique, des *formes* qu'il peut prendre en théorie et en pratique.

De la liberté et des contraintes inhérentes à toute pratique

Parler de genre et de forme exige quelques précisions sur le sens que l'on accorde à ces termes. J'avais d'abord intitulé cet article: «La forme brève: genre fixe ou genre flou?» Cherchant par où commencer ma réflexion sur la pratique du discours narratif bref, j'ai été amené à inverser les termes de mon premier titre. Cela pour la simple (?) raison que le genre me semble composé de formes et non le contraire. C'est dans ce sens que j'avance qu'il y a des formes ou des formalisations discursives particulières qui se cristallisent en genres et en sous-genres, les genres se partageant un petit ou un grand nombre de formes verbales. Ainsi, le discours prend forme(s) et les formes prennent genre. Dans ce contexte, le genre qui

---

2. *Recherches sociographiques*, vol. XXXIII, n° 2, mai-août 1992, p. 171.
3. Selon Bakhtine, «le roman est une forme proprement compositionnelle de l'organisation des masses verbales. C'est par elle que se réalise dans un objet esthétique, la forme architectonique [...] Le drame est une forme compositionnelle [...] mais le tragique et le comique sont les formes architectoniques de sa réalisation. [...] [T]oute forme architectonique est réalisée au moyen de procédés compositionnels définis.» (*Esthétique et Théorie du roman*, Paris, Gallimard, 1978, p. 35. C'est l'auteur qui souligne.)
4. «C'est pourquoi l'on peut dire paradoxalement que l'art (au sens romantique du terme) est affaire d'énoncé de détails, tandis que l'imagination est maîtrise du code [...].» (Roland Barthes, «Introduction à l'analyse structurale des récits», *L'Aventure sémiologique*, Paris, Seuil, 1985, p. 205.)

recueille le plus grand nombre sinon la totalité des formes possibles semble être le roman, genre des genres selon Bakhtine, où viennent s'échouer les formes dialogales (qui ne sont pas le dialogisme), narratives, descriptives, épistolaires, poétiques même, dans une entreprise de grand métissage exemplaire.

Le roman, s'il a déjà été historiquement un genre ayant une forme relativement fixe — je pense à l'épopée ou à la chanson de geste — est devenu graduellement au cours de l'histoire, un genre à forme large. Pour lui trouver une forme relativement fixe — c'est-à-dire un ensemble de règles contraignantes, récurrentes et régulières —, il faut que l'on s'arrête à des concrétions historiques, comme le roman courtois ou le roman gothique, encore qu'en cours d'évolution les formes du gothique, par exemple, ont tellement changé que le genre n'est plus tout à fait le même au début et à la fin de son parcours. Cela vaut sans doute pour tous les genres, rares étant les écrivains qui ne dérivent pas au moins légèrement par rapport à une norme générique. Chaque artiste appose quelque part sa griffe auctoriale.

Règle générale, le roman demeure un genre qui ratisse large et qui se moule difficilement dans une forme fixe, bien que son esthétique ne soit pas exactement un art de l'à-peu-près [5]. Le concept esthétique de forme fixe s'applique sans doute plus facilement au conte, et Vladimir Propp l'a bien démontré dans *Morphologie du conte*. Il reste qu'entre le concept de la forme fixe appliqué au conte ou à d'autres genres, qu'ils soient longs ou brefs, il y a toute une marge. C'est sans doute pour cela qu'il est utile de revenir à l'idée bakhtinienne qui veut que toute façon de poser la voix, toute forme de verbalisation ou d'échange verbal est en soi une façon de pratiquer un genre et que la relation qui s'instaure entre les interlocuteurs d'un échange verbal exige que tout genre ait un minimum de règles, dussent-elles être très souples et laisser beaucoup de place à l'art :

> Le *vouloir-dire* du locuteur *se réalise* avant tout dans *le choix d'un genre* du discours. Ce choix se détermine en fonction de la spécificité d'une sphère donnée de l'échange verbal, des besoins d'une thématique (de l'objet du sens), de l'ensemble constitué des partenaires, etc. Après quoi, le dessein discursif du locuteur [...] s'adapte et s'ajuste au genre choisi, se compose et se développe dans la forme du genre donné. [...] Comme Jourdain chez Molière, qui parlait en prose sans le soupçonner, nous parlons en genres — variés — sans en soupçonner l'existence [6].

En regard de cette position, il y a lieu de penser qu'entre les tenants de la forme fixe et les tenants de la totale liberté scripturaire (la mort du

---

5. Comme l'a bien montré Mikhaïl Bakhtine, dans un ouvrage comme *Esthétique et Théorie du roman*.
6. Mikhaïl Bakhtine, *Esthétique de la création verbale*, Paris, Gallimard, 1984 [1979]), p. 284. C'est moi qui souligne.

genre), il y a toujours une troisième voie, qui consiste à concevoir toute pratique en tenant compte à la fois de la persistance des formes du discours et de leur perpétuelle adaptation ou de leur transformation à l'intérieur de ce qu'on appelle un genre ou une sphère générique. Ainsi, on revient à ce déjà vieux cliché qui veut que le texte engendre le texte, mais, forcément, dans différents contextes : tout est vie et mort, figuration et transfiguration, formation et transformation, programmation et transgression, naissance, invention, disparition et résurgence ou réengendrement[7].

Gérard Genette souligne d'ailleurs justement que « l'étude des transformations [historiques d'un genre] implique l'examen [...] des permanences[8] ». Or, l'objet de mon étude est précisément l'étude des transformations scripturaires opérées autour de certaines permanences génériques.

À la recherche d'un modèle

C'est qu'il faut savoir à partir de quoi les formes dérivent, meurent et renaissent d'un texte à l'autre. Déjà en 1968, Roland Barthes se demandait : « Comment opposer le roman à la nouvelle [...] sans se référer à un modèle commun[9] ? », pour répondre que, dans les deux cas, il s'agit de récit, et que :

> Structurellement, le récit participe de la phrase, sans pouvoir jamais se réduire à une somme de phrases : le récit est une grande phrase, comme toute phrase constative est, d'une certaine manière, l'ébauche d'un petit récit[10].

En dépit de son apparent simplisme, ce modèle de départ sert à montrer une des principales différences entre le genre long et le genre bref : le roman serait une longue phrase très complexe, alors que, dans le genre bref, on aurait en principe affaire à une phrase plutôt simple et courte. Dans la mesure où tout récit cependant, aussi long qu'il puisse être, peut se concentrer dans une seule phrase comme, par exemple : « À Rouen, une femme s'ennuie » (*Madame Bovary*), l'argument n'est certes pas très convaincant. D'autant plus qu'un roman de Flaubert n'est certainement pas réductible à cet élément phrastique de surface, pas plus qu'une nouvelle comme *Carmen*.

Ces remarques ne sont pas complètement inutiles. Elles nous permettent, d'une part, de signaler la pertinence toute relative du critère de la longueur dans la définition du genre bref, et, d'autre part, de faire une mise au point qui nous autorise à relier Barthes et Bakhtine : Barthes parle de la

---

7. Voir à ce sujet les remarques tout à fait éclairantes de Pierre Ouellet dans « Vie et mort du genre. Autopsie d'une survivance », dans *La Mort du genre*. Actes du colloque tenu à Montréal en octobre 1987, Montréal, La Nouvelle Barre du jour, 1987, p. 17-33.
8. Gérard Genette, « Introduction à l'architexte », *Théorie des genres*, Paris, Seuil, 1986, p. 154.
9. Roland Barthes, *loc. cit.*, p. 168.
10. *Ibid.*, p. 172.

non-réduction du récit à une somme de phrases, alors que Bakhtine parle de la notion de « contexte trans-verbal ». Autrement dit, ce qui compte dans le discours ou dans le récit, ce ne sont pas tant les propositions ou les phrases que le sens des énoncés qu'elles véhiculent et surtout les relations qu'elles établissent entre elles pour produire du sens complexe :

> [L]a relation qui existe entre la proposition et le contexte trans-verbal de la réalité (la situation, les circonstances, la pré-histoire), et les énoncés d'autres locuteurs, cette relation n'est pas immédiate ou personnelle, elle est médiatisée par tout le contexte environnant, autrement dit, par l'énoncé dans son tout [11].

Partant de là, on peut dire que ce qui compte le plus dans tout genre ou type de discours, c'est surtout l'organisation des micro-énoncés dans un macro-énoncé, le sens naissant de la rencontre conflictuelle ou différentielle entre plusieurs énoncés de petites dimensions (de l'ordre de la réplique) dans un énoncé de grande ou de très grande dimension (de l'ordre du récit) ayant des contenus, des formes et des fonctions diverses. Ce système d'interrelation est toujours plus ou moins réglé selon une stratégie générique particulière, qu'elle soit consciente ou inconsciente, car, qu'on le veuille ou non, nous parlons toujours, selon les diverses circonstances de la vie ou des institutions sociales, politiques, littéraires ou autres, en « genres » différemment formalisés.

Ce que je cherche à traduire ici, c'est l'idée que le genre bref, en raison même d'une nécessité tant interne qu'externe poussant au « faire bref », est susceptible de recevoir un type particulier d'organisation de ses micro-énoncés et de ses macro-énoncés. Cela semble évident, mais ce l'est moins lorsqu'on cherche à aller plus loin, et ce n'est peut-être pas pour rien que les théoriciens n'ont pas encore réglé cette question, sinon en rejetant plus ou moins la pertinence de la formalisation interne comme moteur de la brièveté. Pourtant, rejeter le bien fondé de cette problématique ou définir la brièveté de manière extratextuelle ne m'apparaît pas nécessairement comme une solution. Bruno Montfort, dans un article récent, s'attache à définir la brièveté comme la résultante d'une contrainte qui proviendrait avant tout de l'extérieur, comme, par exemple, une commande de texte bref pour un périodique. De ce fait, généralisant le pouvoir de la contrainte externe, il soutient que « le caractère indéniablement narratif de la nouvelle n'a pas à être envisagé comme "produisant" sa brièveté [12] ». Selon cette logique, la contrainte interne du faire bref serait strictement soumise à une pure obligation provenant de l'extérieur, ce qui ne règle rien d'un point de vue formel.

Qu'il y ait des contraintes externes qui obligent à faire bref, personne n'en doute, et que la contrainte existe en relation avec un contexte de

---

11. Mikhaïl Bakhtine, *Esthétique de la création verbale, op. cit.*, p. 280.
12. Bruno Montfort, « La nouvelle et son mode de publication », *Poétique*, n° 90, avril 1992, p. 157.

production précis, rien de plus évident. Mais ne serait-il pas encore utile de reprendre certaines idées structuralistes et narratologiques non encore exploitées à fond pour essayer de définir ces contraintes autrement que de manière sociologique, historique, institutionnelle ou autre, si justifiées et si pertinentes soient ces approches ? Dans cet esprit, il serait loin d'être futile de reprendre [13] « le présupposé qui consiste à traiter la brièveté comme le produit de la manipulation de structures narratives [et cela, même si on] estompe bien souvent les différences entre des traditions critiques dissemblables [14] ». Dans le domaine de la théorie du récit, en cette ère du *post* généralisé, où en sommes-nous sinon au réexamen d'un ensemble de discours modélisants ? À la recherche peut-être d'un nouveau mode d'appréhension de la « réalité » à l'aide de différents outils en apparence dissemblables, hétérogènes, mais qui peuvent nous aider justement, couche par couche, à saisir la complexité des discours en perpétuelle polémique tant à l'intérieur d'un même texte que d'une pratique générique.

La formalisation de la brièveté

Pour éclairer un peu la discussion, revenons à Barthes et plus précisément à sa classification, dans « Introduction à l'analyse structurale des récits », des éléments entrant dans la formation des séries fonctionnelles et indicielles, c'est-à-dire d'une part les « noyaux » et les « catalyses », propres aux grandes ou aux petites fonctions actionnelles proprement dites, puis, d'autre part, les « indices » et les « informants », propres à ce qu'on peut appeler les inscriptions descriptives placées dans le texte *entre* les grandes ou les petites fonctions actionnelles. Cette classification pourrait-elle nous aider à préciser les traits distinctifs des genres longs et brefs ?

Dans la syntaxe du récit, celle par laquelle s'opère la transformation d'une situation dans la chaîne horizontale des énoncés, on trouve plus ou moins d'actions importantes (les noyaux), c'est-à-dire des actions qui portent à conséquence et plus ou moins d'actions de moindre importance (les catalyses), c'est-à-dire des actions de « détail ».

À ce niveau largement syntaxique, il apparaît assez évident que le genre long n'a pas à faire la même économie d'actions et de séquences que le genre bref. On note d'ailleurs des effets différents selon que l'on a des récits comportant un nombre élevé d'actions posées par un personnel romanesque très nombreux ou que l'on a un petit nombre d'actions effectuées par un personnel restreint. Un choix s'impose donc, qui relève de deux stratégies fort différentes, et qui sert à régler en bonne partie la formalisation interne

---

13. Je dis bien « reprendre » certaines idées, car j'ai bien conscience de m'inscrire ici dans un courant qui va, comme le souligne d'ailleurs bien Bruno Monfort, des formalistes russes à Roland Barthes.
14. Bruno Montfort, *loc. cit.*, p. 155.

du texte. J'ai déjà développé ailleurs [15] l'hypothèse voulant que le genre bref soit le genre de «l'idée fixe» et, très souvent, il arrive que la nouvelle formalise de manière systématique le discours d'un seul acteur, d'une seule voix, d'une seule pensée, qui ressasse une obsession sous différents angles. Le roman le fait également, mais je dirais *avec ampleur.*

On touche certainement ici à une des règles qui permettent de distinguer l'organisation interne des genres longs et brefs. Cette règle a trait à la problématique de l'information. Chacune des séquences reçoit bien souvent dans le texte narratif bref, juste assez d'information pour que le récit soit intelligible, laissant comme dans le vide de grands pans d'information. André Berthiaume le note avec justesse:

> [U]ne figure s'impose ici, celle de l'ellipse, ou plus précisément de la *paralipse* telle que définie par Gérard Genette: «omission latérale», mise de côté de données considérées comme importantes [16].

Pour donner un exemple, le récit bref sera souvent orienté très rapidement vers une complication fulgurante qui suscitera l'évaluation d'un petit nombre de voix ou même d'une seule voix. Cette contrainte syntaxique n'empêchera nullement que s'instaure une forme de dialogisme, c'est-à-dire une problématisation des enjeux conflictuels à l'œuvre dans l'univers de la représentation. Dans ce sens-là, je me distancie de la position d'André Belleau qui affirme que «[l]a nouvelle peut fort bien se passer [du] genre de justification [17]» qui, dans le roman réaliste, sert à justifier l'attitude du héros. Je dirais que le genre de justification varie selon les genres, mais que la nouvelle est loin de faire, dans l'axe syntagmatique, l'économie du discours évaluatif et justificatif qui est un peu le propre du dialogisme romanesque selon Bakhtine. Faire bref n'implique aucune simplification de la structure discursive de la pensée en acte. Bien au contraire. Cela ne signifie pas que le discours dialogique fasse le tour du conflit interne ou externe, mais plutôt qu'il donne des bribes d'information marquées de silences qui parlent, montrant par là non pas la totalité de ce qui cherche à se dire et se raconter, mais plutôt la tension à l'œuvre dans le discours.

Sur l'autre plan, celui de l'axe paradigmatique, qui traverse le récit dans l'axe vertical, on retrouve des éléments, les indices et les informants, ces soi-disant «détails» qui informent justement le récit, entre autres choses, sur la nature et les qualités du chronotope et du personnel de l'histoire. C'est ce qu'on peut appeler le paradigme descriptif, c'est-à-dire le modèle

15. Michel Lord, «L'Essor de la nouvelle fantastique québécoise (1960-1985)», *Nuit blanche,* n° 24, juillet-septembre 1986), p. 35-37.
16. André Berthiaume, «À propos de la nouvelle ou les enjeux de la brièveté», *Écrits du Canada français,* n° 74, 1992, p. 81. La référence à Genette provient de *Figures III,* Paris, Seuil, coll. «Points», n° 181, 1972, p. 211. C'est Berthiaume qui souligne.
17. André Belleau, «Pour la nouvelle», *Surprendre les voix,* essais, Montréal, Boréal, 1986, p. 67.

que le texte construit de son propre espace-temps fictif (son chronotope interne) et de l'image des acteurs qui y évoluent.

Sur ce plan, on n'a pas trop de difficulté à imaginer qu'un texte bref va tenter de faire l'économie des tableaux, des pauses et des longueurs descriptives, essayant de ne donner que ce qu'il faut pour informer le texte. Mais il faut se rappeler qu'il y a des textes brefs qui sont gonflés de descriptif (les nouvelles de Maupassant, par exemple), les réalistes et des fantastiqueurs affectionnant ce procédé pour créer des effets de réel ou pour produire l'illusion référentielle à partir d'une « réalité » possible ou impossible [18].

Aussi Philippe Hamon dira-t-il [19] que le descriptif peut être un processus infiniment extensible, en ce sens que toute description peut produire des listes infinies de ses composantes et des qualités ou des défauts de l'objet soumis à l'analyse. Le descriptif comporterait, dans ce sens, essentiellement une « explication (*ex-plicare*) sémiologique (le dépli d'un paradigme latent d'unités lexicales) et [une] explication pédagogique (un certain type de communication hiérarchisée) [qui] semblent bien indissociables [20] ».

Dans le sens inverse, tout comme l'axe syntagmatique peut se réduire à une phrase simple ou complexe — bien que le récit y perde alors presque toutes ses plumes —, toute description peut être absolument rétractable, c'est-à-dire qu'elle peut se concentrer en un seul mot : l'objet du discours. C'est ce que Hamon appelle le « pantonyme [21] ». Cela pourrait vouloir dire, en ce qui concerne le genre bref, qu'il y a beaucoup plus de latence que de « patence », que le dépli se fait d'une manière beaucoup plus discrète dans le bref que dans le long. Le descriptif dans la nouvelle servirait autant à cacher qu'à montrer et en cela, si on veut pousser le raisonnement à sa limite, le genre bref relèverait du genre de la devinette ou de l'énigme.

Ainsi, nommer, décrire, c'est aussi cacher, dans le long comme dans le bref, faut-il admettre, ceux qui ont rédigé leur autobiographie le savent bien, qui se sont littéralement camouflés derrière leur *sujet*, leur *jet d'encre*, derrière une (plus ou moins) habile construction discursive et descriptive du moi. Mais entre le mot, le pantonyme, qui dit tout, en ne nommant de manière laconique que l'objet du discours (le *graffito*), et le dépli encyclopédique descriptif, tel que Zola le pratique, par exemple, dans *Les Rougon-Macquart*, on trouve toutes les pratiques possibles. À partir de cela, on peut présupposer que le discours narratif ressemble à une dérive organisée et

---

18. Cette question, à la frontière d'autres questions, comme la plupart de celles que nous abordons ici, pourrait encore m'amener à parler d'un autre aspect du texte qui a trait non pas aux genres, mais aux sous-genres, à ce que Genette appelle (dans « Introduction à l'architexte ») les « spécifications thématiques », comme le fonctionnement du descriptif dans la production du réalisme, de la fantasticité...

19. Philippe Hamon, *Introduction à l'analyse du descriptif*, Paris, Classiques Hachette, coll. « Langue, linguistique, communication », 1981.

20. *Ibid.*, p. 61.

21. *Ibid.*, p. 156.

plus ou moins extensible à partir de mots et de schémas actionnels ou discursifs simples ou complexes.

Le faire et le vouloir-faire

Ce qui signifie que, selon le projet littéraire de l'auteur bien entendu (il faut admettre qu'il y a également une contrainte de ce type qui joue dans la formalisation textuelle), s'impose, presque à chaque mot, presque à chaque tournant d'une phrase dans un récit, le choix de l'infiniment extensible (la paralepse [22], par laquelle le narrateur donne trop d'information) ou de la coupure relative ou extrême (la paralipse) et même du silence. Toute expansion de quelque aspect du récit paraît théoriquement possible, et toute réduction aussi, que ce soit dans le choix des actions, des séquences ou des séries actionnelles primordiales ou secondaires (accessoires) ou bien dans le choix du descriptible et même du « scriptible ». Gérard Genette, qui, dans *Figures II*, à propos « D'un récit baroque [23] », s'est intéressé au genre (très) long, avait lui aussi déjà montré l'enjeu des expansions dans la configuration d'un texte. S'il y avait une contrainte par excellence à tout genre, elle se trouverait, je crois bien, dans le projet même de l'auteur, car entre le *faire* bref et le *faire* long, ou avant cela même, il y a toujours la position du *vouloir-faire* ou du *vouloir-dire*, du *pro-jet*.

Mais la question que je me pose demeure toujours liée à la formalisation interne : y a-t-il un système souple ou rigoureux de régulation de l'expansible et du supprimable ou n'est-ce qu'un aspect qui est laissé à l'entière liberté des écrivains ? Nous revenons donc continuellement à la problématique du début entre science, contraintes génériques et pratique artistique. Si une réponse définitive semble impossible, quelques regroupements sont néanmoins envisageables.

Par exemple, on trouve des textes brefs qui suppriment toute expansion quelle qu'elle soit. Il en est ainsi de la nouvelle de six lignes de Aude dans le premier numéro spécial d'*XYZ* sur la nouvelle d'une page :

Enfoui sous d'épaisses couvertures, François, douze ans.

Il est trois heures.

Son père a encore crié. Frappé. L'a envoyé dans sa chambre.

« Je te le casserai, moi, ton petit caractère. »

À l'aide d'un casse-noix, François brise une à une toutes les phalanges de sa main droite [24].

---

22. Gérard Genette, *Figures III*, *op. cit.*, p. 212-213.
23. *Id.*, «D'un récit baroque», dans *Figures II*, Paris, Seuil, coll. «Points», n° 106, 1969, p. 195-222.
24. Aude, «Jeu d'osselets», *XYZ. La revue de la nouvelle*, n° 11, automne 1987, p. 9.

Tout y est, mais de manière extrêmement succincte : une mise en situation descriptive réduite à quelques mots, quelques actions conflictuelles d'éclat, du discours direct et une finale percutante. Bref, une « histoire » complète, plus camouflée toutefois qu'exhibée par un « récit ».

Mais cette forme verbale est assez rarement pratiquée, un texte d'une pleine page ayant déjà l'air d'être une expansion phénoménale par rapport à cette nouvelle de six lignes.

La plupart du temps, on trouve des cas difficiles à classer, dans ce sens où la grande majorité des textes narratifs brefs suppriment certaines expansions ou des portions d'expansion, laissant dans le texte la portion congrue, fragmentaire. Autant que du resserrement, cela représente un puzzle dont l'auteur, ou plutôt le texte, par narrateurs, descripteurs et acteurs interposés, ne donne que des morceaux. Je donnerais comme exemples ces récits de Bertrand Bergeron où l'histoire passe encore au second plan, le discours de type *stream of consciousness* (monologue intérieur) prenant toute la place, un discours syncopé de l'intérieur même de la syntaxe phrastique. En fait, la syntaxe est bouleversée de fond en comble, remplie pour ainsi dire de vides, suivant en cela le mouvement de la dérive de la pensée mouvante et sautillante du narrateur focalisateur, créant pour ainsi dire un effet de jazz libre :

> Je ne saurais relater ce qu'on se dit au cours du repas, ça leur fait telle-ment plaisir alors forcément, ma coupe est remplie sitôt qu'il y manque un doigt, je finis par me rendre à l'évidence que conduire dans cet état, ce qui enchante maman, elle parle alors de cette chambre qui est demeurée à ses yeux la chambre de son grand, et mon frère avec lequel je faisais autrefois la tournée des bars, question d'âge peut-être, il se couche tôt songe à nous quitter vers vingt-deux heures y parvient une heure plus tard, c'est-à-dire au moment où maman papa enfilent leurs pyjamas, car c'est l'heure, comme ils disent, ma présence ne changeant rien à l'affaire, si bien que me voici seul dans le living [...] [25].

En d'autres endroits, Bergeron va encore plus loin dans la segmen-tation de la phrase :

> C'est-à-dire que je me lève, prenant soin que le verrou de manière à ne réveiller personne au retour et, comme on descend l'escalier, le second mouvement de la *Symphonie des mille* à peine amorcé lorsqu'on sonne chez les voisins d'en bas, vous regrettez presque d'être là, à vous demander comment vous introduire, de parfaits inconnus, votre audace que rien, sinon Mahler, le digestif et les parents qui dorment, vous êtes donc le premier étonné de constater à quel point il est facile de lier contact avec un couple qui écoute du Mahler [...] [26].

---

25. Bertrand Bergeron, « Mahler », *Maisons pour touristes*, nouvelles, Québec, L'instant même, 1988, p. 26.
26. *Ibid.*, p. 27.

Sylvaine Tremblay utilise le même procédé de la coupure de la phrase dans un récit ponctué de fragments textuels comme ceux-ci : « Ou bien admettre que. »; « À moins d'admettre que [27]. » Ici, le discours narratif exhibe ses blancs, mais c'est encore sur fond d'errance de la mémoire qu'il cherche à retracer, avec je dirais la précision de l'imprécision, une histoire toujours au second plan par rapport au récit circulaire, obsessionnel et erratique :

> Plutôt tout un hiver de lectures emportées dans l'imprécision du hasard des semaines, toutes les semaines l'enchevêtrement des lectures voix entrelacées la tienne la mienne, les musiques aussi, il faut se préparer un si long voyage, alors tout l'hiver j'avais relu, toi aussi, tu te souviens nous avions : *Les Mille et une Nuits*, *Le Quatuor d'Alexandrie*, *Alice au pays des Merveilles*... nous avions. [...] À moins d'admettre que [28].

Ainsi, dans bien des cas, surtout depuis que l'on produit du texte très bref, le narrateur parle souvent *à côté* ou *en dessous*, *en deçà* de ce qu'il a à dire, et, en raison de ce facteur « paralogique [29] », la lecture permet surtout une reconstitution du sens de type archéologique, c'est-à-dire qu'elle permet de construire du sens avec des fragments de ruines, des pièces éparses d'un discours. Cela peut faire penser à l'œuvre de Luigi Nono intitulée *Fragments-Silence*, dont Jürg Stenzel dit :

> [C]e quatuor [à cordes écrit en 1979] s'intègre dans une tradition en même temps qu'il la refuse. [...] Le discours musical ressemble à un paysage d'îlôts [*sic*] qui émergent, puis disparaissent dans la tranquillité. *Fragments* signale une structure discontinue, non linéaire, l'absence d'une trajectoire qui viserait, dès le commencement, le but final [30].

Trouve-t-on là un pont entre les arts de cette fin de siècle ou une définition qui permet de rapprocher une certaine posture discursive postmoderne ? Le discours donne le plus souvent peu ou prou d'informations et ne permet effectivement qu'une reconstitution du type fragmentaire, donnant ainsi un rôle actif à l'imagination créatrice de ce voyeur que nous sommes tous lorsque nous jetons un coup d'œil par le trou de la serrure d'un livre.

Les pouvoirs de la forme

Dans ce contexte, peut-on parler du pouvoir de l'auteur ou du pouvoir inhérent à la forme et, par conséquent, au genre ? Peut-être est-ce une

---

27. Sylvaine Tremblay, « J'aurais voulu aller au Caire », *Nécessaires*, nouvelles, Québec, L'instant même, 1992, p. 26, 29 et 30. Ce segment de phrase suspendue sert d'ailleurs de finale à la nouvelle.
28. *Ibid.*, p. 28-29.
29. J'utilise un néologisme ici pour qualifier cette tendance du sujet du discours (*logos*) à se placer dans les marges (*para*) de son objet.
30. Jürg Stenzel, [Note dans la pochette du disque de] Luigi Nono, *Fragmente-Stille, an Diotima*, Lasalle Quartet, Hamburg, Deutsche Gramophon, 1986, n° 415, 513-1.

question de démiurgie, propre au créateur lui-même, l'écrivain étant une sorte de Dieu sur son terrain? Barthes parle, pour sa part, de «deux pouvoirs» qui seraient inhérents à la forme même du récit. En ce sens, l'auteur choisissant un genre deviendrait à son tour le prisonnier (heureux) de la forme qui le saisit ou le fait tomber sous son charme. Il y aurait ainsi (le conditionnel me paraît de rigueur), contenu dans la forme elle-même, le pouvoir «de distendre les signes le long de l'histoire, et celui d'insérer dans ces distortions des expansions imprévisibles[31]». Et Barthes ajoute que «[c]es deux pouvoirs apparaissent comme des libertés[32]». En fait, il serait tout aussi juste de parler de la relation de contraintes entre le choix externe du bref (l'obligation liée à une commande précise ou le *vouloir-faire* bref même, par exemple) et les contraintes internes qui s'imposent d'emblée pour faire bref (l'obligation de mettre de côté de l'information, de distendre les signes sans y insérer d'expansions).

Les pouvoirs de la forme apparaîtraient donc autant comme des contraintes que des libertés, puisque cette puissance formelle s'impose d'elle-même lors de l'acte scripturaire, force, oblige, pour ainsi dire, à respecter certaines contraintes inhérentes à certaines pratiques. Ainsi, on choisirait de faire bref non pas pour dire peu, ce qui serait un non-sens ou une absurdité — de toute façon, qu'est-ce que dire beaucoup en littérature? — mais pour creuser l'écart entre le signe et le sens.

La vérité — si tant est qu'une telle chose existe — se trouverait sans doute à mi-chemin entre une règle de fer qui serait le propre de toute exploitation formelle (le genre fixe) et la liberté artistique inhérente à l'absence de tout système de régulation (le genre flou, libre). Car l'écrivain peut vouloir s'inscrire dans un genre en même temps qu'il est animé par la volonté de plier le genre à son auctorialité. Mais si l'artiste paraît libre, il est évident qu'il n'a pas le choix de ne pas choisir l'un de ces procédés qui offrent la possibilité de laisser des vides, des blancs entre les signes ou de remplir de manière très serrée l'espace de la distension. La liberté artistique se trouve comme délicatement enchaînée, pour utiliser un oxymoron, à certaines contraintes déguisées sous l'apparat du choix que nous avons toujours à faire lorsque nous prenons la parole pour discourir ou pour raconter une histoire, sous quelque forme que ce soit. Autrement dit, l'artiste serait libre de choisir le genre qu'il désire pratiquer, libre de choisir ses formes, mais une fois engagé dans cet engrenage, dans le processus scripturaire ou discursif, sa liberté se trouve contrainte parce qu'elle est entrée dans une zone de sortilèges; l'auteur est alors tombé sous le charme ou sous le pouvoir d'une forme, qu'il possède et qui le possède autant.

---

31. Roland Barthes, *loc. cit.*, p. 200. Le mot «imprévisibles» me semble ici des plus appropriés, car il montre à quel point le liberté, l'imprévision et le flou peuvent jouer à l'intérieur des contraintes et pervertir les codes génériques les plus assurés.
32. Roland Barthes, *loc. cit.*, p. 200-201.

On comprendra que la question reste ouverte et qu'il n'est pas en mon pouvoir de la vider. Tout cela demeure encore très parcellaire et reste également à explorer par des analyses qui pourront illustrer dans les faits de discours l'organisation esthétique du resserrement extrême ou relatif de la forme brève. Il sera surtout intéressant de se demander ce qui se cache sous la pratique presque frénétique du genre bref au Québec à laquelle se sont littéralement livrés les écrivains depuis quelques années. L'écart de plus en plus marqué entre le signe et le sens serait-il un signe des temps ?

Bibliographie

BAKHTINE, Mikhaïl, *Esthétique de la création verbale*, Paris, Gallimard, coll. « Bibliothèque des idées », 1984 [1979], 402 p.

————, *Esthétique et Théorie du roman*, Paris, Gallimard, coll. « Tel », n° 120, 1978 [1975], 488 p.

BARTHES, Roland, *L'Aventure sémiologique*, Paris, Seuil, coll. « Points », n° 219, 1985, 258p.

BELLEAU, André, *Surprendre les voix*, essais, Montréal, Boréal, coll. « Papiers collés », 1986, 237 p.

BERGERON, Bertrand, *Maisons pour touristes*, nouvelles, Québec, L'instant même, 1988, 133 p.

BERTHIAUME, André, « À propos de la nouvelle ou les enjeux de la brièveté », *Écrits du Canada français*, n° 74, 1992, p. 77-90.

FORTIN, Andrée, « Présentation », *Recherches sociographiques*, vol. XXXIII, n° 2, mai-août 1992, numéro intitulé *Images. Art et culture du Québec actuel*, sous la direction d'Andrée Fortin, p. 165-358.

GENETTE, Gérard, *Figures II*, Paris, Seuil, coll. « Points », n° 106, 1969, 293 p.

————, *Figures III*, Paris, Seuil, coll. « Poétique », n° 181, 1972, 285 p.

————, « Introduction à l'architexte », *Théorie des genres*, Paris, Seuil, coll. « Points », n° 181, 1986, p. 89-159.

HAMON, Philippe, *Introduction à l'analyse du descriptif*, Paris, Classiques Hachette, coll. « Langue, linguistique, communication », 1981, 268 p.

LORD, Michel, « L'essor de la nouvelle fantastique québécoise (1960-1985) », *Nuit blanche*, n° 24, juillet-septembre 1986, p. 35-37.

MONFORT, Bruno, « La nouvelle et son mode de publication », *Poétique*, n° 90, avril 1992, p. 153-171.

OUELLET, Pierre, « Vie et mort du genre. Autopsie d'une survivance », *La Mort du genre*, actes du colloque tenu à Montréal en octobre 1987, Montréal, NBJ, 1987, p. 17-33.

TREMBLAY, Sylvaine, *Nécessaires*, nouvelles, Québec, L'instant même, 1992, 85 p.

Nouvelle et conte :
des frontières à établir

Jeanne Demers,
Université de Montréal

> Si l'on considère l'activité de la nouvelle, on la voit s'exercer dans l'univers, lui donner sa figure, fixer une partie de cet univers, la lier d'une manière telle que cette partie ne reçoive plus que de cette forme son incarnation définitive et absolue. Si l'on parle de l'activité du conte, on voit que c'est son propre visage qu'il compose d'abord avant d'être prêt à admettre, sous ce visage, l'univers.
>
> André Jolles [1]

> Le propre de la scientificité n'est pas de refléter le réel, mais de le traduire en des théories changeantes et réfutables.
>
> Edgar Morin [2]

Tenter de distinguer la nouvelle et le conte peut paraître une opération byzantine et, qui plus est, vouée à l'échec. D'autant que sont nombreux les auteurs — ne citons que Maupassant en France et Pamphile Le May au Québec — qui ont hésité entre les deux termes. Certains ont même préféré contourner la difficulté soit par l'occultation pure et simple — Gabrielle Roy, par exemple, avec *Ces enfants de ma vie* [3] —, soit par le choix d'un autre terme : ce sera Gilles Marcotte sous-titrant « histoires », son recueil *La Vie réelle* [4] ou Tiziana Beccarelli-Saad préférant, pour *Les Passantes* [5], le mot encore plus neutre de « récits ».

Qu'importe au lecteur potentiel en effet la précision nouvelle ou conte ? Dans un cas comme dans l'autre, il s'attend à se perdre, à se dissoudre dans un ailleurs qui lui sera présenté en quelques pages seulement. Qu'importe surtout à l'auteur qui, de toute manière, ne doit jamais s'en tenir aux lois du genre s'il veut faire œuvre valable ? Qu'importe au critique, privé tout au

1. André Jolles, *Formes simples*, trad. de l'allemand par Antoine Marie Buguet, Paris, Seuil, coll. « Poétique », 1972, p. 184.
2. Edgar Morin, *Science avec conscience*, Paris, Fayard, 1982, p. 35.
3. Gabrielle Roy, *Ces enfants de ma vie*, Montréal, Stanké, 1977.
4. Gilles Marcotte, *La Vie réelle*, histoires, Montréal, Boréal, 1989.
5. Tiziana Beccarelli-Saad, *Les Passantes*, récits, Montréal, Triptyque, 1986.

plus, en l'absence de précision, de quelques balises sécuritaires? Qu'importe même au marché du livre, sauf si «l'air du temps» privilégie l'une des deux formes?

Le fait que le procès d'écriture et le procès de lecture, la critique et le marché, s'ajustent à chaque actualisation ne modifie en rien toutefois une réalité incontournable: conte et nouvelle sont reçus différemment; d'instinct, on les distingue. Pour dire les choses autrement, chacune des deux formes dispose d'un horizon d'attente qui lui est spécifique. Or, qu'est-ce que l'horizon d'attente, sinon un symptôme, mieux un syndrome? Aux yeux du poéticien, le signe révélateur des caractéristiques génériques d'une forme; l'occasion, quand il s'agit de formes voisines comme le conte et la nouvelle, de les confronter pour en venir à les définir. Et il faudrait qu'il s'en prive, sous prétexte que la tâche est complexe? Ou, plus subtilement, parce qu'on est convaincu — non sans raison d'ailleurs — de la non-pertinence de la taxinomie lorsque cette dernière, débordant son rôle heuristique, se fait bêtement classificatrice... Et la taxinomie ne guette-t-elle pas toujours, à l'affût derrière le modèle théorique?

Vers un modèle théorique conte / nouvelle

Avant d'aborder la question plus avant, deux mises au point s'imposent. 1) Le modèle théorique n'est en aucune manière normatif, prescriptif. Tout au plus est-il explicatif. Il propose à un genre donné l'exhibition de sa logique interne; logique interne qui informe ce genre, au sens le plus strict du mot, et qui, par le fait même, entraîne un certain nombre de caractéristiques, en même temps qu'elle en rejette d'autres. 2) Le modèle théorique n'a de sens que dynamique, c'est-à-dire qu'il doit être mobile dans le temps et dans l'espace, valable, quel que soit le lieu et le moment de ses actualisations. Aussi ne peut-il s'établir exclusivement dans la synchronie ni sur un corpus trop étroit. Le ferait-il qu'il deviendrait, par exemple, le modèle théorique, le portrait robot de «la nouvelle québécoise des années 1980». Cela dit, ce modèle devrait en principe rejoindre le modèle de la nouvelle. Mais s'il ne peut contredire ce dernier, il risque de comporter des lacunes importantes, de s'inscrire surtout dans l'impossibilité de rejoindre le ressort fondamental du genre.

Or, quel est-il, ce ressort de la nouvelle et en quoi diffère-t-il de celui du conte? Quelques réponses partielles ont été apportées ces dernières années, qui ont le mérite d'insister sur la nécessité d'aller au-delà de la simple analyse thématique (René Godenne est exemplaire sur ce point [6]), le mérite également de s'être débarrassé du carcan nominatif «nouvelle» installé en France depuis le xve siècle, à l'imitation de la *novella* italienne. Encore est-ce à la suite de l'abbé Prévost qui, déjà au xviiie siècle, prenait ses distances

---

6. René Godenne, *La Nouvelle française*, Paris, Presses universitaires de France, 1974.

par rapport aux recueils français inspirés du *Decaméron*, en les présentant comme des recueils de contes et non de nouvelles[7]. Frédéric Deloffre va plus loin quand il distingue du comique des *Cent Nouvelles Nouvelles*, le « tragique » et le caractère « moral » de plusieurs des récits de *L'Heptaméron* ou du *Printemps d'Yver* de Jacques Yver[8] : ne met-il pas le doigt, quelque peu du moins, sur une différence essentielle entre les deux formes, le fait que la nouvelle problématise une situation, alors que le conte la simplifie, en organise la portée en fonction d'un projet précis : faire rire, faire peur, étonner, émerveiller, faire réfléchir, etc. ; en fonction aussi du trait final, leçon très souvent.

Je fais l'hypothèse que cette différence remonte à l'origine de l'une et l'autre forme ; que la nouvelle appartient de *natura* à la littérature, née qu'elle est avec celle-ci, et qu'elle partage de façon existentielle son caractère paradoxal ; que le conte au contraire, oral par définition et vieux comme le monde, ne passe à l'écrit (au « littéraire ») qu'artificiellement et sans vraiment atténuer le rôle traditionnel du conteur, médium du groupe qui lui confère son autorité et le charge de transmettre ses valeurs. Aussi n'est-il libérateur que lorsqu'il atteint un haut niveau d'originalité, de littérarité. Nul, à mon avis, n'a mieux marqué les effets de cette différence fondamentale nouvelle / conte que Jean Sgard lorsqu'il écrit : « Le nouvelliste laisse parler les faits ; le conteur parle seul. Il est la substance même de son récit[9]. »

Si nous voyions cela de plus près en réglant d'abord le sort du conte ?

« [...] Le conteur parle seul. Il est la substance même de son récit »

Un récit, implicitement sous-titré «nouvelle» me servira de métaphore pour examiner le rôle prépondérant de la parole du conteur dans le conte. Il s'agit de « Comment Wang-Fô fut sauvé », dans *Nouvelles orientales*, de Marguerite Yourcenar[10]. Nul ne pourra m'accuser d'avoir choisi la facilité : ce récit ne se présente pas comme un conte ; il fait l'économie de la morale explicite, l'économie du personnage-conteur et des personnages-auditeurs, narrateur et narrataire seconds quasi obligés du genre. Ce qui provoque, entre autres phénomènes, l'économie du discours direct. L'histoire est simple : un vieux peintre, Wang-Fô, parcourt le royaume de Han à la

7. L'abbé Prévost, *Le Pour et le Contre*, Paris, Librairie Didot, n° XVII.
8. Frédéric Deloffre, *La Nouvelle en France à l'Âge classique*, Paris, Didier, coll. « Orientations », 1968, p. 9-11.
9. Jean Sgard, « Marmontel et la forme du conte, conte moral », dans *De l'Encyclopédie à la contre-révolution : Marmontel*, études réunies et présentées par Jean Ehrard, Clermont-Ferrand, G. de Bussac, coll. « Écrivains d'Auvergne », n° 8, 1970, p. 11-27.
10. Marguerite Yourcenar, « Comment Wang-Fô fut sauvé », *Nouvelles orientales*, Paris, Gallimard, coll. « L'imaginaire », n° 31, 1990, p. 9-27. Ce n'est pas un hasard si Marguerite Yourcenar intitule un autre recueil, de vraies nouvelles celui-là, bien qu'elles soient un peu longues (« Anna Soror... », «Un homme obscur», «Une belle matinée »), *Comme l'eau qui coule*, nouvelles (Paris, Gallimard, 1985).

recherche de sujets pour son travail, en compagnie d'un disciple, Ling, qui a tout abandonné pour le suivre. Arrêtés sur ordre de l'empereur, ils font face à l'accusation suivante : le peintre a un tel sens de la beauté qu'il a créé un univers merveilleux auquel l'empereur a cru, pour constater, au contact du réel, que cet univers n'existe pas. Avec comme résultat une perte d'identité de sa part. En punition, Wang-Fô aura les yeux brûlés. Mais auparavant, il lui faut terminer une peinture commencée des années plus tôt. Ling est exécuté en voulant protéger son maître. Il réapparaîtra dans la peinture en train de se poursuivre et aidera celui-ci à s'évader à bord de la barque fraîchement peinte qui s'éloigne du palais impérial envahi par l'eau du tableau.

Bien que l'écriture d'un texte, son énonciation, joue un rôle important dans sa situation à l'intérieur du système des genres, il est couramment admis que l'histoire qui le sous-tend en oriente déjà la forme. Propp, on le sait, l'a démontré avec vigueur pour ce qui est du conte traditionnel ou conte canonique. Or, que nous apprend sur ce plan la « nouvelle » « Comment Wang-Fô fut sauvé » ? Notons d'abord l'astuce de Marguerite Yourcenar qui modifie le sens du terme nouvelle en donnant à son recueil le titre de *Nouvelles orientales*. Le mot « orientales » est en effet loin d'être neutre. Il connote l'univers du conte par excellence — ne pensons qu'aux *Mille et Une Nuits*... — son caractère merveilleux également, la sagesse enfin liée tant à l'Orient qu'au rôle du conteur, mémoire vivante et porte-parole de la communauté dont il émane. Quant au titre de la « nouvelle » elle-même, il insiste sur l'acte de conter — « Comment Wang-Fô fut sauvé » —, remontant ainsi tout droit au faire éprouvé des recueils de contes, qu'il s'agisse des *Cent Nouvelles Nouvelles*[11], des contes de Voltaire[12] ou, plus près de nous, d'un texte comme *Don l'Orignal* d'Antonine Maillet, dont chacun des chapitres est marqué de la sorte[13].

Mais ces éléments ne sont que des espèces de « preuves par neuf » d'une réalité plus subtile. S'il n'y a ni conteur ni auditoire apparents dans « Comment Wang-Fô fut sauvé », c'est que ces derniers ont été complètement soumis au pouvoir créateur et initiateur de la communication orale et visuelle. Ils n'en sont pas pour autant expulsés du texte. Bien au contraire :

11. « La vingt et quatrième nouvelle, dicte et racomptée par monseigneur de Fiennes, d'un conte qui un Tesbelle jeune et gente fille, l'une des subjectes, cuida decevoir par force ; et comment elle s'en eschappa par le moyen de ses housseaux ; mais depuis l'en pris tresfort, et l'aida a marier, comme il vous sera declairé cy après. » (*Cent Nouvelles Nouvelles*, Genève, Droz / Paris, Minard, 1966), p. 6.
12. François Marie Arouet, dit Voltaire, *Romans et Contes*, texte établi sur l'édition de 1775, avec une présentation et des notes par Henri Benac, Paris, Garnier, coll. « Classique », 1960). Voir « Comme on fit un bel auto-da-fé pour empêcher les tremblements de terre, et comment Candide fut fessé », *Candide ou l'optimisme*, chapitre VI, p. 137-221.
13. Antonine Maillet, *Don l'Orignal*, préface de Jean-Cléo Godin, Montréal, Léméac, 1967. Voir chapitres 8 et 9, « Où est racontée la célèbre lutte de Michel-Archange avec un suppôt de Satan » et « Où se continue l'incroyable histoire de l'invincible Sam Amateur, ennemi de Michel-Archange », p. 35-38 et 39-42.

ils y sont intégrés de façon existentielle, sublimés même grâce à l'image de la peinture se superposant au réel, devenant celui-ci. Il reste que le riche Ling s'est lié d'amitié avec l'artisan Wang-Fô pour l'avoir entendu parler «[u]ne nuit, dans une taverne» alors que «[l]'alcool de riz [lui] déliait la langue» (p. 12)[14]. «Wang ce soir-là parlait comme si le silence était un mur, et les mots des couleurs destinées à le couvrir» (p. 13). Et l'initiation qui fonde le conte, de commencer: Ling qui «craignait les insectes, le tonnerre et le visage des morts» (p. 12) «cessa d'avoir peur de l'orage» parce que Wang-Fô lui fit «admirer [...] la zébrure livide de l'éclair» (p. 13). Son «horreur» pour les insectes «s'évanouit» après qu'il eut suivi «avec ravissement la marche hésitante d'une fourmi le long des crevasses de la muraille» (ibid.). Il voit sans angoisse le corps pendu de sa jeune femme: n'avait-il pas compris que Wang-Fô lui avait fait «cadeau d'une âme et d'une perception neuves» (ibid.)? Initiation en trois étapes, notons-le au passage, comme dans le conte traditionnel, et qui débouche sur une telle sérénité que se trouve abolie la frontière vie / mort.

« Le nouvelliste laisse parler les faits »

Alors que le conteur se confond avec son récit, le médium constituant le message selon l'heureuse formule de MacLuhan, le nouvelliste «laisse parler les faits». Il déploie aux yeux du lecteur, une tranche de vie. Celle-ci, une fois le décor planté et les personnages créés, se poursuit comme en dehors de sa volonté et sans qu'aucune intention didactique n'interfère. S'il y a, dans la nouvelle, comme le veut Frédéric Deloffre, du «tragique» et une dimension «morale», ce n'est jamais pour convaincre le lecteur de quoi que ce soit; «tragique» recoupe la situation et «morale», la présentation de certaines mœurs. Rien de plus. Le contraste avec le conte peut être facilement mesuré grâce à une nouvelle de Lori Saint-Martin, «Sur fond de rupture», tirée de Lettre imaginaire à la femme de mon amant, nouvelle écrite à la première personne, mais dont le personnage principal est l'écriture[15]. Écriture-héroïne qui mène le bal, invente un réel changeant, fait de «ces voyages-là dont les maris ne veulent rien savoir» (p. 47) et auquel le «je» narrateur s'abandonne: «Je n'avais pas d'amants, en écrivant je m'en suis découvert» (p. 48). Amants imaginaires, bien entendu, dont le «je» écrit la «rupture des dizaines de fois avant de pouvoir la vivre». «Des fragments sans suite, une porte qui se fermait et me laissait de l'autre côté, le bon, dehors, ailleurs» (p. 48). L'écriture guidant la vie en somme... et rendant aphasique ou presque celle qui a enfin réussi son départ. Récits de rupture

---

14. Le lien parole / alcool est souvent signalé dans le conte. Un exemple connu: *Contes pour buveurs attardés* de Michel Tremblay, Montréal, Stanké contes, coll. «10/10», 1985. (Reprise de l'édition originale de 1966.)

15. Lori Saint-Martin, «Sur fond de rupture», *Lettre imaginaire à la femme de mon amant*, Montréal, l'Hexagone, coll. «Fictions», n° 55, 1991, p. 47-51.

dont un échantillon nous est donné dans une petite nouvelle intégrée (p. 49-50) et qui convergent vers le paradoxal silence de l'écriture : « Enfin, je me crée de beaux amants sans voix, je les pose tendrement dans des bars, sur des plages, dans des chambres pleines de fleurs où ils m'attendront, ardents, le temps que s'achève ma transformation » (p. 51).

Les amants attendront, puis, sans doute, poseront des gestes qui surprendront la narratrice et dont elle rendra compte au fur et à mesure qu'elle en sera l'instigatrice. À l'image de Marguerite Yourcenar déroulant le fil de sa nouvelle-petit roman, « Anna Soror... ». Mais toutes les nouvelles ne répondent pas aussi clairement à la définition du genre; preuve, s'il en est besoin, que l'écrivain conserve toujours sa liberté. Certaines jouent dans les marges nouvelle / conte, comme dans le recueil *Fugitives* de Lise Gauvin qui se disent pourtant nouvelles [16]. Les tranches de vie, empruntées selon l'usage au réel le plus concret, sont extrêmement brèves, d'où le titre tiré de la première section du recueil. Il s'agit souvent de moments saisis sur le vif, volés par une plume sans merci à l'intimité de personnages surpris dans l'expression d'une superficialité très contemporaine. Aussi le tragique, lorsqu'il existe — ou le comique, un Ionesco n'a-t-il pas insisté sur l'étonnante familiarité de ces deux forces littéraires ? — se tourne-t-il volontiers vers la morale, au sens de son utilisation dans le conte plutôt que vers la problématisation que propose la nouvelle.

Le passage d'une morale, disons casuistique, à une morale ironique sinon absolument normative, tire le récit vers le discours de la leçon. La brièveté des textes y contribuant d'ailleurs pour beaucoup et d'autant qu'à la ressemblance du conte, ceux-ci se terminent souvent par un trait, phrase courte qui divulgue en un éclair la portée de l'événement; qui provoque, comme pour le poème, un fort désir de relecture. Faut-il un exemple ? Voyons « Passagieri [17] » dont le dernier paragraphe — « C'est précisément à ce moment-là qu'à mon tour je les perds de vue. Attablée au café devant la gare, j'aperçois un inconnu qui s'approche de moi et me dit : "J'étais avec vous dans le train. Puis-je m'asseoir un moment ?" » (p. 24) — boucle la boucle du récit qui précède, soit la rencontre de deux passagers, un homme et une femme. Mais y a-t-il vraiment lieu de parler de récit ? Le mot *tableau* ne conviendrait-il pas mieux pour rendre compte de ce texte-flash à la La Bruyère ? Texte-flash qui provoque la réflexion et n'est pas sans rappeler, toute proportion gardée, les célèbres *Nouvelles en trois lignes* de Félix Fénéon dont l'enjeu — l'absurde ou le tragique d'une situation — est mis en évidence par la contraction de l'écriture [18]. Prenons-en trois au hasard :

> Se pendant à la portière, un voyageur un peu lourd fit basculer son fiacre, à Ménilmontant, et se fracassa la tête (p. 41).

---

16. Lise Gauvin, *Fugitives*, nouvelles, Montréal, Boréal, 1991.
17. *Id.*, « Passagieri », *ibid.*, p. 23-24.
18. Félix Fénéon, *Nouvelles en trois lignes*, Paris, Macula, 1990.

À peine humée sa prise, A. Chevrel éternua et, tombant du char de foin qu'il ramenait de Pervenchères (Orne), expira. (p. 55)

Un romanichel a tué sa femme (elle était volage) près de Maison-Lafitte. La tribu décampa avant l'arrivée des gendarmes. (p. 65)

Ce rapprochement d'une certaine forme de nouvelle avec les nouvelles en trois lignes de Fénéon qui se contentent de concentrer, de styliser le fait divers, peut choquer. Si on y réfléchit toutefois, on s'aperçoit que ces deux types de textes relèvent du même arbre — pardonnez-moi l'analogie biologique — et qu'ils ont pour origine la forme simple identifiée par André Jolles comme le cas [19]. Alors que le conte écrit, le «conte d'auteur» pour utiliser la formule d'Anne Giard [20], constitue la forme savante du conte traditionnel dont il simule toujours un certain nombre de caractéristiques [21]. Dans une relation plus ou moins serrée d'ailleurs, selon le type de conte; le conte réaliste s'appuyant souvent sur des faits qui se présentent comme un cas, mais pour lesquels une voie de sortie, une solution, est trouvée.

Jolles explique ce phénomène sans cependant tirer de conclusion par rapport à la distinction conte / nouvelle. Après avoir montré que le cas «est le lieu où s'effectue la pensée mais non pas son résultat», «le lieu où se réalisent le balancement et l'oscillation de la disposition mentale qui pèse et qui soupèse», il précise: «[...] [le cas] cesse d'être tout à fait lui-même quand une décision positive abolit le devoir de décision [22]». Si nous pouvions prouver que dans de telles circonstances, le cas passe du côté du conte plutôt que de la nouvelle? N'aurions-nous pas la possibilité de bâtir un modèle théorique de l'une et l'autre forme? Non plus comme j'ai tenté de le faire pour le conte [23], à partir du conte oral, mais en nous fondant sur «la disposition mentale» de chaque forme. Ce qui permettrait peut-être d'en comprendre le fonctionnement au-delà des simples problèmes d'énoncé et d'énonciation tels qu'examinés, entre autres, par Propp, Greimas et Genette.

Une telle approche apporterait un début de réponse à la question existentielle qu'à un moment ou l'autre nous nous posons tous, nous littéraires, et qu'un Sartre a tenté de cerner dans son célèbre *Qu'est-ce que la littérature?* [24] Qu'est-ce que la littérature en effet? Ou mieux, pourquoi la

---

19. André Jolles, *op. cit.*, p. 137-157.
20. Anne Giard, *Le Conte d'auteur*, Paris, CLO, n° 8, 1980.
21. «Formes savantes, cela veut dire pour nous des formes littéraires qui sont précisément conditionnées par les choix et par les interventions d'un individu, formes qui présupposent une ultime et définitive fixation dans le langage, formes qui ne sont plus le lieu où quelque chose se cristallise et se crée dans le langage, mais le lieu où la cohésion interne la plus haute est atteinte dans une activité artistique non répétable.» (André Jolles, *op. cit.*, p. 144.)
22. *Ibid.*, p. 151.
23. En particulier dans l'article cosigné avec Lise Gauvin, «Frontières du conte écrit: quelques loups-garous québécois», *Littérature*, n° 45, février 1982, numéro intitulé *Les Contes, oral / écrit, théorie, pratique*, p. 5-23.
24. Jean-Paul Sartre, *Qu'est-ce que la littérature?*, Paris, Gallimard, coll. «Idées», 1948.

littérature? D'où vient sa fonction créatrice, donc libératrice? Quelle(s) différence(s) inscrit-elle par rapport aux formes orales traditionnelles — du proverbe au conte en passant par la devinette, etc. — qui paraissent jouer un rôle intégrateur à la limite du répressif? Qu'est-ce qui fait qu'un personnage comme Wang-Fô transmette une sagesse millénaire tout en donnant un regard neuf à celui qui l'écoute? Que l'écriture puisse créer des amants avec lesquels on peut rompre comme dans la vraie vie, qu'elle puisse croquer et monter en épingle les moments les plus fugaces de l'existence?

Bibliographie

AROUET, François-Marie, dit Voltaire, *Romans et Contes*, texte établi sur l'édition de 1775, avec une présentation et des notes par Henri Bénac, Paris, Garnier, coll. « Garnier Classique », 1960, 667 p.

BECCARELLI-SAAD, Tiziana, *Les Passantes*, récits, Montréal, Triptyque, 1986, 84 p.

DELOFFRE, Frédéric, *La Nouvelle en France à l'Âge classique*, Paris, Didier, coll. « Orientations », 1968, 130 p.

DEMERS, Jeanne et Lise GAUVIN, « Frontières du conte écrit: quelques loups-garous québécois », *Littérature*, n° 45, février 1982, numéro intitulé *Les Contes, oral/ écrit, théorie, pratique*, p. 5-23.

FÉNÉON, Félix, *Nouvelles en trois lignes*, Paris, Macula, 1990, 183 p.

GAUVIN, Lise, *Fugitives, nouvelles*, Montréal, Boréal, 1991, 137 p.

GIARD, Anne, *Le Conte d'auteur*, Paris, CLO, n° 8, 1980.

GODENNE, René, *La Nouvelle française*, Paris, Presses universitaires de France, 1974, 176 p.

JOLLES, André, *Formes simples*, traduit de l'allemand par Antoine Marie Buguet, Paris, Seuil, coll. « Poétique », 1972, 212 p.

MAILLET, Antonine, *Don l'Orignal*, préface de Jean-Cléo Godin, Montréal, Leméac, 1977, 190 p.

MARCOTTE, Gilles, *La Vie réelle*, histoires, Montréal, Boréal, 1989, 235 p.

MORIN, Edgar, *Science avec conscience*, nouvelle édition, Paris, Fayard, 1990, 315 p.

PRÉVOST, Antoine-François, abbé, *Le Pour et le Contre*, Paris, Didot, n° XVII.

ROY, Gabrielle, *Ces enfants de ma vie*, Montréal, Stanké, 1977, 213 p.

SAINT-MARTIN, Lori, « Sur fond de rupture », *Lettre imaginaire à la femme de mon amant*, Montréal, l'Hexagone, coll. « Fictions », n° 55, 1991, 133 p.

SARTRE, Jean-Paul, *Qu'est-ce que la littérature?*, Paris, Gallimard, coll. « Idées », 1948, 375 p.

SGARD, Jean, « Marmontel et la forme du conte, conte moral », *De l'Encyclopédie à la contre-révolution: Marmontel*, études réunies et présentées par Jean Ehrard, Clermont-Ferrand, G. de Bussac, coll. « Écrivains d'Auvergne », n° 8, 1970, 231 p.

SWEETSER, Franklin P. (dir.), *Cent Nouvelles Nouvelles*, Genève, Droz / Paris, Minard, 1966, 651 p.

TREMBLAY, Michel, *Contes pour buveurs attardés*, Montréal, Éditions du Jour, 1979, 158 p.

YOURCENAR, Marguerite, *Comme l'eau qui coule*, nouvelles, Paris, Gallimard, 1982, 266 p.

———, « Comment Wang-Fô fut sauvé », *Nouvelles orientales*, Paris, Gallimard, coll. « L'Imaginaire », n° 31, 1990, p. 9-27.

Des titres qui font bon genre : de quelques particularités éditoriales de la nouvelle

Sylvie Bérard,
Université du Québec à Montréal

Au catalogue des idées reçues sur la nouvelle, il y a ce sentiment, diffus mais statistiquement validé, que l'édition contemporaine au Québec est marquée par un certain « âge d'or » de la nouvelle. Concurremment, il y a aussi cette impression, couramment admise et sans cesse relancée, qu'il s'agit d'un genre aussi bref... que brièvement défini. Si l'on combine ces deux principes apparemment issus de champs difficilement compatibles, on se retrouve avec une troisième donnée en forme d'hypothèse, qui consiste à supposer qu'on a publié autant de nouvelles au Québec qu'on a peu défini le genre, autrement dit, qu'on se retrouve avec une quantité appréciable de textes, de recueils de textes, qu'on définit à l'avenant, au fil des parutions.

« Le genre de la nouvelle n'a jamais été clairement défini sinon par rapport à... (au roman surtout) et sinon quant à sa brièveté [1]. » Pourtant, particulièrement (mais non exclusivement) dans l'édition québécoise contemporaine, au sein même du « péritexte éditorial », et jusque dans l'« épitexte public » (j'emprunte ces deux expressions à Genette [2]), on retrouve une volonté constante de dénommer, baptiser, qualifier le texte bref qu'on édite. Les préfaces, avant-propos, postfaces sont assez éloquents à ce titre : jamais ailleurs que dans la prose en bref le métatexte n'aura-t-il été aussi bavard, non pas tant sur le texte même qu'il dessert, mais sur la définition du genre auquel appartient ce texte. Contes, nouvelles ou récits, bon nombre de recueils de textes sont marqués par cet acharnement à apposer, imposer, et finalement brouiller les étiquettes. En effet, les bons sentiments ne faisant pas toujours la bonne théorie littéraire, cette pratique, vu sa prolifération, ne va pas sans certains dérapages, certains flottements voire certaines contradictions terminologiques, éditoriales et, à la limite, génériques. En fait, on n'a pas cessé de ne pas définir la nouvelle.

Cette étude s'emploiera à traquer ces efforts plus ou moins réussis, selon le cas, qui témoignent d'une volonté de définir le genre par une position

---

1. Aude (pseudonyme de Claudette Charbonneau-Tissot), « Question de genre... », *XYZ. La revue de la nouvelle*, n⁰ 11, automne 1987, p. 3.
2. Gérard Genette, *Seuils*, Paris, Seuil, coll. « Poétique », 1987.

éditoriale, c'est-à-dire à tout ce qui, dans le contexte externe du texte, constitue en fait son contrat de lecture. De manière plus particulière, je m'intéresserai à l'indication générique et surtout au texte liminaire (avant-propos, préface, postface, etc.), non sans me permettre certaines incursions ailleurs dans le paratexte. Les ouvrages que je prendrai à témoin seront en majorité extraits du répertoire québécois contemporain. Mon corpus n'est évidemment pas exhaustif, mais, je l'espère, représentatif du discours contemporain sur la nouvelle. Je m'en tiendrai aux recueils et aux revues consacrées au genre bref, sans parler, par exemple, de la nouvelle publiée dans les pages des magazines.

Particularités paratextuelles

La nouvelle a ses particularités paratextuelles. De même que le nouvellier ou la nouvellière n'est pas l'auteur-e d'une seule nouvelle, mais d'un recueil, sauf exception, une nouvelle isolée, à moins qu'il ne s'agisse d'une *novella* à dimensions livresques, ne jouit pas d'une autonomie éditoriale. La nouvelle parvient généralement à la lecture à l'intérieur d'un magazine ou d'un journal ayant des règles paratextuelles établies, ou dans un recueil individuel ou collectif, où chaque nouvelle est inscrite dans un système paratextuel s'appliquant à un ensemble de textes. À toute fin pratique, une nouvelle est un texte sans paratexte, si ce n'est de sa typographie, et ce n'est qu'entourée de consœurs — tout aussi nouvelles qu'elle, si je puis dire — qu'elle parvient à la lecture [3]. Pour le reste, le paratexte du recueil ou de la revue de nouvelles remplit le même office que tout paratexte [4].

L'indication générique

Comme c'est toujours le cas, la couverture du livre de nouvelles a pour fonction de présenter au public, au lecteur potentiel puis réel, plusieurs indications éditoriales et auctoriales et fait office d'élément de promotion

---

3. « Chose certaine, historiquement, c'est en recueils que se présentèrent très tôt les nouvelles comme les contes et les autres récits brefs. » (François Ricard, « Le recueil », *Études françaises*, vol. XII, n° 1-2, p. 114.)

4. Duchet résume ces données sur le titre et l'indication générique en une typologie inspirée des fonctions de Jakobson : 1) fonction référentielle (centrée sur l'objet); 2) fonction conative (centrée sur le destinataire); 3) fonction poétique (centrée sur le message). Le titre et l'indication générique auraient donc : premièrement, une fonction signalitique d'identification du texte; deuxièmement, une fonction informative d'indication quant au contenu du texte; troisièmement, une fonction publicitaire de mise en valeur du texte. De manière générale, comme le dit Duchet, on peut dire que le principe de base qui gouverne la mise en place du titre et de l'indication générique est d'arriver à « programmer au maximum, sans pour cela trop déflorer l'histoire, de permettre au lecteur de s'orienter une fois son attention retenue ». (Claude Duchet, « *La Fille abandonnée* et *La Bête humaine*, éléments pour une titrologie romanesque », *Littérature*, n° 12, décembre 1973, p. 57.)

inhérent au livre[5]. Sur la couverture trône, bien en évidence, le titre du livre[6], auquel on reconnaît trois grandes sous-catégories potentielles : 1) le titre à proprement parler, le seul qui ne soit pas facultatif ; 2) le sous-titre ou second titre ou titre secondaire ; 3) l'indication générique (appelée parfois aussi sous-titre)[7]. Lorsqu'il est question de titre et d'indication générique, que peut-on dire de la nouvelle qui n'ait été dit, à propos du roman ou de la poésie par exemple ?

Des titres de nouvelles, il n'y a pas grand-chose à dire sinon que ce ne sont pas eux qui me préoccupent ici. En effet, ils n'apparaissent généralement pas en première de couverture du recueil. Ce qu'on retrouve le plus souvent, c'est un titre qui chapeaute le recueil, selon un principe réunificateur. À ce chapitre, il ne faut pas négliger la question des nouvelles éponymes, le cas d'une nouvelle communiquant son titre au recueil étant particulièrement fréquent dans le corpus étudié, tout au moins pour les recueils individuels. Cependant, la nouvelle n'a pas le monopole de ce phénomène, plutôt courant dans le cas de tous les genres brefs, y compris la poésie. C'est une façon de donner la préséance à un texte en particulier.

Un autre phénomène important est l'inclusion de l'indication générique au sein même du titre thématique, cela étant fréquent surtout dans le cas de recueils collectifs. Cette fois, il ne s'agit pas d'inscrire le texte uniquement dans le genre de la nouvelle, mais aussi dans ce que Michel Lord appelle un hypogenre[8] (SF, aventure, fantastique, etc.), ce phénomène étant encore plus marqué dans le cas d'anthologies. Cependant, cette pratique orale n'est pas non plus propre à la nouvelle et caractérise la réunion en recueil de tout ensemble de textes brefs.

La particularité la plus frappante du recueil de nouvelles est la présence systématique de l'indication générique en guise de sous-titre. Non pas que l'indication générique soit exclue du paratexte des autres genres tels le

---

5. Le but est de faire en sorte que la couverture attire l'attention, qu'elle suscite l'intérêt, qu'elle stimule le désir d'achat : « *If a book sells, it's because the cover works. If it doesn't sell, it's because it's a lousy book.* » [Si un livre se vend, c'est parce que la couverture marche. S'il ne se vend pas, c'est parce que c'est un mauvais livre.] (Thomas L. Bonn, *Undercover. An Illustrated History of American Mass-Market Paperbacks*, Markham, Penguin Books, 1982, p. 86.)
6. En fait, si on retrouve nécessairement le titre en première de couverture, on le retrouve aussi couramment en quatrième de couverture et au dos du livre et très souvent en titre courant, en haut des pages (c'est rarement le cas pour le sous-titre et pour l'indication générique).
7. Exemples (Gérard Genette) : titre + sous-titre = *Madame Bovary. Mœurs de province*; titre + indication générique = *La Nausée*, roman ; titre = *Les Mots*.
8. La notion de genre est revisitée par Michel Lord, et nuancée. On retrouve d'abord les hypergenres : 1) dramatique, 2) poétique, 3) épique ; les genres : nouvelle, roman, sonnet, poème en prose, etc. ; les hypogenres : fantastique, SF, réalisme, naturalisme, etc. (Michel Lord, « La Logique de l'impossible : le récit fantastique québécois contemporain [1960-1985] » [Thèse présentée pour l'obtention du grade en philosophie (*philodophiæ doctor*) en littérature québécoise de l'Université Laval, 1990], p. 44 et *sqq.*]

roman ou l'essai, simplement, elle constitue la différence la plus marquée entre le recueil de nouvelles, de contes ou simplement de récits, que rien ne distingue à première vue l'un de l'autre (je rappelle que la fonction première du paratexte est d'interpeller le lectorat potentiel *avant même* qu'il n'ait parcouru le texte). Or, comme le souligne Jean-Marie Shaeffer, si «[l]e paratexte détermine même en partie le mode de lecture [...][9]», «[d]ans le cas de la composante générique, au contraire, on doit dire que tout texte modifie "son" genre [...][10]»! Par conséquent, cette inscription générique de la nouvelle est d'une importance capitale pour la réception du texte et pour la constitution constante du genre. En s'affirmant comme recueil de nouvelles, toute nouvelle publication non seulement crie haut et fort son appartenance au genre, mais elle fait la preuve par l'absurde que le genre n'est pas acquis, qu'il a encore besoin d'être désigné pour être reçu.

Cependant, s'il ne s'agissait que d'une surdétermination du genre, cela ne serait symptomatique que du processus encore actif de sa constitution. Le plus inquiétant demeure encore la confusion entre les genres brefs qui, selon René Godenne, « crée une équivoque et une ambiguïté gênantes, qui constituent assurément l'obstacle majeur à l'établissement d'une distinction nette et tranchée entre les termes [11]». Évidemment, on peut toujours se dire que le phénomène n'est pas nouveau et que ses premières manifestations remontent aux tout premiers temps de la nouvelle [12]. Il n'en demeure pas moins que ce brouillage des distinctions entre le conte et la nouvelle [13] a pour conséquence de créer une parfaite confusion des deux genres au sein du lectorat.

Au Québec, la première édition du *Torrent* d'Anne Hébert se fait sous l'indication générique « contes [14]». Or, sur la première de couverture et sur la page de titre de l'édition de 1971, chez HMH, dans la collection «L'arbre», le titre *Le Torrent* est accompagné de la mention «nouvelle édition suivie de deux nouvelles inédites [15]». En quelque sorte, les textes réunis dans le recueil initial passent donc du statut de contes à celui de nouvelles, d'autant

9. Jean-Marie Schaeffer, « Du texte du genre », *Théorie des genres*, Paris, Seuil, coll. « Points », 1986, p. 195.
10. *Ibid.*, p. 197.
11. René Godenne, *La Nouvelle française*, Paris, Presses universitaires de France, 1974, p. 154.
12. « Ainsi parle-t-on régulièrement des "contes" de Mérimée, alors que celui-ci a utilisé le terme de "nouvelle" pour ses textes, tandis qu'on nommera volontiers "nouvelle" les contes de Voltaire, de Diderot ou de Flaubert. » (René Godenne, « La nouvelle française », *Études françaises*, vol. XII, n° 1-2, avril 1976, p. 104.)
13. « Prenant son sens large et courant de récit de quelque aventure, de quelque anecdote, le terme [de conte] devient, dans l'esprit des auteurs, un parfait équivalent de "nouvelle", qui figure dans le titre de volumes de textes courts qu'on serait bien en peine de différencier des textes des recueils désignés par "nouvelle" [...]. » (René Godenne, *loc. cit.*, p. 109.)
14. Anne Hébert, *Le Torrent*, Montréal, Beauchemin, 1950.
15. *Id.*, *Le Torrent*, nouvelle édition suivie de deux nouvelles inédites, Montréal, Hurtubise HMH, coll. « L'arbre », 1971.

qu'il est impossible de discerner, en l'absence de l'édition originale, lesquels des textes constituent les « deux nouvelles inédites ».

Cette confusion ne se fait pas seulement entre la « nouvelle » et le « conte », mais également entre la nouvelle et le récit. Ainsi, la première de couverture du recueil d'André Carpentier, *Du pain des oiseaux*[16], paru en 1982, annonce bel et bien qu'il s'agira de « récits » alors que la préface tente de circonscrire les particularités de la nouvelle !

Face à cette confusion possible, des stratégies différentes ont été adoptées. *XYZ. La revue de la nouvelle* élimine toute équivoque en inscrivant, dès le premier numéro, le signe de la nouvelle dans le sous-titre (de même que celui de la revue, ce qui écarte tout risque que cette publication soit prise pour un recueil). La collection « L'Ère nouvelle » des éditions XYZ se construit selon le même principe : en marquant la collection du signe du genre, on élimine toute ambiguïté de même que le fastidieux devoir de toujours repenser l'indication générique en sous-titre. Il en va de même pour le périodique annuel du réseau de l'Université du Québec *Nouvelles fraîches* qui inscrit le genre jusque dans son titre. Les Éditions L'instant même résolvent différemment le dilemme en se consacrant à la nouvelle tant et si bien que l'indication générique, devenue inutile, est chassée de la première de couverture. La revue *STOP*, quant à elle, prend le parti de brouiller les cartes en se dotant, dès le numéro 123, du sur-titre prometteur « Le best-seller de la nouvelle » tout en conservant le sous-titre du numéro initial « Nouvelles, récits et contes ».

Textes liminaires

Comme on le voit, au niveau de l'indication générique règne, encore aujourd'hui, une certaine confusion autour des genres brefs. Cette confusion est peut-être due à un manque de textes critiques sur la nouvelle. Heureusement, se dit-on, nombre de recueils québécois étant publiés avec des textes de présentation incluant une définition du genre, ces lacunes seront bientôt comblées. Tout n'est pas si simple, malheureusement.

Les textes liminaires des recueils de nouvelles semblent être le reflet de l'intention prévalant à la réunion de ces nouvelles. François Ricard distingue deux catégories de recueils de nouvelles : 1) un premier type qu'il nomme « moderne », c'est-à-dire qui n'est autre chose que « la réunion en volume d'un certain nombre de nouvelles précédemment parues dans des périodiques, procédé qui est devenu aujourd'hui le mode normal de publication[17] » ; 2) un second type qu'il baptise « quasi-roman », ou cette catégorie d'« ouvrages-limites », en quelque sorte, c'est-à-dire qui « offrent les

---

16. André Carpentier, *Du pain des oiseaux*, récits, Montréal, VLB éditeur, 1982.
17. François Ricard, *loc. cit.*, p. 129.

principaux traits du recueil de nouvelles, mais qui sont déjà, en fait, presque du côté du roman, en tous cas juste sur la frontière [18] » :

> Autrement dit, la discontinuité narrative se transforme peu à peu en continuité et l'ensemble de l'ouvrage n'apparaît plus comme une simple juxtaposition ou coordination de nouvelles, mais plutôt comme un début de subordination entre les parties d'une intrigue encore très complexe, certes, mais qui va s'unifiant de plus en plus [19].

Le texte liminaire peut tenter soit d'obtenir *une* lecture, soit d'obtenir que cette lecture soit *la bonne*, soit les deux. Du fait de la caractéristique première de la nouvelle qui est de se donner à lire généralement en recueil, on peut supposer que les textes de présentation répondront à la question, non pas du *comment lire ?* mais du *pourquoi lire ?*, en insistant surtout sur l'unité formelle ou thématique [20]. Dans l'ensemble, cela se confirme, avec toutefois des nuances à établir selon qu'il s'agit d'un recueil individuel ou d'un recueil collectif. En effet, le recueil individuel rend possible la continuité entre les nouvelles, aussi est-il souvent construit comme ce « quasi-roman » dont parle Ricard, alors que le recueil collectif dépend surtout d'une consigne formelle ou thématique extrêmement précise.

Au chapitre des recueils individuels, il n'est pas étonnant de constater que la pratique du texte liminaire est moins fréquente. Peut-être cela est-il dû au fait que par le simple nom de l'auteur-e, toute unité formelle est immédiatement signifiée. L'un des exemples repérable est la préface qui ouvre le recueil d'André Carpentier, *Du pain des oiseaux*, paru en 1982, et qui ne s'attarde pas à l'unité formelle, mais se révèle prétexte à théoriser sur la nouvelle, non sans une certaine contradiction, comme on l'a vu plus tôt. En effet, André Belleau, sous le titre évocateur « Pour la nouvelle », tente d'y circonscrire les particularités de la nouvelle, alors que la première de couverture annonce qu'il s'agit de « récits ». On a là un bel exemple de paratexte qui contribue plus au brouillage qu'à l'éclaircissement de l'aspect

---

18. *Ibid.*, p. 131.
19. *Ibid.*, p. 132.
20. Le but poursuivi est d'obtenir une bonne lecture du texte, aussi le texte liminaire tente-t-il de répondre aux questions fondamentales sur la finalité du texte. Il s'agit, en premier lieu, d'obtenir une lecture, aussi la présentation tente-t-elle de répondre à la question *pourquoi lire ?* et insiste sur l'importance du texte, sa nouveauté ou sa tradition, son unité formelle ou thématique (spécialement dans le cas des recueils), sa véridicité ou son effort de véridicité (sincérité), voire sur certaines excuses quant aux lacunes de l'ouvrage. Il s'agit, en second lieu, d'obtenir que cette lecture soit bonne, en s'efforçant de répondre à la question du *comment lire ?*; la présentation s'attarde alors à la genèse du texte, au choix d'un public (on pense à Rabelais), à un commentaire du titre, aux contrats de fiction (« toute ressemblance avec... »), à l'ordre de lecture (on pense à Cortázar), aux indications de contexte (œuvre qui fait partie d'un ensemble), aux déclarations d'intention (« voilà ce que j'ai voulu faire »), aux définitions génériques (à l'extrême limite, il y a la préface-manifeste). Une troisième stratégie peut consister à nier la préface, par des esquives (« Cette préface gâte le livre »), par la prétérition (« Je ne vous imposerai pas une préface »), par un contenu élusif (la préface parle d'autre chose que le livre dont elle est le préliminaire). Et encore, je ne parle pas de la préface comme genre autologique (par exemple *Apostille au Nom de la rose*). Cf. Gérard Genette.

formel du texte présenté! Il n'est pas étonnant que, dans un exemple qui remonte aussi au début des années quatre-vingt, on ne souhaite même pas établir la différence entre «longue nouvelle» et «bref roman [21]»! Auparavant, également à propos des œuvres d'Adrienne Choquette, Suzanne Paradis avait employé indistinctement «nouvelle» ou «récit», allant, sans l'expliquer, jusqu'à qualifier Adrienne Choquette de... romancière. D'ailleurs, le roman semble être un objectif à atteindre et la nouvelle, un stade navrant à dépasser. C'est du moins ce que semblait entendre le chanoine Groulx, lorsqu'il dit à Jean-Baptiste Caouette: «Vous avez trouvé là un thème où la nouvelle s'est muée en véritable roman [22].» Ce dernier exemple en particulier laisse supposer que s'il est élogieux de dire d'une nouvelle qu'elle singe le roman, le résultat est nécessairement fort disgracieux lorsqu'elle n'y est pas parvenue...

Si l'union des nouvelles (leur rassemblement en recueils) ne fait pas automatiquement leur force, elle leur attire parfois une attention plus convaincue de la part de la critique. Au niveau des recueils collectifs, l'accent est mis, je l'ai dit, sur un élément qui fait l'unité du recueil. Mais comme le précise André Carpentier, certaines œuvres peuvent y perdre lorsqu'elles sont réunies dans un collectif. D'après lui, «[u]ne nouvelle publiée dans un collectif s'apparente généralement davantage à l'œuvre de son auteur(e) qu'aux textes de confrères et de consœurs avec lesquels elle se trouve exceptionnellement mise en contiguïté [23]». Par extrapolation, on imagine que c'est la même chose qui se produit dans le cas de numéros thématiques de revues consacrées à la nouvelle (incluant des numéros consacrés à des nouvelles d'une page, aux auteur-e-s d'un pays, aux textes gagnants d'un concours, etc.).

J'élimine d'emblée les préfaces de recueils où la nouvelle est utilisée parce qu'elle semble être pratique (elle permet de présenter les textes de plusieurs auteur-e-s dans un seul livre). C'est le cas de recueils qui se développent autour d'hypogenres très précis (aventure, SF, amour, etc.). Dans ces situations particulières, dans la préface comme on l'a vu pour l'indication générique, c'est l'hypogenre qui l'emporte, le genre de la nouvelle lui étant subordonné. Ce processus de simplification se fait souvent de manière inconsciente, mais il s'opère parfois sciemment, tel que le fait André Carpentier dans sa préface à *Dix Nouvelles de science-fiction québécoise* en avouant céder le pas à la science-fiction [24].

---

21. «Un bref roman ou une longue nouvelle? La distinction m'importe peu.» (Roger Duhamel, «Préface», Adrienne Choquette, *Laure Clouet*, Notre-Dame-des-Laurentides, Presses laurentiennes, 1980 [1961], p. 7.) En outre, en quatrième de couverture de ce même livre, René Dionne est cité déclarant qu'Adrienne Choquette force «les limites de la nouvelle jusqu'au point de transformer cette dernière en court roman».
22. Lionel Groulx, [Lettre liminaire], dans Jean-Baptiste Caouette, *Une intrigante sous le régime de Frontenac*, Québec, [s. é.], 1921, p. 1.
23. André Carpentier, «Postface», *Aimer. Dix nouvelles par dix auteurs québécois*, Montréal, Les Quinze, 1986, p. 186.
24. «Afin de simplifier, nous céderons temporairement à cette tendance à considérer par exemple la SF, le policier, le roman historique et autres comme des "genres" littéraires,

Dans les textes liminaires où la nouvelle est à l'avant-plan, deux tendances sont à observer: 1) on propose une définition de la nouvelle; 2) on propose de ne pas proposer une définition, *explicitement*, du type «la nouvelle n'est pas un genre défini» (la citation d'Aude, mentionnée en introduction, en est un bon exemple) ou *implicitement*, en demeurant évasif dans la définition du genre ou en donnant à lire deux visions contradictoires de la nouvelle (comme on le verra plus loin).

Les définitions précises de la nouvelle sont les moins nombreuses. Les informations qu'on peut glaner parmi ces essais de définition sont plutôt minces. Par exemple, on apprend que le style de la nouvelle «vise au serré, au concentré, au soutenu, tiré soit vers l'extrême économie narrative, soit vers la fulgurance luxueuse du poème[25]». On est également informé-e que la nouvelle est «ce genre-seuil par lequel beaucoup de jeunes auteurs abordent la littérature[26]». On lit aussi que la nouvelle participe d'une «promptitude à toucher le réel et [d'une] capacité d'englober l'actualité[27]», qu'elle contient un «minimum d'événements» et qu'elle est une «étude d'âme».

L'excès est rarement associé à la nouvelle, comme c'est le cas chez Jean Pierre Girard qui parle d'«engagement total»... mais de la lecture, non de l'écriture. Les sèmes qui reviennent le plus souvent dans les définitions proposées sont liés à l'incertitude, à la nuance, voire à la suspicion. Chez Rouquet, Soudeyns, Archambault, Girard, Pellerin, il est question de subtilité, de singularité, de soupçon, de ciselage, de retenue, de risque, de genre-seuil, de méfiance, d'hésitation, voire de divertissement:

> La nouvelle est un art subtil aussi nécessaire à la littérature que le roman ou la poésie[28].

> Par sa promptitude à toucher le réel et par sa capacité d'englober l'actualité en autres, la nouvelle constitue un lieu tout à fait singulier dont il appartient à tous de préserver l'essence[29].

> Le nouvelliste est toujours soupçonné de paresse ou de légèreté. [...] Pourtant le court récit est exigeant. Il requiert une écriture maîtrisée, une fraîcheur spontanée, une retenue. C'est la règle du ciselage qui s'impose[30].

> [La nouvelle] exige un consentement singulier au risque, un engagement total, un chèque en blanc pour la prospection d'un monde où les choses

---

même si pour nous ce sont plutôt là des genres seconds, les genres premiers étant la poésie, le théâtre, le roman, etc., et peut-être la nouvelle.» (André Carpentier, «Avant-propos», *Dix Nouvelles de science-fiction québécoise*, Montréal, Les Quinze, 1985, p. 9.)

25. André Belleau, «Pour la nouvelle», dans André Carpentier, *Du pain des oiseaux, op. cit.*, p. 11.
26. Jean Pierre Girard, «Préface», *Complicités*, Montréal, Paje, 1990, p. 9.
27. Maurice Soudeyns, «Présentation», *XYZ. La revue de la nouvelle*, vol. I, n° 1, printemps 1985, p. 3.
28. Guy Rouquet, «Avant-propos», *L'Atelier imaginaire*, Québec, L'instant même, 1987, p. 6.
29. Maurice Soudeyns, *loc. cit.*, p. 3.
30. Gilles Archambault, «La courte haleine», *En une ville ouverte*, Québec, L'instant même, 1990, p. 11.

sont à la fois déjà en place et déjà en mouvement, comme découpées dans le réel et à sa merci[31].

La nouvelle — effet du temps — est également ce genre-seuil par lequel beaucoup de jeunes auteurs abordent la littérature[32].

L'ardeur des uns suscite la méfiance des autres, inévitablement. Aussi lit-on alternativement qu'il n'y en a plus que pour la nouvelle (le cas est plus patent au Québec qu'en France) et que le genre reste soit un gentillet cahier d'exercices pour débutants fluets en attente de robustesse, soit un divertissement pour écrivains établis[33].

Le plus souvent, dans les préfaces liminaires aux recueils de nouvelles, on se retrouve avec une définition à deux termes antagonistes, entre lesquels l'instance destinatrice tranche rarement de manière claire, nette et précise. Par exemple, chez Archambault, on note une opposition entre le soupçon « de paresse ou de légèreté » et « une écriture maîtrisée, une fraîcheur spontanée, une retenue » que requiert le genre[34]. En outre, toujours chez Archambault, on retrouve un antagonisme entre la « résurgence de la nouvelle » et l'« atmosphère de suspicion » dans laquelle elle se pratique; c'est également le cas chez Pellerin, où est soulignée cette contradiction entre l'opinion « qu'il n'y en a plus que pour la nouvelle » et « que le genre reste soit un gentillet cahier d'exercices pour débutants fluets en attente de robustesse, soit un divertissement pour écrivains établis[35] ». Chez Belleau, qui pourtant définit assez clairement le genre, la définition retient les deux axes plutôt contradictoires de la narration et de la poésie: « [Le style de la nouvelle] vise au serré, au concentré, au soutenu, tiré soit vers l'extrême économie narrative, soit vers la fulgurance luxueuse du poème[36]. » Chez Girard, la préface souligne cette contradiction qu'il y a à faire bref sans « faire court », de même que cette dichotomie entre le « resserrement » de l'écriture et l'« engagement total » de la lecture, entre l'« économie » de l'écriture et le « chèque en blanc » de la lecture, cette hésitation entre ce qui surviendra ou ne surviendra pas[37].

Ce flottement théorique est inquiétant dans le cas du texte liminaire qui se fait le plus souvent métatexte, donc qui prétend à une certaine autorité en la matière traitée. Comme le dit Jean-Marie Schaeffer:

> La constitution du genre est étroitement dépendante de la stratégie discursive du métatexte (du théoricien de la littérature, donc): c'est lui qui choisit, du moins partiellement, les frontières du genre, c'est lui qui choisit

31. Jean Pierre Girard, *loc. cit.*, , p. 8.
32. *Ibid.*, p. 9.
33. Gilles Pellerin, « Le délit de jeunesse », *En une ville ouverte*, *op. cit.*, p. 8.
34. Gilles Archambault, *loc. cit.*, , p. 11.
35. Gilles Pellerin, *loc. cit.*, , p. 8.
36. André Belleau, *loc. cit.*, , p. 11.
37. Jean Pierre Girard, *loc. cit.*, , p. 8-9; Jean Pierre Girard, « La nouvelle: corps fissible », *Nouvelles fraîches*, n° 8, 1992, p. 4.

le niveau d'abstraction des traits qu'il retiendra comme pertinents, c'est lui enfin qui choisit le modèle explicatif (et ce dernier point est décisif puisqu'il concerne le statut conféré à la généricité [...][38].

L'étude du paratexte pose la question de la lecture du texte (est déjà commencée la lecture du texte lorsque notre regard s'arrête sur sa couverture); elle pose aussi la question de la réception du texte (le paratexte est une façon de proposer le texte à une communauté).

Le paratexte est un outil à la fois de cryptage et de décryptage générique. Or, «quiconque se penche sur le problème de la définition d'un genre historique aura intérêt à se prononcer sur le statut du texte littéraire[39]», déclare Stempel. Le paratexte, puisqu'il se fait métatexte, contribue à constituer le genre. Dans le cas de la nouvelle, il y aurait plus d'intériorité générique (le genre est produit «à partir d'un réseau de ressemblances existant entre un ensemble de textes[40]») que d'extériorité générique («en postulant un texte idéal dont les textes réels ne seraient que des dérivés plus ou moins conformes[41]»). Surtout, la définition générique de la nouvelle, dans le paratexte, passe par une absence de volonté de la définir. Mais n'est-ce pas une fausse question, piégée à l'avance dès qu'elle se pose, que celle de la définition, dans le paratexte, d'un genre qui se pratique depuis plus de cinq siècles — pourquoi construire un moule au chien de faïence déjà cuit, glacé, exposé, consommé? — et celle des nuances à établir par rapport à ses proches parents? Le simple fait de relancer inlassablement la question dans chaque nouvelle préface n'a-t-il pas quelque chose de complaisant? Tout au moins, c'est un problème que nos voisins étatsuniens ont réglé depuis belle lurette par l'appellation englobante de *short story* qui ne veut rien dire et pourtant dit tout. En guise de boutade, on pourrait lancer: faisons de la nouvelle une histoire courte et le tour sera joué!

Quoi qu'il en soit, la nouvelle, en raison notamment du discours paratextuel qui l'enveloppe d'une aura de suspicion, est peut-être un objet fascinant pour quiconque s'intéresse à l'émergence d'un genre. Non pas qu'elle n'existait pas auparavant, mais sa résurgence — sa renaissance incessante, devrais-je dire — permet qu'on la revisite. À la limite, la nouvelle n'a pas de réalité, seulement des réalisations[42], ce qui en fait un pur produit de son époque. Dans les Belles-Lettres contemporaines, en effet, on relève souvent cette difficulté de classification des textes, en raison bien souvent de la prolifération des modèles.

---

38. Jean-Marie Schaeffer, *loc. cit.*, , p. 199.
39. Wolf Dieter Stempel, «Aspects génériques de la réception», dans *Théorie des genres*, Gérard Genette (dir.), Paris, Seuil, coll. «Points», 1986, p. 163.
40. Jean-Marie Schaeffer, *loc. cit.*, , p. 190.
41. «[D]e même que selon Platon les objets empiriques ne sont que des copies imparfaites des Idées éternelles», *ibid.*, p. 190.
42. Comme le dit Genette, il n'y a pas d'architexte sinon peut-être théorique. En ce sens, la nouvelle idéale est une abstraction.

J'aimerais terminer sur une interrogation qui est mienne. L'on a souvent défini la nouvelle comme un genre mineur. Paradoxalement, la nouvelle au Québec, du moins celle publiée en recueil, est surtout un genre pour public initié, généralement intellectuel. Qu'on ne s'y trompe pas : le recueil de nouvelles, au Québec, n'est pas lu par le public qui consomme de la production populaire ou du best-seller. Donc, si le genre est mineur, il ne l'est que quantitativement, non pas qualitativement : lire de la nouvelle, c'est déjà lire de la littérature Belles-Lettres. Or, justement par opposition à un genre populaire à formes très définies et à parcours prévisibles, si la nouvelle est un genre qu'on ne cesse pas de ne pas définir, cela est assimilable à une stratégie tout à fait intellectuelle : c'est un peu comme si on se complaisait dans un genre indéfini par la hantise de sembler se vautrer dans un genre populaire[43]. Somme toute, le paratexte n'est-il pas la tribune rêvée pour vendre l'ambiguïté du genre ?...

Bibliographie

ARCHAMBAULT, Gilles, « La courte haleine », *En une ville ouverte*, Québec, L'instant même, 1990, p. 11-14.

AUDE (pseud. de Claudette Charbonneau-Tissot), « Question de genre... », *XYZ. La revue de la nouvelle*, n° 11, automne 1987, p. 3.

BELLEAU, André, « Pour la nouvelle », dans André Carpentier, *Du pain des oiseaux*, récits, Montréal, VLB éditeur, 1982, p. 9-12.

BONN, Thomas L., *Undercover: An Illustrated History of American Mass-Market Paperbacks*, Markham, Penguin, 1982, 144 p.

CAOUETTE, Jean-Baptiste, *Une intrigante sous le régime de Frontenac*, Québec, [s.é.], 1921, 145 p.

CARPENTIER, André, *Du pain des oiseaux*, récits, Montréal, VLB éditeur, 1982, 149 p.

————, « Avant-propos », *Dix Nouvelles de science-fiction québécoise*, Montréal, Les Quinze, 1985, p. 7-16.

————, « Postface », *Aimer. Dix Nouvelles par dix auteurs québécois*, Montréal, Les Quinze, 1986, p. 182-187.

———— (dir.), *Aimer. Dix Nouvelles par dix auteurs québécois*, Montréal, Les Quinze, 1986, 187 p.

CHOQUETTE, Adrienne, *Laure Clouet* et *La nuit ne dort pas*, nouvelles, Montréal, Fides, coll. du « Nénuphar », 1975, 195 p.

————, *Laure Clouet, Notre-Dame-des-Laurentides*, Presses laurentiennes, 1980 [1961], 135 p.

COLLECTIF, *Dix Nouvelles de science-fiction québécoise*, Montréal, Les Quinze, 1985, 187 p.

---

43. Autrement dit, faites prendre l'habitude de lecture de la nouvelle à une lectrice ou un lecteur sériels, et vous verrez qu'ils vous trouveront le modèle ! Voilà une preuve de plus que, comme le dirait Denis Saint-Jacques, le public intellectuel en est un qui se défend bien d'aimer une littérature prévisible !

————, *Complicités*, Montréal, Paje, 1990, 140 p.

————, *En une ville ouverte*, Québec, L'instant même, 1990, 203 p.

————, *L'Atelier imaginaire*, Québec, L'instant même, 1987, 217 p.

DUCHET, Claude, « *La Fille abandonnée* et *La Bête humaine*, éléments pour une titrologie romanesque », *Littérature*, n° 12, décembre 1973, p. 49-73.

DUHAMEL, Roger, « Préface », dans Adrienne Choquette, *Laure Clouet*, Notre-Dame-des-Laurentides, Presses laurentiennes, 1980 [1961], p. 7.

GENETTE, Gérard, *Seuils*, Paris, Seuil, coll. « Poétique », 1987, 388 p.

GENETTE, Gérard *et al.*, *Théorie des genres*, Paris, Seuil, coll. « Points », 1986, 205 p.

GIRARD, Jean Pierre, « Préface », dans *Complicités*, Montréal, Paje, 1990, p. 7-12.

————, « La nouvelle : corps fissible », *Nouvelles fraîches*, n° 8, 1992, p. 3-5.

GODENNE, René, *La Nouvelle française*, Paris, Presses universitaires de France, 1974, 176 p.

————, « La nouvelle française », *Études françaises*, vol. XII, n°s 1-2, avril 1976, p. 103-112.

GROULX, Chanoine Lionel, [Lettre liminaire], dans Jean-Baptiste Caouette, *Une intrigante sous le régime de Frontenac*, Québec, [s.é.], 1921, p. 1.

HÉBERT, Anne, *Le Torrent*, Montréal, Beauchemin, 1950, 171 p.

————, *Le Torrent*, nouvelle édition suivie de deux nouvelles inédites, Montréal, Hurtubise HMH, coll. « L'arbre », 1971 [1963], 248 p.

LÉGARÉ, Romain, « Préface », dans Adrienne Choquette, *Laure Clouet* et *La nuit ne dort pas*, nouvelles, Montréal, Fides, coll. du « Nénuphar », 1975, p. 7-13.

LORD, Michel (dir.), *Anthologie de la science-fiction québécoise contemporaine*, Montréal, Bibliothèque québécoise, 1988, 265 p.

————, « La logique de l'impossible : le récit fantastique québécois contemporain (1960-1985) », thèse présentée pour l'obtention du grade de philodophiæ doctor en littérature québécoise de l'Université Laval, 1990, xlii-344 p.

PELLERIN, Gilles, « Le délit de jeunesse », *En une ville ouverte*, Québec, L'instant même, 1990, p. 7-10.

RICARD, François, « Le recueil », *Études françaises*, vol. XII, n°s 1-2, avril 1976, p. 113-134.

ROUQUET, Guy, « Avant-propos », *L'Atelier imaginaire*, L'Âge d'homme, coll. « L'Atelier imaginaire » / Québec, L'instant même, 1987, p. 5-6.

SCHAEFFER, Jean-Marie, « Du texte du genre », *Théorie des genres* (sous la direction de Gérard Genette), Paris, Seuil, coll. « Points », 1986, p. 179-205.

SOUDEYNS, Maurice, « Présentation », *XYZ. La Revue de la nouvelle*, vol. I, n° 1, printemps 1985, p. 3.

STEMPEL, Wolf Dieter, « Aspects génériques de la réception », *Théorie des genres* (sous la direction de Gérard Genette), Paris, Seuil, coll. « Points », 1986, p. 161-178.

L'onirisme dans la nouvelle

Roland Bourneuf,
Université Laval

Les dictionnaires définissent l'onirisme comme un « mode d'activité mentale automatique » fait d'un délire de rêve, entraînant des hallucinations quand se manifeste un fléchissement, voire une dissolution de la conscience (sous l'action de drogues, d'alcool, de certaines infections). Ce n'est pas dans ce sens pathologique que je prendrai le terme et son contenu, encore que, depuis l'« Aurélia » de Nerval, la nouvelle moderne ait souvent cherché à donner une forme littéraire à « l'épanchement du songe dans la réalité [1] ». Mon propos est de présenter quelques remarques inspirées par mes lectures et par ma pratique de l'écriture sur la place et les modes d'intégration du rêve dans la nouvelle. En termes plus simples : comment la nouvelle se nourrit-elle du rêve ? Mon hypothèse est qu'elle est le genre privilégié (par rapport notamment au roman) pour qu'il s'y manifeste et s'y déploie.

Je prendrai comme point de départ cette recommandation d'Anaïs Nin (qui n'avait pas spécialement en vue la production d'un récit, mais la création littéraire en général) : « Cultiver le rêve, et écrire d'après l'inconscient : ce sont les remèdes que je prescris. » Nous voilà, en apparence, revenus à un langage médical et l'écrivain institué à la fois comme patient et comme guérisseur. Mais des remèdes à quoi ? Sans doute (prenons le terme qui se présente spontanément) à une absence d'« inspiration », à une paralysie de la plume, à l'impatience, à l'irritation ou à l'abattement que provoque cette paralysie ? Certes, mais sans doute aussi à une sécheresse intérieure qui se traduit chez l'écrivain par une rigidité, une tension, un volontarisme qui le pousse à agencer, fabriquer personnages, situations et intrigues, à recourir à un savoir-faire, à un rationnel critique et organisateur qui font ce que j'appellerai « la littérature de tête » (comme on parle d'une « voix de tête », c'est-à-dire de fausset). Toutes entreprises qui s'opèrent en l'absence d'une « poussée », d'une nécessité intérieure. Et quand une personne est coupée de ses sources profondes, elle peut rétablir le contact par le travail sur les rêves. Quand un créateur est menacé du même épuisement, la « voie onirique » s'offre à lui.

Depuis au moins Nerval, dont, comme je l'ai indiqué, « Aurélia » constitue la référence cardinale, nombreux sont les écrivains qui se sont engagés

---

1. Gérard de Nerval, « Aurélia », dans *Œuvres*, vol. I, texte établi, présenté et annoté par Albert Béguin et Jean Rlicher, Paris, Gallimard, coll. « Bibliothèque de la Pléiade », n° 89, 1960, p. 363.

dans cette voie, dans un lâcher-tout presque inconditionnel, comme Breton et Desnos inspirés par Baudelaire, Lautréamont, Jean-Paul Richter. Ou bien ils considèrent le rêve comme un phénomène passionnant mais irritant, qu'il faut expliquer, voire réduire, ce qui déclenche chez un Roger Caillois des réactions ambivalentes. Michaux parle de la fécondité littéraire du rêve qui est présent (voire omniprésent) comme objet de narration ou de réflexion, ou comme source d'atmosphère et d'imagerie chez Leiris ou Daumal, chez Péret ou Jean Paulhan, chez Butor et Robbe-Grillet, chez Pieyre de Mandiargues, Marcel Béalu ou Gracq. Si on le considère sur un demi-siècle et dans le seul domaine français, l'éventail est manifestement très large, dans un paysage culturel dominé par Freud pour la psychologie et par Kafka pour la littérature.

Jetons un coup d'œil sur quelques-uns des modes de présence du rêve dans le domaine de la prose en général : nous le retrouverons avec des variantes et des dosages divers dans la nouvelle.

Le rêve déroule une histoire, elle est susceptible d'être racontée et constitue donc un récit : Jung a souligné la structure très articulée de certains rêves, au point qu'on peut y repérer nettement les trois phases (exposition, crise, dénouement) selon lesquelles progresse l'action. Breton et Desnos ont, comme chacun sait, pratiqué le récit de rêve (voir le *Manifeste du surréalisme, poisson soluble*). Butor a publié *Matière de rêves* qui en revêt les apparences. Curieux livre, insolite, se dit-on, audacieux, parfois provocant, impudique. Cependant, je me défends mal d'une impression d'ennui qui parfois se dégage de cette lecture, comme lorsque nous écoutons d'une oreille distraite quelqu'un qui nous raconte son rêve. Quand Butor nous narre par le menu que sur une plage sa montre s'est arrêtée, qu'il explore le contenu de ses poches et qu'il porte un maillot légèrement collant de transpiration, cela me concerne-t-il ? La question se pose ici : la retranscription d'un rêve constitue-t-elle une création ? Et cette question en entraîne une autre : à quelles conditions un récit de rêve devient-il genre et œuvre littéraires ? Avec Butor, on soupçonne bien que la retranscription (si retranscription il y a) n'est pas opération brute et mécanique : le récit s'interrompt, reprend, il contient des récurrences, des rappels placés à des endroits stratégiques, selon un agencement, donc, qui semble relever plus du travail conscient que de la logique onirique. Benjamin Péret a produit des récits qui ont une « allure » de rêves, cabriolants et fous, d'une verve toujours relancée, d'un mouvement qui emporte. J'apprécie, je cède, j'admire (et c'est peut-être suffisant) mais je m'interroge : cocasse, séduisant, ludique à souhait, mais où cela conduit-il ? Quand le récit onirique se contente d'exhiber de l'anecdotique, de multiplier les pirouettes narratives et verbales, il s'enferme dans le divertissement et l'insignifiant.

Le récit inspiré directement du rêve prend, par contre, une densité, un rayonnement, une richesse de sens véritables (je risquerai le mot d'universalité) lorsqu'il révèle (comme en photographie) des archétypes, ces formes préexistantes de l'inconscient collectif qui structurent notre psyché dont Jung a décrit les manifestations. Je pense à ce texte de «La nuit remue» de Michaux, poème en prose et nouvelle, où le narrateur rapporte sa lutte avec cette figure nocturne qu'il appelle «mon Roi» («Dans ma nuit j'assiège mon Roi, je me lève progressivement et je lui tords le cou. Il reprend des forces, je reviens sur lui, et lui tords le cou une fois de plus... [2]»). Un roi qui est à la fois les forces extérieures, matérielles et sociales qui étouffent, une représentation de la loi implacable, le double de celui qui parle, son ombre et son destin. Je sens à travers ce texte une nécessité impérieuse de donner forme au produit de l'inconscient (qui me pousse parfois à prendre moi aussi la plume...).

Je signalerai ici une équivoque (que j'ai eu personnellement à confronter), très courante chez ceux qui se mettent à l'écoute de l'inconscient et qui écrivent. Elle consiste à identifier approche thérapeutique et approche esthétique du rêve. Nous pouvons le prendre comme un matériau qui nous permet de nous connaître dans nos processus psychiques et à partir duquel nous allons travailler pour rapprocher conscient et inconscient dans un but d'élargissement, d'approfondissement, de réalisation de nous-mêmes. Mais aussi nous pouvons prendre le rêve comme susceptible d'une élaboration formelle: c'est une autre visée qui le considère comme un objet esthétique, une démarche qui a sa fin dans l'achèvement de cet objet.

Autres corollaires (je serai porté à dire «tentations»): fabriquer de toutes pièces des rêves à des fins littéraires; on peut soupçonner qu'il en est ainsi dans nombre de nouvelles et romans où un personnage se met à rêver et se perd dans son rêve. Le produit en est habituellement du «fantastique» ou de l'étrange à bon marché. Ou encore, imiter le Trigorine de *La Mouette* qui notait les incidents de sa journée: «Je vois passer ce nuage qui ressemble à un piano à queue. Je me dis: il faut que je mentionne quelque part dans ma nouvelle ce nuage qui ressemble à un piano à queue [3].» L'écrivain en panne peut tenir son journal de rêves pour en faire un réservoir où il pêchera à volonté des sujets en or...

Jean Paulhan, dans un de ces récits-essais-poèmes-autobiographies dont il a le secret, a trouvé une solution personnelle. «Le pont traversé» s'ouvre sur cette phrase: «À peine eus-je pris la décision de te rechercher que je me répondis par une abondance de rêves [4].» Leur séquence va être reproduite (dans une écriture sobre et serrée) en alternance avec un

---

2. Henri Michaux, «Mon roi», «La nuit remue», *L'Espace du dedans*, pages choisies (1927-1959), nouvelle édition revue et augmentée, Paris, Gallimard, 1966, p. 131.

3. Anton Tchekhov, *La Mouette* (1895-1896), comédie en quatre actes, dans *Œuvres*, vol. I, introduction et chronologie par Claude Frioux, textes traduits du russe par Lily Denis, Madeleine Durand, Édouard Parayre, André Radiguet et Elsa Triolet, annotés par Claude Frioux et Elsa Triolet, Paris, Gallimard, coll. «Bibliothèque de la Pléiade», 1989, p. 319.

4. Jean Paulhan, «Le pont traversé», *Œuvres*, vol. I, Paris, Cercle du livre précieux, 1966, p. 87.

commentaire réflexif qui ramène à l'état de veille et dégage le sens de l'événement onirique.

Quatre échantillons me permettront de décrire quelques procédés narratifs récurrents dans la nouvelle onirique, ce qui me conduira à éclairer les principales caractéristiques de ce «sous-genre»: «Aurélia», «Un médecin de campagne» de Kafka, «La nuit face au ciel» de Cortázar, «L'Âge d'or» de Noël Devaulx. (J'aurais aussi bien pu choisir des textes de Pieyre de Mandiargues ou de Béalu, auteur du *Bien rêver*.)

Aurélia rapporte les plongées successives du narrateur dans des rêves-visions qui lui révèlent la lignée de ses ancêtres, les origines de la création, le processus de la rédemption jusqu'à cette question-clé: «Qui sait s'il n'existe pas un lien entre les deux existences et s'il n'est pas possible à l'âme de le nouer dès à présent[5]?». «Le médecin de campagne» (le récit ne se donne pas explicitement comme rêve; mais en a le déroulement et l'atmosphère) est appelé une nuit, il parvient dans une maison où un jeune homme gît malade; il prend sa place puis repart, condamné à l'errance. Le protagoniste de «La nuit face au ciel», blessé dans un accident de moto est transporté dans un hôpital, mais un rêve insistant l'amène à une chasse où lui-même Indien est capturé par d'autres Indiens et conduit au sacrifice. On comprend que c'est là l'événement réel et que l'accident de moto est le rêve. Le narrateur de «L'Âge d'or», qui emploie un terme ambigu («Reprenant aujourd'hui les détails de mon cauchemar — je n'ai pas d'autre mot pour cet épisode de ma vie...[6]») raconte sa marche dans une ville silencieuse dont les habitants communiquent par un langage non verbal instantané. Il y rencontre une jeune femme qui l'initie à ce langage, mais il s'échappe de la ville.

L'effet immédiat que produisent ces récits est la sensation d'étrangeté et de malaise qui tient d'abord à l'absence de repères spatiaux et chronologiques, ou bien, quand la démarcation rêve-veille est signalée, à des repères douteux: «Le pays où je fus élevé était plein de légendes étranges et de superstitions bizarres[7]», dit Gérard dans «Aurélia». Autobiographie ou rêve? Le doute incite à résorber l'un dans l'autre. La description des objets et des lieux présente souvent un caractère allusif ou abstrait qui signale à la fois leur présence et l'incapacité où se trouve le rêveur-protagoniste de les appréhender dans leur totalité («chimère d'urbaniste épris de décor», «étranger fourvoyé... littéralement happé par ces perspectives haletantes», lit-on dans «L'Âge d'or»). Parfois l'espace est contracté au point d'être annulé: le médecin de campagne n'est pas sitôt monté dans sa carriole qu'il est à destination. Mais un détail visuel peut

5. Gérard de Nerval, «Aurélia», *loc. cit.*, p. 412.
6. Noël Devaulx, «L'Âge d'or», *Avec vue sur la zone*, nouvelles, Paris, José Corti, 1974, p. 154.
7. Gérard de Nerval, «Aurélia», *loc. cit.*, p. 393.

venir à l'avant-scène du récit et parfois servir de passerelle entre les deux états (la lumière et l'ombre dans « La nuit face au ciel »). On reconnaît là des processus de distorsion spatiale et temporelle, d'amplification ou de condensation qu'a décrits Freud, qui appartiennent à la fois à la diégèse de ces nouvelles et à la narration.

Le plus souvent, les personnages ne sont pas nommés, le récit ne leur attribue ni âge, ni statut, ni passé. La responsabilité de leurs actes, en général, ne leur appartient pas : ils sont confrontés à une situation de fait inexplicable (dont le récit ne donnera pas la clef) et ils vont agir selon une loi tout inconnaissable mais implacable, qui causera leur malheur ou leur perte. L'absence de logique, de cohérence visibles entre tel événement et le suivant (la plaie du malade devient un puits profond) incite à une lecture non plus assurée de la vraisemblance des faits et de leur enchaînement, mais à une lecture de leur symbolisme, à la découverte de rapports événementiels par association, analogie, compensation.

Nous constatons donc qu'un processus et une logique oniriques conditionnent un cheminement narratif. Pour pousser l'analyse, il faudrait voir comment au plan du récit le rêve s'infiltre dans le texte, devient sensible par certains signaux, comment le récit d'événements « extérieurs » est habité par un autre récit, « onirique » celui-là. Par exemple, dans « La lointaine » de Cortázar, une femme qui vit dans le confort et la mondanité se sent envahie par une autre, qui souffre à Budapest : « je l'ai rêvé, ce n'est qu'un rêve, mais comme il se colle à moi, comme il s'insinue à l'état de veille [8]. » Nous sommes ici dans le domaine de la sensation non localisable, du sentiment difficile à identifier (encore plus à « répertorier »), de l'intuition qui se laisse malaisément conceptualiser (comment, au sortir d'un rêve, parler de ce que nous y avons vécu ?). Cette expérience au-delà du visuel, et même de la synesthésie, à la limite proprement indicible, est le plus souvent confuse mais insistante, voire violente. Vouloir lui donner une équivalence, ou du moins une approximation littéraire, pose donc de redoutables problèmes d'écriture. Nerval déjà pressentait la difficulté à décrire ces phénomènes. D'où ces facilités et ces clichés qui viennent avec tant d'empressement dans des textes que l'on range habituellement sous la rubrique du fantastique (du genre : « je croyais rêver », « une émotion inconnue m'envahit »). D'où aussi cette recherche du vaporeux, ou du saugrenu, du bizarre pour lui-même (obtenu aux moindres frais par l'exploitation délibérée de l'écriture automatique). Je vise pour ma part à une écriture rigoureuse, non analytique, non explicative, aussi concrète que possible.

J'ai indiqué comment la description des objets, des figures, des situations, comment le récit onirique pris globalement oscille entre le singulier et le général, le détail et l'ensemble, l'accentuation et l'ellipse, le ralentissement

---

8. Julio Cortázar, « La lointaine », *Les Armes secrètes*, Paris, Gallimard, coll. « Folio », 1980, p. 90.

et l'accélération, la continuité d'une ambiance et sa rupture, entre le réalisme et son dépassement. Ce type d'écriture est donc un lieu de tensions et de paradoxes. De quoi s'agit-il en fait? De mettre en mots des images, du non ou du pré-verbal, de fixer du mouvant, de donner corps à l'insaisissable.

Malgré cette immense difficulté, mais aussi à cause d'elle, le rêve me paraît particulièrement apte à féconder la nouvelle dans sa conception moderne. Et la nouvelle (ou si l'on préfère le récit bref) est le genre privilégié pour l'objectiver et pour l'intégrer dans la trame du langage. Indéfiniment modifiable et extensible, la nouvelle vise désormais moins à boucler une histoire sur le modèle héritée du XIXe siècle qu'à constituer une trace, sombre ou fulgurante. On faisait jadis du rêve l'espace où les dieux nous visitent, ces portes de corne et d'ivoire qui s'entrouvrent vers d'autres plans de la réalité : l'en-deçà ou l'au-delà des mots, l'entre-deux, le mouvant. Je serais tenté de voir et le rêve et la nouvelle comme *passage* : nous y sommes effleurés, quelque chose d'inconnu affleure, une buée se dépose sur un miroir.

L'onirisme n'est pas un phénomène isolé dans la nouvelle (ni dans la littérature contemporaine), et il est difficilement isolable. Le hasard de mes lectures m'amène à fréquenter les écrivains latino-américains, Fuentes, García Márquez, Rulfo, Borges, chez qui la frontière (si frontière il y a) entre rêve et veille, entre réel objectif et imaginaire, est si problématique. Signe d'une inquiétude, on l'a dit souvent, et signe des temps? Certes, mais surtout élargissement de notre vision : le monde, la matière dont il est fait, dont nous sommes faits, nous dans le monde, dans le même mouvement que nous constatons notre impuissance à le formuler, à l'approcher rationnellement : il faut donc recourir à d'autres moyens. Et en même temps je pense aux œuvres de la jeune génération de nouvellistes québécois (Gilles Pellerin, Jean-Paul Beaumier, Bertrand Bergeron, Michel Dufour), à ma propre démarche d'écriture. Comme un fil rouge, je vois courir dans nombre de ces textes l'idée d'une continuité, d'une homogénéité entre les divers plans de notre expérience. Dans «La nuit face au ciel», Cortázar opère une troublante et vertigineuse inversion, comme pour nous dire que le rêve a autant de «substance» que ce que nous nommons le réel, et que peut-être ce «réel» est aussi illusoire que le voile de la maya.

Bibliographie

BRETON, André, *Manifeste du surréalisme, poisson soluble*, Paris, Éditions du Sagittaire, chez Simon Kra, 1924.

BUTOR, Michel, *Matière de rêves*, Paris, Gallimard, 1975, 136 p.

CORTÁZAR, Julio, «La lointaine», *Les Armes secrètes*, Paris, Gallimard, coll. «Folio», 1980, p. 88-102.

DEVAULX, Noël, «L'Âge d'or», *Avec vue sur la zone*, nouvelles de Noël Devaulx, Paris, J. Corti, 1974, p. 151-159.

MICHAUX, Henri, « Mon roi, la nuit remue », *L'Espace du dedans*, pages choisies (1927-1959), nouvelle édition revue et augmentée, Paris, Gallimard, 1966, p. 131-139.

NERVAL, Gérard de, *Aurélia, Œuvres*, vol. I, texte établi, présenté et annoté par Albert Béguin et Jean Rlicher, Paris, Gallimard, coll. « Bibliothèque de la Pléiade », n° 89, 1960, p. 357-414.

PAULHAN, Jean, *Le Pont traversé* (1921), *Œuvres*, Paris, Cercle du livre précieux, 1966, vol. I, p. 85-100.

TCHEKHOV, Anton, *La Mouette (1895-1896): comédie en quatre actes*, dans *Œuvres*, vol. I, introduction et chronologie par Claude Frioux, textes traduits du russe par Lily Denis, Madeleine Durand, Édouard Parayre, André Radiguet et Elsa Triolet, annoté par Claude Frioux et Elsa Triolet, Paris, Gallimard, coll. « Bibliothèque de la Pléiade », 1989, p. 282-351.

En commençant par la fin

Gaétan Brulotte,
University of South Florida

La fin est assurément un moment surdéterminé pour tout lecteur. Il est difficile de se souvenir de toute une œuvre après sa lecture, mais on se souvient souvent de sa fin (comme de son début ou de ses moments clés). De même nous amorçons la lecture d'un récit avec le sens de la fin: cet intérêt correspond à une tendance profonde de l'esprit humain. S'il n'y avait jamais de fin à espérer, commencerait-on seulement à lire ? Lire, c'est justement vivre la joie des fins à satiété. Un des plaisirs de la lecture réside précisément dans le fait qu'on quitte sa vie quotidienne pour se plonger dans le monde de la fiction afin de connaître la satisfaction d'achèvements assurés.

Tout récit est constitué d'une suite de phrases qui commencent et finissent, et d'une série de séquences avec leurs conclusions intermédiaires respectives, de sorte que toute narration est une suite de conclusions. Les narratologues modernes ont bien dégagé cette logique narrative: tout récit part d'une virtualité qui implique un processus d'actualisation, lequel se met en place ou non (et donc se conclut); et si ce processus prend place, l'actualisation finale se réalise ou non (autre conclusion).

La valorisation postmoderne de la finale ouverte et de l'absence de fin, si intéressante qu'elle soit, n'a, en réalité, pas le sens net qu'on cherche à lui attribuer: tout récit a une fin (il finit bien par s'arrêter) et le récit dit ouvert ne l'est pas autant qu'on le prétend puisque sa conclusion établit un réseau *fermé* de relations avec d'autres éléments internes du texte dont elle est issue.

Pour aborder le problème de la fin, tout le vocabulaire est à repenser ou du moins à raffiner. Il existe un excellent ouvrage en anglais sur le sujet, de Marianna Torgovnik: *Closure in the Novel*[1]. Cette théoricienne nous fournit un point de départ pour une meilleure compréhension des fins narratives. D'abord, elle distingue la fin de la conclusion: la fin (en anglais *ending*), c'est l'arrêt du texte, la dernière unité ou le dernier segment de l'œuvre (section, scène, chapitre, page, paragraphe, phrase ou mot, selon le type d'écrit). La conclusion (en anglais *closure*) désigne le processus par lequel un récit atteint un point d'arrêt adéquat et approprié au reste du texte. Ainsi une œuvre inachevée a une fin, mais pas de conclusion. Ensuite, Torgovnik crée

---

1. Marianna Torgovnik, *Closure in the Novel*, Princeton, Princeton University Press, 1981.

une batterie de mots pour décrire les configurations de base des conclusions et les relations significatives qui les influencent : 1) relation de la fin à
la forme d'ensemble de l'œuvre; 2) relation aux préoccupations de l'auteur
autour de la technique du point de vue; 3) relation terminale stratégique du
narrateur à l'expérience du lecteur; 4) relation finale de l'auteur à lui-même,
à ses propres idées, à la culture d'un groupe.

En ce qui concerne la forme conclusive, plusieurs configurations sont
possibles : la circularité, type fréquent de conclusion, apparaît quand la fin
renvoie au début par le langage, la situation ou le groupement des personnages; le parallélisme, lorsque ces derniers éléments réfèrent non seulement au début, mais à d'autres éléments analogues du texte; l'incomplétude, quand l'auteur omet, volontairement ou non, un élément nécessaire,
ou plusieurs, de sorte qu'il n'y a ni circularité ni parallélisme; la tangente,
lorsque la fin introduit un nouveau sujet ou signale une suite possible; la
liaison, lorsque le texte annonce explicitement une suite.

Pour ce qui est de la technique, les deux points de vue de base sont la
distance (*overview*) et la proximité (*close-up*): par exemple, le narrateur
adopte la distance quand il résume l'action ou propose des perspectives
générales qui dépassent le cadre de l'histoire, comme dans les épilogues, et
sa compréhension est habituellement supérieure à celle de chacun des
personnages; avec la proximité, la conclusion est plus près de l'action et
moins séparée du corps du texte (une finale en dialogue la constitue
souvent).

Quant à la stratégie conclusive qui se rapporte à la relation entre le
narrateur et le lecteur, cette relation peut être: complémentaire, quand le
lecteur accepte la conclusion et le sens ou l'absence de sens que l'auteur
souhaite lui faire porter; congruente ou incongruente, quand l'auteur travaille à persuader le lecteur d'accepter sa fin et selon qu'il y réussit ou pas;
et confrontationnelle ou conflictuelle, quand l'auteur cultive la relation
incongruente qui contrarie le lecteur ou déçoit délibérément ses attentes.

Enfin la relation de l'auteur à lui-même dans la conclusion peut être
révélatrice et indiquer son degré de conscience et de contrôle dans le
processus de conclusion: la plupart des grands auteurs sont conscients de
leurs effets et maîtrisent parfaitement leurs fins; quand ils n'ont pas cette
conscience, ils sont autodéceptifs, soit parce qu'ils n'ont pas rassemblé
leurs idées pour les communiquer adéquatement dans la conclusion, soit
parce qu'ils manifestent un manque de psychologie et de connaissance de
soi.

Bref, Torgovnik nous montre ici comment l'étude des fins et des conclusions, dans une douzaine de romans, de George Eliot à Virginia Woolf,
révèle les œuvres avec une clarté singulière. Il faut dire que son examen des
fins implique une analyse fouillée des textes: l'analyse de la seule conclusion des récits ne suffit pas pour en identifier le type.

Il faudrait sans doute aller encore plus loin que cette théoricienne et distinguer non seulement la fin de la conclusion, mais aussi ces deux termes de la finition, de la finalité, de la finitude et de la finale. La finition, ce serait tout ce qui, dans le cours du texte, travaille à la préparation de la fin. La finalité signalerait l'objectif visé par le texte et sa conclusion, objectif atteint souvent bien au delà de la conclusion. La finitude renvoie à ce sens de la fin qui nous habite tous, mais qui est perçu d'une manière si différente d'une personne à l'autre. La finale aurait un sens plus spatial et se rapprocherait de la cauda, séparée du corps textuel d'une manière typographique le plus souvent : la finale peut prendre la forme d'un épilogue, d'une scène dialoguée, d'une moralité, ou toute autre forme distincte du reste du texte.

Avec ces vues théoriques, la fin ne fait que « commencer » à dévoiler ses richesses et à s'offrir comme lieu de réflexions et de recherches.

La fin (j'emploie ici le mot dans son sens le plus général et j'y inclus toutes les formes de conclusions) est un problème auquel tout auteur doit faire face. Et les écrivains, il va sans dire, n'ont pas toujours des connaissances théoriques élaborées pour les guider dans leur travail — ce n'est d'ailleurs absolument pas nécessaire. Leur façon d'aborder pragmatiquement la conclusion varie beaucoup de l'un à l'autre. Combien d'auteurs, par exemple, disent travailler sans plan et sans connaître d'avance l'issue de leur récit, façon d'être désinvoltes par rapport à la fin. En revanche, combien d'auteurs ne peuvent, tout aussi bien, commencer un livre s'ils n'ont pas d'abord trouvé la fin. Il me semble même, au risque de trop simplifier, que l'on peut classer les auteurs en deux grandes catégories : ceux qui ont des problèmes avec la fin et développent des stratégies d'évitement ; ceux qui aiment les fins et les cultivent jusqu'au fétichisme.

Il existe diverses stratégies d'évitement que développent ceux que la fin embarrasse. On peut arrêter une œuvre sans la finir, c'est-à-dire l'abandonner, ce qui est une façon de finir. Combien d'auteurs célèbres ont délaissé leur projet parce qu'ils se sont découragés en cours de rédaction, ont perdu maîtrise ou intérêt, ou tout simplement parce qu'ils ne savaient pas comment finir et éprouvaient une panne définitive ! Ce fut le cas de Kafka avec *Le Procès*[2] et *Le Château*[3] ; ce fut également celui de Stendhal avec *Lucien Leuwen*[4], roman laissé volontairement inachevé. D'autres, que la fin intimide, trouvent le moyen de finir sans vraiment finir. L'exemple le plus connu est sans nul doute Sartre qui a différé systématiquement la fin de nombre de ses textes en annonçant une suite qui n'est jamais venue, rompant ainsi son pacte (sa « liaison ») avec le lecteur. Façon euphémique d'abandonner un projet. Ainsi de *L'Être et le Néant*[5], œuvre incomplète dont

---

2. Franz Kafka, *Le Procès*, introduction et traduction de l'allemand par Alexandre Vialatte, préface de Bernard Groethuysen, Paris, Gallimard, 1957.
3. *Id.*, *Le Château*, traduit de l'allemand par Alexandre Vialatte, Paris, Gallimard, 1957.
4. Stendhal, *Lucien Leuwen*, Paris, Gallimard, 1960.

il manque le volume prévu sur la morale existentialiste; ainsi des *Mots*, première partie d'une autobiographie portant sur sa jeunesse et qu'il n'a pas poursuivie. Il y avait chez Sartre une tendance, probablement inconsciente, à ne pas finir.

Il semble que le problème de la fin angoisse tout particulièrement les écrivains qui se sont attelés à un ouvrage monumental. Quand on considère les grands chefs-d'œuvre de la littérature, plusieurs sont inachevés. Tel l'imposant roman de Musil, *L'Homme sans qualités*[6] avec ses milliers de pages écrites sur vingt ans. On pourrait même se demander si un Musil n'a pas construit une œuvre monumentale par peur de la fin, le monumental repoussant indéfiniment le moment de finir.

Parfois, l'œuvre ménage une finale en queue de poisson: prenez l'exemple des épopées qui ont des fins pitoyables ou celui de *La Montagne magique*[7] de Thomas Mann qui nous propose une conclusion très floue et décevante, comme si l'auteur avait eu du mal à dénouer son histoire. Ou bien encore, on déplace la fin au début, déformation temporelle courante, comme dans *Le Voyageur sur la terre*[8] de Julien Green où après nous avoir présenté un cadavre, le récit nous explique comment et pourquoi le héros en est arrivé à mourir. C'est ce qu'a aussi plus habilement fait Nabokov dans *Lolita*[9] quand, au début de son roman, il propose un épilogue qui nous indique dès le départ ce qui arrivera aux personnages *après* l'histoire. Parfois encore, la fin renvoie au début comme dans les récits circulaires de Beckett, ce qui suggère qu'il n'y a pas vraiment de fin — et Torgovnik nous montre que la circularité est plus fréquente qu'on ne le croit de prime abord et qu'il existe plusieurs formes de circularité. À d'autres moments, on adoucit la conclusion en ouvrant des perspectives sur une possible suite (c'est la conclusion tangentielle, comme la nomme Torgovnik): ainsi dans *Les Faux-Monnayeurs*[10] de Gide, le héros-narrateur, après s'être intéressé aux aventures d'un garçon nommé Bernard, termine, au dernier paragraphe, en dévoilant une curiosité naissante pour le plus jeune frère de Bernard, Caloub, ce qui pourrait inaugurer un nouveau roman.

D'autres récits présentent volontairement un haut degré de prévisibilité. Dans l'ancienne tragédie, on s'attendait, dès les premiers mots, à la mort du héros: la finitude hante ainsi chacune des fibres de la finition. Dans la narration américaine actuelle (et peut-être dans bien des cultures de notre

5. Jean-Paul Sartre, *L'Être et le Néant: essai d'ontologie phénoménologique*, Paris, Gallimard, 1943.
6. Robert Musil, *L'Homme sans qualités*, 2 vol., traduit de l'allemand par Philippe Jaccottet, Paris, Seuil, 1956.
7. Thomas Mann, *La Montagne magique*, 2 vol., traduit de l'allemand par Maurice Betz, Paris, Fayard, 1960.
8. Julien Green, *Le Voyageur sur la terre*, Paris, Plon, 1930.
9. Vladimir Nabokov, *Lolita*, traduit de l'anglais par E. H. Kahane, Paris, Gallimard, 1959.
10. André Gide, *Les Faux-Monnayeurs*, Paris, Gallimard, 1925.

époque), les forces du bien triomphent toujours et le bon héros ne meurt jamais, surtout pas dans les feuilletons télévisés, où on a besoin de lui pour la suite de l'histoire. La fin n'y est plus angoissante: par convention, nous connaissons d'avance l'issue rassurante de chaque épisode, la finale de l'épisode est liaison vers le suivant, la conclusion «terminale» de l'ensemble est constamment dévoyée par de petites conclusions-stations intermédiaires «interminables».

On pourrait encore, pour renforcer le camp des auteurs qui détestent les fins, mentionner les surréalistes qui s'élevaient contre l'œuvre achevée, sans parler des tentatives de fins ouvertes que nous avons déjà évoquées, et que les postmodernes et les féministes notamment ont promues comme moyen d'éviter les conclusions fermées associées à une tradition logique masculine contestable. À cet égard, le roman vertigineux d'Italo Calvino *Si par une nuit d'hiver un voyageur*[11] est un pur exemple d'œuvre ouverte: elle consiste en une suite de dix débuts de romans, dont on ne connaît jamais la fin. Je pense encore à la prenante histoire de Bernard Malamud, *Les Locataires*[12], consacrée au thème de l'impuissance à finir, et qui met en scène un personnage écrivain incapable en dix ans d'arriver à conclure son roman (intitulé ingénieusement *La Fin promise*) dont il rédige plusieurs fins «ouvertes» insatisfaisantes. Torgovnik, quant à elle, nous démontre que les fins «ouvertes», si stimulantes pour l'imagination qu'elles puissent être, peuvent également être artificielles, conventionnelles et ne représentent assurément pas un «progrès» historique dans la conception des conclusions, comme certains critiques sont inclinés à le croire.

Parfois la fin peut contenir son aura symbolique de négativité et de mort. Chaque fin que nous expérimentons n'est-elle pas une sorte de petite mort et ne renvoie-t-elle pas à notre finitude? Le simple fait de différer la fin revient alors à différer la mort: on sait que, très concrètement, c'est un tel habile sursis de conclusions qui sauve la vie de Shéhérazade dans *Les Contes des mille et une nuits*, parce que son cruel auditeur, Shariar, la garde vivante après chaque nuit uniquement pour connaître la suite et la fin de ses récits.

Voilà autant de façons de régler, en l'évitant, le problème de la conclusion.

À côté de ceux que la fin embarrasse, il y a au contraire les auteurs qu'elle ravit. Je me situerais volontiers dans ce camp.

J'aime finir, j'aime mener à terme un récit ou un projet. Ce n'est pas forcément une qualité, comme le démontrent les exemples célèbres que je viens de citer parmi tant d'autres. Pour satisfaire ce besoin de finir, le genre

11. Italo Calvino, *Si par une nuit d'hiver un voyageur*, traduit de l'italien par Danièle Sallenave et François Wahl, Paris, Seuil, 1981.
12. Bernard Malamud, *Les Locataires*, traduit de l'américain par Georges Renard, Paris, Seuil, 1976.

de la nouvelle est idéal. Chez certains écrivains, un des plaisirs majeurs de la nouvelle, c'est la multiplication des genèses, la joie de recommencer souvent. Pour moi, c'est plutôt l'inverse: c'est le plaisir de finir souvent. Plus que le roman, la nouvelle me procure cette forte euphorie de voir un projet enfin mené à son terme, de goûter à la palpitation de l'achèvement. Je crois, avec Henry James, que tout l'art d'un écrivain peut se voir dans son sens de la conclusion, dans son habileté à finir ou à jouer avec la fin.

Le problème de la fin se pose d'une manière différente selon qu'il s'agit d'un roman ou d'une nouvelle.

Dans la rédaction d'un roman, il me semble que la conclusion a moins d'importance *au départ*. Il y a assurément un plaisir et une libération à travailler sans plan trop rigoureux, à ne pas se soucier d'avance de la fin de l'histoire, à laisser les personnages nous conduire là où ils veulent, à progresser avec eux, jusqu'au moment où nous ne pouvons aller plus loin, où l'histoire enfin aboutit à son dénouement et impose un terme.

Dans la nouvelle, c'est le contraire. Tout se présente, me semble-t-il, comme s'il y avait plus fréquemment un fétichisme de la fin et comme s'il était plus difficile de commencer une nouvelle sans connaître d'abord le point d'arrivée. La fin est alors le début de tout, si je puis dire. Elle détermine le reste: tous les détails du texte, le tissu le plus ténu de la nouvelle deviennent ce que j'appellerais de l'*infratexte* (*infra*: au-dessous, plus bas, après, sert à renvoyer à un passage qui se trouve plus loin dans le texte), c'est-à-dire que chaque élément se relie à son avenir, à ce qui se trouve après, bref à la conclusion. L'infratexte désigne ces détails qui nourrissent le processus de finition. Tout au long de la lecture, on enregistre des informations (venues de l'infratexte) qui donnent des indices sur la fin ou signalent la finition en travail et nous amènent progressivement à la conclusion.

Chaque auteur a, je crois, son corpus de fins. Ces corpus mériteraient d'être étudiés en eux-mêmes, si cela n'a pas déjà été fait. Mes fins préférées sont les chutes en guillotine qui surprennent les lecteurs, qui les déconcertent et qui soutiennent en une phrase, voire en un mot, tout le poids d'une histoire et lui confèrent son sens. Par exemple, dans une nouvelle de Robbe-Grillet intitulée «La chambre secrète[13]», le récit en entier est condensé dans un mot, un seul, le dernier: dans le mot *toile*, lequel nous révèle que la scène décrite dans ses variantes tout au long du texte n'était qu'un tableau.

Une autre sorte de fin intéressante, c'est celle qui dénote un revirement, une fusion de plusieurs identités, une synthèse de deux éléments opposés ou disparates; et puisque qu'on m'a demandé de parler de mon travail, un peu comme on demande à des scientifiques d'exposer le leur, je

---

13. Alain Robbe-Grillet, «La chambre secrète», *Instantanés*, Paris, Minuit, 1962, p. 95-109.

vais illustrer mon propos avec mes propres nouvelles: ainsi la voix bien mâle d'Albert dans « La voix secrète » (nouvelle du *Surveillant*), voix chérie par un groupe de jeunes filles, s'avère être en fait celle d'une femme [14]. Soit encore Pistache, l'héroïne de « Plagiaire » (dans *Ce qui nous tient*) qui devient You, le personnage qu'elle joue dans un film [15]. Soit même « Figurez-vous » (dans *Le Surveillant*), où on voit une dame qui parle sans arrêt s'adresser apparemment à nous, lecteurs, mais en réalité, la fin nous dévoile qu'elle conversait avec une autre personne de son immeuble [16]. C'est donc seulement au dernier paragraphe que les lecteurs savent à quoi s'en tenir sur la situation narrative et la distribution des rôles.

Il y a également des fins où deux solutions contradictoires sont simultanément possibles et mettent ainsi en scène une indécidabilité quelque peu déroutante: dans « Messagers de l'ascenseur » (*Ce qui nous tient*), un personnage rationnel, Portali, en rentrant dans son immeuble, voit une note dans l'ascenseur signée par des voisins: ces derniers signalent qu'il y aura une soirée chez eux et s'excusent des inconvénients éventuels; or, rien ne se produisant de toute la nuit, le personnage témoin se trouble, enquête et finit par trouver complètement vide l'appartement où il devait y avoir une fête; la conclusion propose, d'une manière délibérée, une résolution rationnelle et motivée comme telle dans le texte (Portali a trop bu, ce qu'il a vu est le fruit de son imagination) et l'acceptation du caractère inexplicable (surnaturel) des événements, conclusion tout aussi tentante et que le texte rend tout autant possible [17]. Ce type de fin, où une indécidabilité est maintenue entre deux fermetures possibles de l'histoire, caractérise le récit fantastique pur, si l'on en croit la théorie littéraire (Todorov) [18].

Il existe des fins plus canoniques qui résolvent, du moins apparemment, un problème ou qui montrent un changement important dans l'évolution du personnage principal. Par exemple, dans « Atelier de création » (*Ce qui nous tient*), une femme complexée découvre *in extremis* sa voie vers la littérature au moment où elle allait tout abandonner [19]; ou encore dans « Le rêve de tomates », le banal Philibert quitte une vie sans horizons pour s'ouvrir brusquement à de nouvelles explorations du sentir [20].

Que dire également de la fin cliché par excellence, de la fin facile et souvent inévitable: la mort du personnage? En général, je n'aime pas ce genre de fin, mais parfois, elle s'impose par la logique même du récit (c'est

14. Gaétan Brulotte, « La voix secrète », *Le Surveillant*, Montréal, Leméac, 1986, p. 95-106.
15. *Id.*, « Plagiaire », *Ce qui nous tient: nouvelles en trois mouvements obstinés, avec une ouverture, une clôture et quatre interludes, où l'on raconte l'universel entêtement à être et à devenir*, Montréal, Leméac, 1988, p. 110-144.
16. *Id.*, « Figurez-vous », *ibid.*, p. 107-130.
17. *Id.*, « Messagers de l'ascenseur », *ibid.*, p. 16-27.
18. Tzvetan Todorov, *Introduction à la littérature fantastique*, Paris, Seuil, coll. « Poétique », 1970.
19. Gaétan Brulotte, « Atelier de création », *Ce qui nous tient, op. cit.*, p. 97-109.
20. *Id.*, « Le rêve de tomates », *ibid.*, p. 97-109.

le cas le plus courant) ou surprend par son absurdité : ainsi la mort douce, libératrice, de la sentinelle dans «Le surveillant», qui s'enfouit dans le sable près de son mur inutile, mur qu'elle a surveillé pendant la majeure partie de sa vie — ce suicide est une réaction à son congédiement et est si radical qu'elle paraît excessive dans le contexte[21]; soit encore l'euthanasie pratiquée sur un être cher comme moyen de le sortir d'un système insensé, dans «L'infirmière auxiliaire» (*Ce qui nous tient*)[22]; soit enfin la mort violente et dégradante du motocycliste dans «Le balayeur» (*Le Surveillant*), poussé dans l'égoût par un impitoyable balayeur de rues, au lieu d'être secouru par lui (le tout vu du point de vue du balayeur)[23].

À d'autres moments, il peut arriver au héros de quitter l'histoire avant la fin. Voilà bien ce qui se produit dans «La contravention» (*Ce qui nous tient*) où le système du texte élimine Tippett, le héros, exactement comme le fait l'institution avec laquelle il est en conflit : il déploie une énergie démesurée pour combattre un service de parking injuste dont l'existence ne se justifie que pour gérer (et engendrer) des infractions[24]. Quand Tippett quitte la scène, il croit avoir réussi à triompher du système auquel il s'opposait. Mais les résultats réels de sa démarche (c'est-à-dire sa défaite) ne sont finalement connus que des autres personnages et des lecteurs.

Enfin, dans nombre de mes nouvelles, j'exploite l'astérisque en fin de parcours, soit pour marquer un ultime changement de niveau narratif, soit pour indiquer une rupture ou une modulation finale, soit pour nettement séparer la cauda du reste du texte et pour la mettre en évidence. Cette utilisation fréquente de l'astérisque montre le soin privilégié ici accordé aux fins.

Qu'on soit embarrassé par la conclusion ou au contraire qu'on l'investisse positivement, il reste que les fins littéraires ressemblent aux autres expériences que nous avons à affronter dans la vie réelle. La conscience humaine a œuvré depuis des millénaires à réorganiser le monde, et en particulier la temporalité avec l'invention du calendrier et de l'horloge, pour lui conférer un ordre, une cohérence, un sens. Face à la contingence et au désordre des choses, l'être humain a besoin de créer de l'organisation. Sa vie quotidienne se structure en fonction de projets à mener à bien, d'objectifs à atteindre et de termes qu'on attend avec impatience ou qu'on redoute : fins de journée, de semaine, de mois, d'année, de siècle; cycles qui se bouclent, études qui se terminent, célibat que l'on quitte, maladie dont on guérit, relation qui se rompt, etc. Chaque fin peut être l'occasion d'un bilan : à la lumière de la fin, on jette un regard différent sur une expérience et celle-ci prend son plein sens. La fin éclaire un vécu et invite à la rétrospective et à

21. *Id.*, «Le Surveillant», *Le Surveillant, op. cit.*, p. 9-32.
22. *Id.*, «L'infirmière auxiliaire», *Ce qui nous tient, op. cit.*, p. 36-45.
23. *Id.*, «Le balayeur», *Le Surveillant, op. cit.*, p. 33-44.
24. *Id.*, «La contravention», *Ce qui nous tient, op. cit.*, p. 53-59.

l'examen. Dans la littérature, elle a les mêmes vertus : elle confère sa signification globale au texte, éclaire sa finalité, incite le lecteur à retourner en arrière et à donner une dimension nouvelle à chaque élément de l'œuvre.

En ce qu'elles contiennent le sens des expériences humaines (leur réussite ou leur échec), mais aussi les traits culturels ou idéologiques des époques auxquelles elles renvoient, puisqu'elles évoluent avec le temps, les fins littéraires sont un nœud anthropologique. Il est certain qu'un examen des rapports que les différentes cultures entretiennent avec la conclusion des récits serait extrêmement révélateur et permettrait de jeter sur elles un regard rafraîchi.

Bibliographie

BRULOTTE, Gaétan, *Le Surveillant*, Montréal, Les Quinze, 1982, 122 p.

————, *Ce qui nous tient : nouvelles en trois mouvements obstinés, avec une ouverture, une clôture et quatre interludes, où l'on raconte l'universel entêtement à être et à devenir*, Montréal, Leméac, 1988, 147 p.

CALVINO, Italo, *Si par une nuit d'hiver un voyageur*, traduit de l'italien par Danièle Sallenave et François Wahl, Paris, Seuil, 1981, 279 p.

GIDE, André, *Les Faux-Monnayeurs*, roman, Paris, Gallimard, Édition de la nouvelle revue française, 1925, 508 p.

GREEN, Julien, *Le Voyageur sur la terre. Les clefs de la mort. Christine-Leviathan*, Paris, Plon, 1930, 267 p.

KAFKA, Franz, *Le Château*, traduit de l'allemand par Alexandre Vialatte, Paris, Gallimard, 1957.

————, *Le Procès*, introduit et traduit de l'allemand par Alexandre Vialatte, préface de Bernard Groethuysen, Paris, Gallimard, 1957, 429 p.

MALAMUD, Bernard, *Les Locataires*, traduit de l'américain par Georges Renard, Paris, Seuil, 1976.

MANN, Thomas, *La Montagne magique*, traduit de l'allemand par Maurice Betz, 2 vol., Paris, A. Fayard, 1960 [1931].

MUSIL, Robert, *L'Homme sans qualités*, traduit de l'allemand par Philippe Jaccottet, Paris, Seuil, 1956, 2 vol.

NABOKOV, Vladimir, *Lolita*, traduit de l'anglais par E. H. Kahane, Paris, Gallimard, 1959.

ROBBE-GRILLET, Alain, « La chambre secrète », *Instantanés*, Paris, Minuit, 1962, p. 95-109.

SARTRE, Jean-Paul, *L'Être et le Néant : essai d'ontologie phénoménologique*, Paris, Gallimard, 1943, xi-722 p.

————, *Les Mots*, Paris, Gallimard, 1964, 213 p.

STENDHAL, *Lucien Leuwen*, Paris, Gallimard, 1960.

TODOROV, Tzvetan, *Introduction à la littérature fantastique*, Paris, Seuil, coll. « Poétique », 1970, 187 p.

TORGOVNIK, Marianna, *Closure in the Novel*, Princeton, Princeton University Press, 1981.

II. Lectures :
réception critique
et usage didactique
de la nouvelle

La nouvelle québécoise avant 1940:
une définition à partir
de témoignages contemporains

Joseph-André Senécal,
University of Vermont

L'identification même de la nouvelle québécoise avant 1940, genre mal connu, reste un défi. Les savants qui font l'histoire de la littérature québécoise n'ont pas encore entrepris les recherches qui nous permettraient de connaître tous les titres ou de mesurer autrement l'ampleur du phénomène. Les tentatives de définition formelle se ramènent le plus souvent à une démarche comparatiste qui oppose le genre aux espèces voisines, en particulier au conte et à d'autres récits brefs que les auteurs ou la critique nomment «histoires, souvenirs». L'approche théorique visant à définir la nouvelle comme genre, mise au point par Marcel Raymond et René Godenne [1], fut reprise par la critique québécoise contemporaine; on pense en particulier à Jeanne Demers et à Lise Gauvin [2]. Cette démarche n'a que partiellement résolu les multiples ambiguïtés associées à la notion de «nouvelle». La question d'un modèle théorique du genre se pose toujours et, éventuellement, la critique ne s'entendra sur une définition que si elle multiplie les approches au phénomène.

C'est dans cette optique que nous avons voulu interroger un témoignage contemporain à la première nouvelle québécoise, celle qu'on a publiée avant la Deuxième Guerre mondiale [3]. Plus particulièrement, nous

---

1. Marcel Raymond, «Notes pour une histoire et une poétique de la nouvelle», *Anthologie de la nouvelle française*, Lausanne, La Guilde du livre, 1950; repris sous le titre «Notes pour une histoire et une poétique de la nouvelle», *Vérité et Poésie*, Neuchâtel, La Baconnière, 1964; René Godenne, *La Nouvelle française*, Paris, Presses universitaires de France, 1974. Voir aussi, dans sa *Bibliographie critique de la nouvelle française (1940-1985)*, Genève, Droz, 1989, l'introduction, p. 11-50.
2. Jeanne Demers et Lise Gauvin, «Dossier. Autour de la notion du conte écrit: quelques définitions», *Études françaises*, vol. XII, nos 1-2, avril 1976, numéro intitulé *Conte parlé, conte écrit*, p. 157-177. Ce numéro d'*Études françaises*, consacré au conte, contient un article de René Godenne, «La nouvelle française», p. 103-111. On retrouvera un dossier complémentaire dans le deuxième appendice, «Un répertoire de textes critiques», dans René Godenne, *La Nouvelle française, op. cit.*, p. 333-345.
3. L'histoire, à faire, de la nouvelle québécoise pourrait s'ordonner en trois temps, selon trois grandes époques définies par l'esthétique et les préoccupations des auteurs telles qu'on peut les découvrir dans les thèmes dominants. On pourra distinguer une première nouvelle, un long apprentissage qui s'échelonne des débuts de la prose romanesque (voir la note no 4) jusqu'au début de la Deuxième Guerre. Cette nouvelle, souvent dans la lignée de la littérature régionaliste, évoque surtout des traits de mœurs. La nouvelle

nous sommes demandé sous quel contrat, entre auteur et lecteur, s'établissait l'accueil d'un texte identifié comme nouvelle (par l'auteur ou le lecteur). Par lecteur, nous entendons bien le seul qui nous ait laissé un témoignage : la critique du temps. L'auteur, dans son prétexte (couverture ; page-garde ; titre, sous-titre et autre élément de la page-titre ; table des matières) ou son surtexte (propos liminaires ; notes), la critique, dans la réception contemporaine d'une œuvre spécifique, ont-ils tenu compte de la définition formelle du genre ? Et si oui, en invoquant quels critères ? Nous avons donc retenu comme champ d'étude la nouvelle publiée au Québec avant 1940, et sa réception critique. Nous n'avons considéré que l'œuvre identifiée comme « nouvelle » par l'auteur ou la critique. En autant que nous ayons pu le vérifier, cette démarche n'exclut aucun commentaire critique unique ou important, publié avant 1940, qui discute de la nouvelle québécoise tel que nous venons de la définir [4]. On notera que cette définition de la problématique exclut des œuvres qui sont sans aucun doute des nouvelles, des textes comme « La terre paternelle » de Patrice Lacombe ou des récits d'Eugène L'Écuyer [5]. Ces nouvelles et bien d'autres ne furent jamais revendiquées à

cosmopolite, 1940-1965, est déjà annoncée à l'époque antérieure par l'œuvre de Léo-Paul Desrosiers et de Jean-Charles Harvey. Enclin à l'existentialisme et à la psychologie, elle se prévaut des grands nouvellistes et des grands romanciers du siècle pour exprimer une conscience sociale ou un mal de siècle à la Gabriel Marcel et à la Cesbron. En cela, la deuxième nouvelle québécoise s'éloigne peu des romanciers de l'époque : Robert Élie, André Giroux, Gabrielle Roy, André Langevin, Gilles Marcotte, Robert Charbonneau, Claire Martin, qui sont souvent hantés par le mal et les lendemains de la conscience du catholicisme français. La troisième nouvelle, si elle se préoccupe toujours d'une ascendance hexagonale, n'en arrive pas moins à faire triompher le genre et à l'identifier, plutôt que le roman, avec les racines profondes, les préoccupations fondamentales et la sensibilité particulière des Québécois, authenticité et unicité qu'elle exprime dans son oralité et dans ses dimensions fantastiques et éperdues.

4. Le premier texte à annoncer le mot « nouvelle » dans son acceptation formaliste est en fait un des titres romanesques liminaires, « L'Iroquoise », histoire ou nouvelle historique, publiée en 1827 dans la *Bibliothèque canadienne* de Bibaud. L'attribution et même l'originalité de ce texte sont contestées (voir l'introduction de Guildo Rousseau, *The Iroquoise : A North American legend / L'Iroquoise : une légende nord-américaine*, textes introduits et annotés par Guildo Rousseau, Sherbrooke, Naaman, 1984, p. 13-25). Notons les autres titres publiés avant 1870 qui s'annoncent comme nouvelles : « Henry », nouvelle, publiée dans *La Ruche littéraire*, vol. III, juin 1854, p. 369-373 ; « Jacques Cartier », nouvelle historique, de A. P. [élève de rhétorique], dans *La Minerve*, vol. XXX, n° 41, 31 décembre 1857, p. 1-2 ; « Anne », nouvelle, signée H. B.***, dans *Le Courrier de Saint-Hyacinthe*, vol. XI, n° 59, 9 octobre 1863, p. 1-2 ; « Le cœur et l'esprit », nouvelle, de la plume d'Hector Fabre, dans *La Revue canadienne*, vol. II, n°s 9-12, septembre-décembre 1865 ; « Les fiancés d'outre-tombe », nouvelle, de C. [Clara] Chagnon, dans *La Revue canadienne*, vol. VI, mai-juillet 1869 ; « Nouvelle canadienne » d'André-Napoléon Montpetit, dans *L'Opinion publique*, vol. I, n°s 1-3, 1-22 janvier 1870, p. 3, 14-15, et 22-23 ; « Françoise », nouvelle, de A. de P., dans *La Revue canadienne*, vol. VII, décembre 1870, p. [865]-898. Vraisemblablement, la première nouvelle digne de ce nom, mais qui n'est pas annoncé sous ce sous-titre, est *La Terre paternelle* de Patrice Lacombe, publiée pour la première fois (anonymement) dans *L'Album littéraire et musical de la Revue canadienne*, n° 1, 1846, p. 14-25.

5. Les textes de L'Écuyer, souvent titrés « esquisse de mœurs », « épisode », « histoire » et même « historiette », sont difficiles à classer par genre. Cet auteur prolixe qui s'inspire à la fois du feuilleton, de la tragédie classique, et de moralistes comme La Bruyère, qui

ce titre par leur auteur ou identifiées et étudiées comme telles par la critique de leur époque. Par ailleurs, la problématique adoptée nous a amené à inclure des titres qui ne sont pas des nouvelles, mais que l'auteur ou l'éditeur a annoncé, ou que la critique a compris comme telles.

Si on dresse la bibliographie de la réception de la nouvelle avant 1940 ainsi définie, on constate que la critique n'a commenté que les œuvres publiées en volumes. La presque totalité de ces titres sont des recueils qui, presque toujours, rassemblent des nouvelles et des textes attribuables à d'autres genres comme le conte et la légende. On publie des recueils dès les années 1880 [6], et le premier ouvrage à avoir suscité une réception critique digne de ce nom date de 1902. (Il est merveilleusement intitulé *Premier Péché*.) De 1902 à 1940, on compte vingt-six volumes qui reçurent l'attention de la critique, mais en fait nous n'avons retenu que dix-neuf titres — le commentaire des recueils écartés n'offrant pas d'appréciation esthétique qui puisse nous intéresser.

La notion de nouvelle

Qu'est-ce que le terme « nouvelle » impliquait dans le procédé de validation de l'écrit auprès de la communauté de culture québécoise avant 1940 ? On découvre que l'appellation recouvrait une multiplicité d'identifications qui sont des classifications plutôt que des définitions qui situeraient le texte à partir d'une analyse de ses structures internes. Ces identifications hétérogènes procèdent à partir de démarches connotatives qui opposent ou, le plus souvent, qui amalgament nouvelle et conte à histoire, chronique, mémoires, croquis : termes qui manquent de rigueur et qui se valent aux yeux de l'auteur et de la critique. Avec légende, tous ces mots sont susceptibles d'être confondus avec la notion de récit que tous les agents de l'acte littéraire, l'auteur, l'éditeur et la critique, retiennent pour définir la relation d'une histoire aussi bien que l'histoire proprement dite (l'énoncé, l'intrigue). C'est à partir de cette dernière idée qu'on substitue « récit » à « conte, légende, nouvelle ».

---

interrompt constamment ses intrigues pour interjecter des commentaires journalistiques, était-il conscient de l'esthétique et des procédés propres au roman, à la nouvelle, ou au conte ? « Un épisode dans la vie d'un faux dévot » par sa longueur appartiendrait à la nouvelle, mais la complexité de l'intrigue en fait l'ébauche d'un roman. Par ailleurs, des récits comme « Esquisse de mœurs » (*Le Journal de Québec*, vol. IV, n⁰ 93-100, 16 juillet-1ᵉʳ août 1846), sont, selon les critères de l'époque, des nouvelles. (Voir Maurice Lemire, « Eugène L'Écuyer », *infra*.)

6. Joseph-Guillaume Bourget, *Passetemps sur les chars*, récits et nouvelles, Trois-Rivières, La Concorde, 1880 ; Joseph-Ferdinand Morissette, *Au coin du feu*, nouvelles, récits et légendes, Montréal, Imprimerie Piché, 1883, et *Le Fratricide*, roman canadien, suivi d'*Albertine et Frédéric*, nouvelle ; *Douleurs et Larmes*, récit ; *Un revenant*, légende, Montréal, Eusèbe Senécal & fils, 1884 ; Charles-Alphonse-Nathaniel Gagnon, *Nouvelles et Récits*, Québec, Atelier typographique de C. Darveau, 1885.

L'évidence du prétexte

Notons en tout premier lieu que, même si la pratique est rare avant 1940, l'identification d'un texte par genre (roman, nouvelle, conte, légende) ne revient pas toujours à l'auteur: le sous-titre d'une œuvre est parfois imposé par l'éditeur. C'est ainsi, par exemple, qu'avant 1900, on retrouve la plus grande quantité de titres identifiés comme nouvelles dans le journal *Le Nouveau Monde*, entre 1890 et 1898. À eux seuls, ces textes représentent plus de la moitié des nouvelles identifiées par leur titre ou leur sous-titre avant 1900. Cette concentration est suspecte; elle nous encourage à croire que ce n'est pas l'auteur, mais l'éditeur du journal qui, dans ce cas (et dans d'autres?), décide de l'assignation formelle d'un texte littéraire.

Quinze des trente-huit volumes étudiés contiennent en titre ou en sous-titre le mot « nouvelles ». Six autres auteurs annoncent leurs nouvelles dans une préface ou une autre forme de propos liminaire. Pour vingt et un des trente-huit volumes inspectés, nous devons l'identification première de nouvelles à l'auteur ou à son éditeur. Pour les dix-sept autres recueils, c'est uniquement la critique qui nomme le genre d'un ou de plusieurs textes. Chez ces auteurs-nouvellistes qui signalent au lecteur un recueil de plusieurs genres (nouvelles, contes, légendes, croquis), il est presque toujours impossible de déterminer, à partir de critères formels suggérés par le prétexte ou le surtexte, ce qui est nouvelle et ce qui est autre. Il n'y a que Damase Potvin dans « Sur la grand'route » et Jean-Charles Harvey dans « L'homme qui va » qui identifient le genre de leurs textes; ils le font tous les deux par l'entremise de notes infrapaginales.

À part « Des nouvelles » d'Arthur Saint-Pierre qui joue sur les sens du mot (renseignements concernant une personne qu'on n'a pas vue depuis quelque temps et récit littéraire bref de construction dramatique), les auteurs semblent tous conscients d'exploiter uniquement la signification littéraire du mot. À ce titre, notons que ce sont les auteurs aux plus hautes prétentions esthétiques qui se prévalent de cette insigne. Des puristes comme Jean-Charles Harvey ou Henry Gaillard de Champris affichent le genre sur la page de titre. D'autres esthètes, Harry Bernard, Jules Tremblay, le mentionnent dans leur avant-propos. Les auteurs du terroir, sans doute à l'instar de leurs modèles d'outre-mer (Pourrat et Daudet) et sous l'influence d'une littérature fortement identifiée à l'oralité du conte, privilégient les termes « récit » ou « conte ». Rares sont les auteurs du terroir qui, comme Damase Potvin et Joseph-Fidèle Raîche, incluent le mot « nouvelle » dans leur sous-titre. Les auteurs les plus poètes évitent la question générique en intitulant leur recueil *Les Rapaillages*, ou *Courriers des villages*, ou en s'en tenant, comme le frère Marie-Victorin, au terme neutre de « récit ». Les écrivaines, à deux exceptions près, évitent le sous-titre «nouvelles», cherchant probablement à ne pas éventer la construction ingénieuse de titres qui annoncent le sérieux de l'œuvre: *Le Sanglot sous les rires*, *Le Long du chemin*, *Au fil des heures bleues*, *Cœur de rose et fleur de sang*. On pourrait en dire autant de la

démarche de Léo-Paul Desrosiers dans *Âmes et paysages* et *Livre des mys-*
tères.

Il semble que, lorsqu'ils sont responsables de leur page-titre, la plupart
des auteurs se soucient peu de la portée formelle de mots génériques
comme « nouvelle » et « conte ». Dans la plupart des cas, il nous est difficile,
à partir de critères immanents au prétexte, de séparer ce que l'auteur
dénommait « nouvelle » de genres ou d'appellations connexes. Il n'est donc
pas surprenant que nous retrouvions le même flottement terminologique
chez la critique.

La terminologie des critiques

La plupart des critiques emploient les mots « nouvelles » et « contes »
indistinctement. Presque toujours, on traite les deux mots en synonymes,
cela même lorsque l'auteur ne laisse aucun doute quant à la nature de son
texte. Dans sa préface à *L'Homme du jour*, Marie-Rose Turcot identifie spécifiquement son recueil comme une collection de nouvelles et de contes[7]. Le
critique attitré du *Nationaliste*, Alcide Matagan (Ubald Paquin?) comprend
tous les textes de *L'Homme du jour* comme des contes: « Ce qui empêche ses
contes d'être tout à fait bien, c'est le manque de métier[8]. » Donatien Frémont du *Courrier de St-Hyacinthe* découvre dans *La Dame blanche* de Harry
Bernard des nouvelles canadiennes[9] tandis que Maurice Hébert y voit des
contes et des nouvelles: « Cependant, en tous ces contes et nouvelles, on
désirerait plus de relief, plus d'accent et plus d'ardeur[10]. » Pourtant dans sa
préface, l'auteur spécifie bien qu'il livre au public des nouvelles: « Les nouvelles de ce recueil forment un tout[11]. » Des auteurs comme l'abbé Groulx
des *Rapaillages* ne révèlent ni dans le sous-titre (*Vieilles choses, vieilles gens*), ni
dans un propos liminaire, le genre qu'ils pratiquent — ce qui laisse la critique
entièrement libre de se prononcer. Adjutor Rivard, Louis Dupire et Arthur
Deschênes identifient *Les Rapaillages* comme des contes[12]. Gustave Midler y

---

7. Marie-Rose Turcot, *L'Homme du jour*, Montréal, Beauchemin, 1920.
8. Alcide Matagan, [pseud. attribué à Ubald Paquin], « Croquis laurentiens », *Le Nationaliste*,
   vol. XVII, n° 18, 20 juin 1920, p. 2.
9. « C'est un agréable recueil de nouvelles que nous offre aujourd'hui M. Bernard. » Le
   Critique, « *La Dame Blanche* par Harry Bernard », *Le Courrier de St-Hyacinthe*, vol. LXXV, n°
   33, 14 octobre 1927, p. 1.
10. Maurice Hébert, *De livres en livres: essais de critique littéraire*, Montréal / New York, Louis
    Carrier / Éditions du Mercure, 1929, p. 247. Reprise de « Quelques livres de chez nous.
    Aux feux de la rampe. La Dame banche », *Le Canada français*, vol. XV, n° 6, février 1928,
    p. 421.
11. Harry Bernard, *La Dame blanche*, Montréal, Bibliothèque de l'Action française, 1927, p. 7.
12. « Cent cinquante petites pages la [l'œuvre] renferment et onze *contes* [nous soulignons] de
    par chez nous en font tout l'intérêt » (Arthur Deschênes, « Dans *Les Rapaillages* de l'abbé
    Lionel Groulx », *Le Devoir*, vol. III, n° 18, 23 septembre 1916, p. 3; « M. l'abbé Lionel
    Groulx a réuni sous ce titre, qui est une délicieuse trouvaille, dix *contes* [nous soulignons]
    procédés d'un poème liminaire » (Louis Dupire, « Journaux, livres et revues. *Les
    Rapaillages* », *L'Action française*, vol. III, n° 6, juin 1919, p. 274-275); « J'aurais pu, sans

trouve des nouvelles [13]. Le père Rodrigue Villeneuve (le futur cardinal) les appelle indistinctement contes ou nouvelles [14]. Même lorsque sa nature est parfaitement évidente, la nouvelle, aux yeux de la critique, peut se confondre avec le conte. Pierre Daviault, par exemple, dans son commentaire du *Livre des mystères*, emploie indistinctement « conte » et « nouvelle [15]».

Les connotations du mot « recueil » et l'authentification du genre

Il n'y a que les nouvelles publiées en recueil qui suscitèrent l'attention de la critique. Pourtant, les nouvelles ainsi rassemblées n'évoquent aucun commentaire qui saisisse une nouvelle particulière dans sa relation avec l'ensemble d'un recueil. La seule signification que l'auteur recherche ou que la critique note dans le phénomène du recueil, c'est l'intégration du texte à un ensemble plus vaste : le livre, objet relié dont la publication par un éditeur implique une validation qui échappe au plumitif d'une revue ou d'un journal. C'est la fameuse consécration en volume. On peut citer comme exemple de ce prestige du livre-objet la démarche de Pamphile Le May qui publie en feuilletons des nouvelles, mais qui a soin de se débarrasser de ce sous-titre générique lorsque vient l'heure de la consécration en volume [16].

La critique, dans les rares cas où elle adopte le concept de recueil comme notion de jugement, l'emploie pour dénigrer le genre sous sa forme matérielle en réduisant le livre à son rôle de contenant. L'abbé Camille Roy, en parlant de *Premier Péché*, de Madeleine s'exclame : « Un tel livre échappe à toute définition ; c'est un recueil : et vous savez tout ce que l'on peut mettre en un recueil [17]. » Le bon abbé, au cas où nous n'aurions pas compris, précise : « C'est une série interminable de petits articles que d'une main

---

embarras, dire de vos *contes* [nous soulignons] tout le bien » (Adjutor Rivard, « Les livres. L'abbé Lionel Groulx. *Les Rapaillages* », *Le Parler français*, décembre 1916, p. 169-170.)

13. « Le bon et sain réalisme, que ne désapprouverait pas l'auteur des Lettres à mon moulin, par exemple dans *L'Ancien temps*! Et laquelle j'aime mieux de toutes ces ravissantes nouvelles [nous soulignons] ? (Gustave Zidler, « Lettre ouverte à l'auteur des *Rapaillages* », *Le Parler français*, 1916 ; repris dans *Le Devoir*, vol. VIII, n° 28, 3 février 1917, p. 4.)

14. Jean-Marie-Rodrigue Villeneuve, « *Les Rapaillages : vieilles choses, vieilles gens* par l'abbé Lionel Groulx », *La Nouvelle-France*, vol. XV, n° 11, novembre 1916, p. 491. « [...] ses glanures forment dix *nouvelles* [nous soulignons] qu'on va à n'en pas douter se dévorer. » « Les *contes* [nous soulignons] de M. Rivard comme ceux de l'abbé Groulx, à coup sûr, pour l'appétit canadien, c'est comme du pain » (p. 498).

15. « La réussite n'est pas moindre dans le genre si difficile de la nouvelle qu'il aborde maintenant. Il a compris que le conte [nous soulignons] exige une technique différente » (Pierre Daviault, « Vient de paraître. *Le Livre des mystères* par Léo-Paul Desrosiers », *Le Droit*, vol. XXII, n° 120, 23 mai 1936, p. 11.)

16. En feuilletons, Le May publie « L'anneau des fiançailles », nouvelle, *La Revue canadienne*, n° 31, novembre 1895, p. 651-658 ; « La dernière nuit du père Rasoy », nouvelle, *La Revue nationale*, n° 3, 1896, p. 143-150 ; « Un loup-garou », nouvelle, *La Revue canadienne*, n° 32, avril 1896, p. 235-252. Lorsqu'ils sont repris en volume, *Contes vrais*, 2e édition revue et augmentée, Montréal, Librairie Beauchemin, 1907, le sous-titre est supprimé.

17. Camille Roy, « Causerie littéraire. Madeleine », *La Nouvelle-France*, vol. IV, n° 2, février 1905, p. 60.

toute féminine et délicate l'auteur a égrenés tout le long de cent soixante-deux pages; qui se suivent sans qu'ils s'appellent, et donc sans qu'on sache pourquoi [...][18]. » Le critique allègue à des *petits* [nous soulignons] contes, des miettes, des fragments, des bulles éphémères, « chroniques ou causeries très agréables qui amusent un moment les lectrices oisives[19] ». Et le maître de la causerie littéraire de conclure:

> Mais ces choses fragiles ne supportent pas qu'on les assemble, qu'on les groupe, qu'on en fasse des volumes. Feuilles volantes, elles avaient leur grace légère et ailée; reliées ou brochées, elles prennent des allures qui ne leur conviennent plus, elles ont des prétentions que ne soutient plus leur valeur[20].

Cette réputation dévalorisante du conte ou de la nouvelle en recueil n'est pas réservée qu'à l'écrit féminin. On la retrouve dans l'accueil critique d'œuvres encensées comme *Les Rapaillages* de l'abbé Groulx. Arthur Deschênes parle des textes de Groulx comme d'une œuvre de cent cinquante « *petites* » pages [nous soulignons], d'un « délicieux petit quoi » qu'il a du mal à reconnaître comme « livre ». « L'œuvre déclare-t-il, ne saurait être de longue haleine et de composition savante[21]. »

Les critères esthétiques de la critique

La question d'un modèle théorique de la nouvelle ne se pose pas pour la critique du pays. Cela, malgré le fait que nombre de critiques connaissent la nouvelle étrangère (française) contemporaine. On invoque Daudet et Maupassant, par exemple. On peut croire que ces auteurs de récits brefs et d'autres, souvent cités à la suite de noms comme Pourrat, Pérochon, et Mistral, sont connus pour leur facture régionaliste plutôt que pour leurs leçons d'esthétique littéraire. La seule discussion théorique poussée provient de la plume de Robert Le Bidois, homme de lettres parisien qui contribue ses talents au *Canada français* à l'occasion de la publication des *Héroïques et les Tristes*, recueil d'Henry Gaillard de Champris, Français de naissance qui passa quarante-trois ans au Québec (la plupart à enseigner à

---

18. *Ibid.*
19. « Et Madeleine nous permettra bien de lui dire qu'elle aurait pu faire un choix plus rigoureux parmi les nouvelles et chroniques du *Premier Péché*; qu'elle a attaché à de certaines miettes trop d'importance, et que plus d'un fragment n'aurait pas dû sortir de la corbeille. Il y a certaines choses, certains articles qui sont bien à leur place, et qui nous intéressent dans ces feuilles quotidiennes que chaque soir emporte dans l'oubli: chroniques ou causeries très agréables qui amusent un moment les lectrices oisives ». Camille Roy, «Causerie littéraire...», p. 60-61.
20. Camille Roy, *loc. cit.*, p. 61.
21. « L'œuvre, évidemment, ne saurait être de longue haleine et de composition savante. Cent cinquante petites pages la renferment et onze contes *de par chez nous* en font tout l'intérêt. Si l'âme des vieux et des choses s'y révèle, c'est surtout de dehors et en passant. Aussi la forme semble-t-elle avoir accaparé les préférences de l'auteur. Pour concrétiser une pensée, disons le livre: un délicieux petit quoi! » (Arthur Deschênes, *loc. cit.*, p. 3.)

l'Université Laval de Montréal), avant de finir ses jours dans la Ville des Lumières. Ajoutons que les nouvelles de Gaillard de Champris, dédicacées à Paul Bourget, mettent en scène la bourgeoisie parisienne de son époque et nous aurons souligné tout ce qu'il y a de canadien dans *Les Héroïques et les Tristes* et sa critique. D'étrangère qu'elle soit, l'apparition de l'œuvre de Gaillard de Champris et sa réception n'en sont pas moins importantes puisqu'elles intéressèrent un public lecteur canadien. Le recueil fut publié par *Le Soleil* et la critique de Le Bidois, par *Le Canada français* qui avait déjà ouvert ses pages à deux des six nouvelles de De Champris. Le Bidois préface ses commentaires onctueux de longues considérations théoriques qu'il emprunte aux études de Paul Bourget, en particulier aux deux articles que le romancier avait consacrés à Balzac et à Mérimée nouvellistes [22]. Le Bidois se croit obligé de reprendre les vues de Bourget que «[...] la nouvelle est un genre littéraire distinct qui a ses lois propres, ses nécessités et ses méthodes particulières [23]». Il ajoute que «[...] tandis que le roman démontre et conclut, la nouvelle ne peut que suggérer [24]». En renvoyant son lecteur toujours à Bourget, le critique affirme que l'épisode traité par la nouvelle doit être intensément significatif, les personnages curieux et caractéristiques, les situations uniques, nettement dessinées; la conclusion doit être, non pas exprimée, mais suggérée. Le Bidois parachève ses considérations théoriques, longues de trois pages, en exposant le cœur même de la nouvelle: «un sujet bien choisi, c'est-à-dire exceptionnel, voire invraisemblable ou terrible [25]». Et de conclure l'homme de lettres catholique: «On conçoit dès lors que la nouvelle convient de préférence aux esprits peu imaginatifs, plus méthodiques que fantaisistes, plus intellectuels que sensitifs, et qu'un Voltaire, un Mérimée ou un Anatole France y excelle [26].»

La digression théorique de Le Bidois est révélatrice. Elle revêt toute son importance lorsqu'on se rappelle qu'elle est la seule discussion détaillée et structurée de la nouvelle telle qu'on la concevait au début du siècle, qui fut offerte au cercle lettré canadien. Les auteurs de nouvelles tinrent-ils compte de cette discussion académique? Se prévalèrent-ils des textes de Bourget ou d'autres qui contribuaient à une définition du genre? Des témoins sont catégoriques. Albert Pelletier, par exemple, trouve qu'un des écrivains les

---

22. Paul Bourget, «Mérimée nouvelliste», *Revue des deux mondes*, 15 septembre 1920, p. 257-271; repris dans *Nouvelles Pages de critique et de doctrine I: romans et romanciers*, Paris, Plon, 1922, p. 3-25.
23. Robert Le Bidois, «*Les Héroïques et les Tristes*», *Le Canada français*, vol. XI, n° 9, mai 1924, p. 673.
24. *Ibid.*, p. 675.
25. «L'épisode doit être intensivement significatif», p. 674; «Nous possédons maintenant les principaux éléments constitutifs de la nouvelle, que l'on peut résumer ainsi: un sujet bien choisi, c'est-à-dire exceptionnel, voire invraisemblable ou terrible; — des personnages curieux et caractéristiques; — des situations uniques, nettement dessinées, et des faits significatifs; — enfin une conclusion, non pas exprimée, mais suggérée.» (*ibid.*, p. 674-675).
26. *Ibid.*, p. 675.

mieux cotés, Léo-Paul Desrosiers, en est «[...] encore aux notions du dernier profane touchant le conte, la nouvelle, le roman [...][27]».

Malgré l'absence de notions esthétiques génériques qui guideraient l'auteur dans sa définition du genre de son texte et la critique dans son évaluation de la nouvelle, on retrouve des répétitions d'un critique à l'autre, renvois multiples à des coordonnées qui, on peut le deviner, composaient une définition de base de l'esthétique de la nouvelle. Ces dénominateurs se résument à peu de chose, à trois caractéristiques dominantes: la concision, le pouvoir évocateur de la description, le mode de conclusion.

La concision

Quelques critiques s'attardent sur la longueur nécessairement concise de la nouvelle. Harry Bernard, par exemple, trouve que les textes des *Âmes et Paysages* de Desrosiers, par la nature du genre, l'empêchent de déployer ses facultés d'analyse et d'observation: «La nouvelle, cependant, est un champ restreint où il n'a pu déployer à son aise ses facultés d'analyse et d'observation. C'est dans un récit plus long, un roman, [...] qu'il pourra donner la mesure de son talent[28].» Olivier Maurault invoque la même idée, mais pour arriver à la conclusion opposée: «Les plus courtes [nouvelles] nous ont paru les plus accomplies; les longues, pleines de pensée et très riches de style, nous ont semblé en quelque sorte déborder leur cadre[29].» Les critiques du deuxième recueil de Desrosiers, *Le Livre des mystères*, continuent d'invoquer la concision comme caractéristique essentielle de la nouvelle. Pierre Daviault trouve que Desrosiers a réussi son deuxième essai dans le genre: «Il a compris que le conte exige une technique différente [du roman]. Si le roman est fait de longs développements, la nouvelle doit se composer d'une crise, c'est-à-dire d'un dénouement amené avec habileté, mais rapidement[30].» Pour certains commentateurs, l'idée de concision n'implique pas nécessairement des critères, comme la ramification de l'intrigue ou l'approfondissement des personnages, qui opposent la nouvelle au roman. Dans sa critique des *Dépaysés* de Joseph Raîche, l'abbé Félix Charbonnier censure l'auteur pour lui avoir livré des «romans en miniature»; il aurait préféré de vraies nouvelles:

> Les contes et les nouvelles en quelques pages, voilà un genre que nous proposons aux écrivains qui aiment le beau concentré, ramassé dans un

27. Albert Pelletier, «La revue des livres. Léo-Paul Desrosiers: *Le Livre des mystères...*», *Les Idées*, vol. IV, n° 1, juillet 1936, p. 64.
28. Harry Bernard, «Les livres. *Âmes et Paysages* par Léo-Paul Desrosiers», *L'Action française*, vol. IX, n° 7, avril 1923, p. 114-117.
29. P.-L. M. [Olivier Maurault], «*Âmes et Paysages* par Léo-Paul Desrosiers [...]», *Revue trimestrielle canadienne*, n° 8, décembre 1922, p. 493.
30. Pierre Daviault, «Vient de paraître. *Le Livre des mystères* par Léo-Paul Desrosiers», *Le Droit*, vol. XXII, n° 120, 23 mai 1936, p. 11.

espace restreint; cela permet de soigner d'avantage son sujet et de donner des morceaux exquis [31].

On trouve dans cette observation sur « le beau concentré » une notion floue que la critique emprunte à maintes reprises pour établir une hiérarchie du beau qui confère à la poésie une nette supériorité sur la prose, la prose romanesque en particulier.

Louis Dupire, par exemple, identifie provisoirement *Les Rapaillages* comme des contes, un genre qu'il identifie comme un « récit bref et familier » qui « exige plus de vigueur, de ramassé, d'aptitude chez l'auteur à choisir l'essentiel que tous les autres genres de la littérature [32] ». Cependant, le critique s'interroge: « Mais à regarder de près, sont-ce bien des contes que *Les Rapaillages* ? » Il conclut que non: on retrouve trop d'« homogénéité, d'ordre, de liens tangibles [33] » pour que ce soit des contes. Dupire ne répond jamais à la question qu'il soulève indirectement: si *Les Rapaillages* ne sont pas des contes, que sont-ils ? De la poésie, sans doute: « Or il nous semble qu'il existe une unité parfaite, un lien tangible entre ces divers récits qui sont autant de chants du poème de la vie agreste, comme autant de tableaux des labeurs et des joies du laboureur et de sa famille [34]. » Cette assignation suggère l'importance de l'art de la description comme critère dans le discours de la réception critique.

Le rôle de la description

La description joue un rôle primordial dans l'évaluation de l'œuvre. On a souvent recours au vocabulaire de la critique de la peinture, de l'art du paysagiste en particulier, pour prononcer un jugement d'ensemble. De tels critères se retrouvent surtout dans la critique des nouvellistes du terroir, de l'abbé Groulx, de Damase Potvin, de Clément Marchand et du frère Marie-Victorin en particulier. On parle de tableaux, d'esquisses, de croquis, de dessins. L'article de l'abbé Émile Bégin sur les *Courriers des villages* est, à ce propos, caractéristique de la démarche et des critères esthétiques retenus:

> C'est [...] une tranche puissante de vie villageoise présentée sous forme de récits, de contes savamment organisés avec un art patient, un souci minutieux du détail et de la couleur. La description se mêle au récit ou lui

---

31. Félix Charbonnier, « Critique littéraire. *Les Dépaysés*, contes et nouvelles, par Joseph Raîche », La Presse, vol. XLV, n° 174, 11 mai, 1929, p. 37.
32. Louis Dupire, « Journaux, livres et revues. *Les Rapaillages* », *L'Action française*, vol. III, n° 6, juin 1919, p. 275.
33. « Mais, à regarder de près, sont-ce bien des contes que *Les Rapaillages* ? Ce titre charmant, qui a pour des citadins la saveur d'une fraise des champs, indique quelque chose qui manque d'homogénéité et d'ordre, quelque chose de ramassé un peu au hasard. » (*ibid.*, p. 275).
34. *Ibid.*, p. 275.

prépare un décor, sans nuire aux proportions harmonieuses de l'ensemble [35].

On isole ainsi une alternance majeure entre la description et les modes de présentation, ce que la critique du temps appelle le récit (la relation, la représentation).

Cependant, les rares initiés aux contraintes de la nouvelle s'attendent à ce que la description joue un rôle subalterne dans l'acte d'énonciation. La description doit être subordonnée à l'intrigue qui elle-même sera très concentrée. En invoquant ce principe pour classer « Dans la brume », texte du recueil *Sur la grande route* de Damase Potvin, Maurice Hébert parle de « peinture plutôt qu'un conte ou une nouvelle ». Dans sa critique des *Rapaillages* de Groulx, Jean-Charles Harvey ira même jusqu'à voir la prépondérance de la description comme preuve éclatante que les textes n'appartiennent pas à la nouvelle : « Ce sont des morceaux détachés, purement descriptifs, genre billet de journal, où l'imagination ne joue qu'un rôle de bas étage [36]. »

L'état final du texte

Nous ne possédons que deux témoignages au sujet de l'état final du texte comme élément de définition de la nouvelle. Ces deux critiques sont des commentaires du *Livre des mystères* de Léo-Paul Desrosiers. Pierre Daviault y trouve « une étude psychologique assez développée, mais une conclusion qui est laissée au lecteur. Une intrigue en suspens [37] ». On peut deviner dans ce jugement un référentiel qui dépend de l'esthétique du roman. Par contre, Camille Bertrand interprète la concision dans le sens de l'inachèvement, une caractéristique qui sépare la nouvelle du roman. Le critique du *Devoir* note qu'« aucune de ces histoires n'est menée à une conclusion ». Pour cette raison, il croit que l'auteur « a été bien inspiré de donner à ces études d'âme la forme de nouvelles, plutôt que de les fondre en un roman suivi [38] ».

Conclusion

Le témoignage de l'auteur et de la critique nous montre que la nouvelle agit dans des cadres de lecture vagues. On ne trouve pas de normes

---

35. Émile Bégin, « Coup d'œil sur nos livres canadiens. *Courriers des villages* [...] », *L'Enseignement secondaire*, vol. XX, nº 8, mai 1941, p. 654.
36. Jean-Charles Harvey, « Chronique littéraire. *Les Rapaillages*. Essai de terroir canadien-français, par M. l'abbé Lionel Groulx », *Le Cri de Québec*, 28 août 1925, p. 4.
37. Pierre Daviault, « Vient de paraître. *Le Livre des mystères* par Léo-Paul Desrosiers », *Le Droit*, vol. XXII, nº 120, 23 mai 1936, p. 3.
38. Camille Bertrand, « Les livres et leurs auteurs. Souvenirs d'un journaliste. *Le Livre des mystères*. Une mise au point », *Le Devoir*, vol. XXVII, nº 119, 23 mai 1936, p. 8.

fondamentales qui délimitent les contenus du genre ou leur traitement. La question d'un modèle théorique de large acception, la nouvelle comme forme d'organisation d'un genre de discours, ne se pose jamais. La nouvelle est tributaire de normes qui sont tacitement reconnues, mais il n'existe aucun texte qui offre à l'auteur ou au critique une définition générique et universelle du genre. Compte tenu de l'évolution du genre avant 1940, on peut dire que la nouvelle ne s'affranchit pas d'autres termes génériques comme contes et légendes.

Bibliographie

Les nouvelles et les recueils de nouvelles apparaissent en caractères gras. On trouvera les commentaires critiques d'un ouvrage donné immédiatement à la suite du titre.

ACHARD, Eugène, *Aux bords du Richelieu : nouvelles*, Montréal, Beauchemin, 1925, 126 p.

————, *La Fin d'un traître. Épisode de la révolte de 1837*, Montréal, Bibliothèque de l'Action française, 1926, 60 p.

————, *L'Érable enchanté*, récits et légendes, Montréal, Albert Lévesque et Librairie d'action canadienne-française, 1932, 171 p.

————, *Les Contes du Richelieu*, Montréal, Librairie générale canadienne, Québec, Librairie de l'Action catholique, [1940], 127 p.

BERNARD, Harry, *La Dame blanche*, Montréal, Bibliothèque de l'Action française, 1927, 222 p.

> Le Critique, « La Dame blanche par Harry Bernard », Le Courrier de St-Hyacinthe, vol. LXXV, n° 33, 14 octobre 1927, p. 1.

> BÉLANGER, Ferdinand, « Chronique littéraire. La Dame blanche et Sur la grand'route. M. Harry Bernard et M. Damase Potvin », L'Apôtre, janvier 1928, p. 203-204.

> HÉBERT, Maurice, « Quelques livres de chez nous. Aux feux de la rampe. La Dame blanche », Le Canada français, vol. XV, n° 6, février 1928, p. 410-422.

> ZOILE, « L'actualité. La Dame blanche », Le Devoir, vol. XVIII, n° 260, 8 novembre 1927, p. 1.

BOURGET, Joseph-Guillaume, *Passetemps sur les chars*, récits et nouvelles, Trois-Rivières, Éditions de La Concorde, 1880, 137 p.

BOUTET, Madame Antoine, *À travers mes souvenirs*, Montréal, Thérien, 1929. 158 p.

————, *La Canne d'ivoire*, Hull, Le Progrès de Hull, 1933, 156 p.

COUET, Yvonne, *De ci, de ça...*, Lévis, [s.é.], 1928, 80 p.

DESROSIERS, Léo-Paul, *Âmes et Paysages*, Montréal, Édition du Devoir, 1922, 183 p.

> BERNARD, Harry, « Les livres. Âmes et Paysages par Léo-Paul Desrosiers », L'Action française, vol. IX, n° 7, avril 1923, p. 114-117.

P.-L. M [Olivier Maurault], « *Âmes et Paysages* par Léo-Paul Desrosiers », *Revue trimestrielle canadienne*, n° 8, décembre 1922, p. 493-494.

————, ***Le Livre des mystères***, Montréal, Éditions du Devoir, 1936, 175 p.

Bertrand, Camille, « Les livres et leurs auteurs. *Souvenirs d'un journaliste. Le Livre des mystères. Une mise au point* », *Le Devoir*, vol. XXVII, n° 119, 23 mai 1936, p. 8.

Daviault, Pierre, « Vient de paraître. *Le livre des mystères* par Léo-Paul Desrosiers », *Le Droit*, vol. XXII, n° 120, 23 mai 1936, p. 3.

Pelletier, Albert, « La revue des livres. Léo-Paul Desrosiers : *Le Livre des mystères* », *Les Idées*, vol. IV, n° 1, juillet 1936, p. 63-64.

Gagnon, Charles-Alphonse-Nathaniel, ***Nouvelles et Récits***, Québec, Atelier typographique de C. Darveau, 1885, 226 p.

Gaillard de Champris, Henry, ***Les Héroïques et les Tristes***, Québec, Éditions du Soleil, 1924, 251 p.

Le Bidois, Robert, « *Les Héroïques et les Tristes* », *Le Canada français*, vol. XI, n° 4, mai 1924, p. 671-690.

Potvin, Damase, « *Les Héroïques et les Tristes*. Nouvelles par H. Gaillard de Champris », *Le Terroir*, vol. IV, n° 12, avril 1924, p. 510.

Grégoire-Coupal, Marie-Antoinette, ***Le Sanglot sous les rires***, Montréal, Albert Lévesque, 1932, 175 p.

Pelletier, Albert, « La vie littéraire. *Le Sanglot sous les rires* d'Antoinette G. Coupal », *Le Canada*, vol. XXX, n° 143, 21 septembre 1932, p. 2.

Groulx, Lionel, ***Les Rapaillages : vieilles choses, vieilles gens***, Montréal, Éditions du Devoir, 1916, 159 p.

Anon, « *Les Rapaillages* (36e mille) par l'abbé Lionel Groulx », *Le Devoir*, vol. XXVII, n° 11, 16 janvier 1936, p. 6.

————, « Vient de paraître. *Les Rapaillages* par l'abbé Lionel Groulx », *Le Courrier de Saint-Hyacinthe*, vol. LXXXIII, n° 48, 24 janvier 1936, p. 6.

Deschênes, Arthur, « Dans *Les Rapaillages* de Lionel Groulx », *Le Devoir*, vol. VII, n° 224, 23 septembre 1916, p. 3.

Dupire, Louis, « Journaux, livres et revues. *Les Rapaillages* », *L'Action française*, vol. III, n° 6, juin 1919, p. 274-275.

Harvey, Jean-Charles, « Chronique littéraire. *Les Rapaillages*. Essais de terroir canadien-français, par M. l'abbé Lionel Groulx », *Le Cri de Québec*, vol. I, n° 14, 28 août 1925, p. 4.

Rivard, Adjutor, « Les livres. L'abbé Lionel Groulx. *Les Rapaillages* », *Le Parler français*, décembre 1916, p. 169-170.

Villeneuve, Jean-Marie-Rodrigue, « *Les Rapaillages : vieilles choses, vieilles gens* par l'abbé Lionel Groulx », *La Nouvelle-France*, vol. XV, n° 11, nov. 1916, p. 489-499.

ZIDLER, Gustave, «Lettre ouverte à l'auteur des *Rapaillages*», *Le Devoir*, vol. VIII, n° 28, 3 février 1917, p. 4.

HAINS, Édouard, ***Amour! quand tu nous tiens...***, contes et récits, Granby, [s.é.], 1932, 180 p.

VIGEANT, Pierre, «*Amour! quand tu nous tiens...*», *Le Devoir*, vol. XXIV, n° 34, 11 février 1933, p. 2.

HARVEY, Jean-Charles, ***L'Homme qui va***, Québec, Éditions du Soleil, 1929, 213 p.

BERNARD, Harry, «Le courrier littéraire. *L'Homme qui va* [...]», *Le Courrier de St-Hyacinthe*, vol. LXXVII, n° 11, 10 mai 1929, p. 1.

DANTIN, Louis [pseud. d'Eugène Seers], «*L'Homme qui va* par Jean-Charles Harvey. Étude critique», *Le Soleil*, vol. XXXVIII, n° 96, 20 avril 1929, p. 24.

HÉBERT, Maurice, «Les Prix David 1929. *L'Homme qui va* [...]», *Le Canada français*, vol. XXVII, n° 5, janvier 1930, p. 328-335.

PELLETIER, Albert, «*L'Homme qui va* [...]», *La Revue moderne*, vol. X, n° 7, mai 1929, p. 8.

ROY, Camille, «Bibliographie canadienne. *L'Homme qui va* [...]», *L'Enseignement secondaire au Canada*, vol. VIII, n° 8, mai 1929, p. 602-605.

————, ***Sébastien Pierre***, Lévis, Les Éditions du Quotidien, 1935, 226 p.

BERTRAND, Camille, «Les livres et leurs auteurs», *Le Devoir*, vol. XXVI, n° 98, 27 avril 1935, p. 19.

BRUCHÉSI, Jean, «En feuilletant les livres. *Sébastien Pierre* [...]», *La Revue moderne,* vol. XVI, n° 12, octobre 1935, p. 10.

Charbonnier, Félix, «Bibliographie canadienne. *Sébastien Pierre*. Nouvelles par Jean-Charles Harvey», *Le Terroir*, vol. XVI, n° 12, mai 1935, p. 14.

DUPUY, Pierre, «Sur deux romans de Jean-Charles Harvey», *Le Canada*, vol. XXXIII, n° 271, 24 février 1936, p. 2.

MARCHAND, Clément, «*Sébastien Pierre* de J.-C. Harvey», *Le Bien public*, vol. XXVII, n° 52, 24 décembre 1935, p. 12.

HÉLÈNE [pseud. d'Hélène Beauséjour, née Brouillette], ***Au fil des heures bleues***, Grand'mère, [s.é.], 1935, 153 p.

HUGOLIN, Père [Stanislas Lemay], ***Au fond du verre. Histoires d'ivrognes***, Montréal, Maison du Tiers-Ordre, 1908, 39 p.

————, ***N'en buvons plus! Histoires de tempérance***, Montréal, Beauchemin, 1909, 61 p.

LAMONTAGNE-BEAUREGARD, Blanche, ***Au fond des bois***, récits en prose, Montréal, Éditiond du Devoir, 1931, 166 p.

MADELEINE [pseud. de Anne-Marie Huguenin, née Gleason], ***Premier Péché***, «accompagné d'une chronique et d'une pièce de théâtre en I acte», Montréal, Imprimerie de la Patrie, 1902, 162 p.

LOZEAU, Albert, «*Premier Péché* par Madeleine», *La Patrie*, vol. XXIV, n° 269, 10 janvier 1903, p. 20.

ROY, Camille, «Causerie littéraire. Madeleine», *La Nouvelle France*, vol. IV, n° 2, février 1905, p. 58-75.

VALDOMBRE [pseud. de Claude-Henri Grignon], «Faits et gestes: le Bas bleu sous l'orage», *Les Pamphlets de Valdombre*, 4e série, nos 6-7, novembre-décembre 1940, p. 203-225.

————, *Le Long du chemin*, Montréal, Imprimerie de La Patrie, 1913.

FERLAND, Albert, «Bibliographie. *Le Long du chemin* par Madeleine», *La Bonne Parole*, vol. II, n° 10, décembre 1914, p. 13-14.

MAGALI [pseud.], «*Le Long du chemin*», *La Patrie*, vol. XXXIV, n° 270, 11 janvier 1913, p. 26.

ROY, Camille, «Courrier littéraire. Littérature féminine. *Le Long du chemin* de Madeleine», *L'Action sociale*, vol. V, n° 1513 [*sic*], 13 décembre 1912, p. 6.

SAINT-PIERRE, Arthur, «*Le Long du chemin* par Madeleine», *Le Semeur*, vol. IX, n° 6, janvier 1913, p. 136-138.

MARIE-VICTORIN, frère [Conrad Kirouac], *Récits laurentiens*, Montréal, Éditions des Frères des écoles chrétiennes, 1919, 207 p.

M.-H. B., «*Les Récits laurentiens*», *L'Action française*, vol. II, n° 6, mai 1919, p. 229-231.

D. P. [DAMASE POTVIN], «Bibliographie. Récits laurentiens par Fr. Marie-Victorin [...]», Le Terroir, vol. I, n° 9, mai 1919, p. 47-48.

R. H., «Les livres. Frère Marie-Victorin des é.c. *Récits laurentiens*», *Le Canada français*, vol. III, n° 5, janvier 1920, p. 384-385.

TILLEMONT, Jean, «*Récits laurentiens*», *Le Nationaliste*, vol. XVI, n° 11, 27 avril 1919, p. 2.

MARCHAND, Clément, *Courriers des villages* dans *Les Œuvres d'aujourd'hui. Recueil littéraire trimestriel*, n° 1, Montréal, Éditions de l'Action canadienne-française, 1937, 214 p.

BÉGIN, Émile, «Coup d'œil sur nos livres canadiens. *Courriers des villages* [...]», *L'Enseignement secondaire*, vol. XX, n° 8, mai 1941, p. 652-655.

DESSUREAUX, Lionel, «Littérature et beaux-arts. Fils de la terre», *Le Droit*, vol. XXIX, no 248, 25 octobre, p. 17.

DUHAMEL, Roger, «Courrier des lettres. *Courriers des villages* par Clément Marchand», Le Canada, vol. XXXVIII, n° 212, 16 décembre 1940, p. 2.

HERTEL, François [pseud. de Rodolphe Dubé], «Les livres et leurs auteurs. À propos de *Courriers des villages* de Clément Marchand», *Le Bien public*, vol. XXIX, n° 51, 23 décembre 1937, p. 11.

SYLVESTRE, Guy, «Littérature, Beaux-arts. *Courriers des villages*», *Le Droit*, vol. XXVII, n° 302, 28 décembre 1940, p. 10.

VALDOMBRE [pseud. de Claude-Henri Grignon], «La littérature canadienne. Clément Marchand, peintre de la campagne», *Les Pamphlets de Valdombre*, 4e série, nos 6-7, novembre-décembre 1940, p. 226-237.

Martigny, Paul de, *Mémoires d'un reporter*, Montréal, Éditions L'Imprimerie modèle, 1925, 188 p.

> A. L. [Albert Laberge], « *Mémoires d'un reporter* », *La Presse*, vol. XLII, n° 30, 18 novembre 1925, p. 26.

MASSÉ, Oscar, *Massé... Doine*, Montréal, Beauchemin, 1930, 124 p.

MONTREUIL, Gaëtane de [pseud. de Georgina Bélanger], *Cœur de rose et fleur de sang*, Québec, [s.é.], 1924, 194 p.

MORISSETTE, Joseph-Ferdinand, *Au coin du feu*, nouvelles, récits et légendes, Montréal, Imprimerie Piché, 1883, 113 p.

————, *Le Fratricide*, roman canadien suivi d'*Albertine et Frédéric*, nouvelle; *Douleurs et larmes*, récit; *Un revenant*, légende, Montréal, Eusèbe Senécal, 1884, 189 p.

POTVIN, Damase, *Sur la grand'route*, nouvelles, contes et croquis, Québec, [Ernest Tremblay], 1927, 215 p.

> BÉLANGER, Ferdinand, « Chronique littéraire. *La Dame blanche* et *Sur la grand'route*. M. Harry Bernard et M. Damase Potvin », *L'Apôtre*, janvier 1928, p. 204.

> HÉBERT, Maurice, « Quelques livres de chez nous. *La Baie. Sur la grande route* », *Le Canada français*, vol. XV, n° 4, décembre 1927, p. 278-286.

PROVOST, Joseph, *La Maison du coteau*, nouvelle canadienne, Montréal, L.-E. Rivard, 1881, 96 p.

RAÎCHE, Joseph-Fidèle, *Au creux des sillons*, contes et nouvelles, Montréal, Édouard Garand, [1926], 58 p.

————, *Les Dépaysés*, contes et nouvelles, Montréal, Édouard Garand, 1929, 94 p.

> CHARBONNIER, Félix, « Critique littéraire. *Les Dépaysés: contes et nouvelles* par Joseph Raîche », *La Presse*, vol. XLV, n° 174, 11 mai 1929, p. 37.

SAINT-PIERRE, Arthur, *Des nouvelles*, Montréal, Éditions de la Bibliothèque canadienne, 1928, 195 p.

> BÉRAUD, Jean [pseud. de Jacques Laroche], « Les lettres et les arts », *La Presse*, vol. XLV, n° 68, 5 janvier 1929, p. 33.

TREMBLAY, Jules, *Trouées dans les novales*, Ottawa, Beauregard, 1921, 259 p.

> ROY, Camille, « Notes de littérature canadienne. Auteurs et livres », *Le Canada français*, vol. VIII, n° 5, juin 1922, p. 338-339.

TURCOT, Marie-Rose, *L'Homme du jour*, Montréal, Beauchemin, 1920, 206 p.

> MATAGAN, Alcide [pseud. attribué à Ubald Paquin], « Croquis laurentiens », *Le Nationaliste*, vol. XVII, n° 18, 20 juin 1920, p. 2.

> PROULX, Antonin, « Les livres nouveaux. *L'Homme du jour* », *Le Nationaliste*, vol. XVII, n° 24, 25 juillet 1920, p. 2.

Eugène L'Écuyer

Maurice Lemire,
Université Laval

Né en 1822 et décédé en 1892, Eugène L'Écuyer publie dans les journaux des nouvelles et des romans-feuilletons de 1844 jusqu'en 1888. Au contraire de la majorité des écrivains de la période, il reste productif pendant près d'un demi-siècle. En plus d'être un témoin privilégié de la vie littéraire, il présente ainsi un corpus suffisamment garni pour qu'on puisse y étudier l'évolution d'une technique narrative.

Notaire de son état, L'Écuyer demande à sa profession de lui fournir son inspiration. Dans ses nouvelles, l'action démarre à propos de contrats de mariage, de testaments et de questions d'héritages... Bref, c'est d'abord à partir de son étude de notaire qu'il jette un regard sur le monde. Le « mythos » auquel il recourt le plus souvent pour mettre au point une intrigue à partir de ses préoccupations professionnelles correspond en tout point à ce que Northrop Frye appelle le « Mythos du printemps » : deux générations s'affrontent sur la question du mariage ; l'ancienne recherche les avantages de la fortune, la nouvelle, ceux du cœur [1]. Cette dernière, qui l'emporte généralement, exprime le renouvellement de la nature par la victoire de la jeunesse sur le temps.

Ce mythos que l'on retrouve depuis la haute Antiquité dans les comédies de Ménandre, d'Aristophane et de Plaute, sert également de canevas au Moyen Âge à la *commedia dell'arte*. Depuis ce dernier avatar, les types se sont figés à un tel point que les acteurs improvisent à partir des rôles fixés par la tradition : le *senex iratus*, un père gâteux s'irrite contre un fils léger qui ne songe qu'à l'amour ; l'*eiron*, jeune premier dont les projets contrarient ceux du père ; le *servus dolosus* qui invente des stratagèmes pour servir les intérêts de son jeune maître ; l'*alazon*, l'imposteur qui tente de réussir par de fausses représentations. Deux projets opposés entrent donc en concurrence grâce à des adjuvants qui rivalisent d'astuce ; les stratagèmes déclenchent l'action et l'*anagnorisis* ou reconnaissance la dénoue en mettant fin aux déguisements, aux faux-semblants, aux impostures.

Introduite à Paris sous Marie de Médicis, la *commedia dell'arte* inspire la comédie française de Molière à Beaumarchais. C'est de *L'École des femmes* et surtout du *Barbier de Séville* que L'Écuyer tire vraisemblablement son

---

1. Northrop Frye, « Mythos du printemps », *Anatomie de la critique*, traduit de l'anglais par Guy Durand, Paris, Gallimard, 1969, p. 199-225.

inspiration. Cette dernière pièce en particulier lui sert de paradigme car, dans la plupart de ses nouvelles, il en reproduit l'ethos. Rappelons les rapports que les personnages entretiennent entre eux : le docteur Bartholo, le *senex iratus*, retient Rosine, sa pupille, en quasi captivité en attendant qu'elle atteigne l'âge de devenir sa femme. Le maître de musique, don Basile, sert d'adjuvant au vieillard amoureux. De son côté, Almaviva, l'*eiron*, s'éprend de la jeune captive et désire lui déclarer son amour. Figaro, le *servus dolosus*, se charge des stratagèmes pour favoriser les projets de son maître. Il gagne la confiance du vieillard en lui faisant croire qu'il hâte son mariage, mais, en réalité, il prépare celui de Rosine avec Almaviva.

C'est à partir de ce mythos traditionnel que L'Écuyer imagine la plupart de ses nouvelles. Le personnage du *senex iratus* domine à peu près partout : il s'agit généralement d'un homme âgé (quinquagénaire), célibataire, riche mais avaricieux. Il désire épouser une jeune fille ou encore capter son héritage. Il dispose d'un adjuvant en la personnne d'une gouvernante ou d'un serviteur. Mais l'*eiron* se pose en rival avec un avantage incontesté, car son amour pour la jeune fille est payé de retour. Il invente des stratagèmes pour forcer le vieillard à se désister.

C'est dans « La fille du brigand », son premier roman, que L'Écuyer met au point sa manière[2]. Maître Jacques qui assume le rôle de *senex iratus*, fait élever sa pupille Helmina dans une famille nourricière jusqu'à ce qu'il puisse l'épouser. Il camoufle ses intentions véritables en se faisant passer aux yeux de la jeune fille pour son père. Au cours d'un fort orage, l'imposteur et sa fille se réfugient à l'hôtel où Stéphane, un jeune homme de bonne famille, l'*eiron*, en devient follement amoureux à sa simple vue. Toutes ses démarches ultérieures consisteront à retrouver la bien-aimée et surtout à percer le secret de sa naissance. L'*anagnorisis* lui révèle que maître Jacques n'est que le tuteur et que Helmina est en réalité la fille d'un honorable citoyen parti en voyage, un grand ami de son père. Le mariage d'amour l'emporte donc.

Dans le cadre de ce mythos, L'Écuyer tente de raconter l'histoire de la bande de Chambers qui a terrorisé Québec au cours des années 1830. Les activités des bandits, faut-il le dire, se mêlent assez mal à l'histoire d'amour. Que le faux père mène une double vie, qu'il se fasse passer pour un honorable bourgeois et qu'en même temps il dirige une bande de brigands ajoute à l'horrible du personnage, mais ne concourt en rien à l'action. Certes L'Écuyer a voulu donner à son récit une allure terrifiante pour obéir à la mode, mais à partir du mauvais canevas. Lecteur de romans noirs, il évoque le décor terrifiant pour donner de l'atmosphère à son récit.

En 1845, L'Écuyer entame une variation sur le même thème, mais avec plus de sobriété. Dans « Esquisse de mœurs », il colle davantage au canevas

---

2. Eugène L'Écuyer, « La fille du brigand », *Le Ménestrel*, 29 août - 19 septembre 1844; *Le Répertoire national*, vol. III, 1848, p. 84-117.

traditionnel [3]. M. Michelor, le *senex iratus*, cherche à enfermer sa nièce Julia dans un monastère pour capter son héritage. Vildebon, l'amoureux de la jeune fille, s'efforce de le contrer. Pour ce faire, il recourt à un stratagème : il simule un accident en face de la demeure de M. Michelon et se fait ainsi héberger dans sa maison. Il commence par gagner la gouvernante à sa cause, mais ne sait trop comment circonvenir le *senex*. Pour surmonter la difficulté, L'Écuyer invente un *deus ex machina* un peu trop facile : des bandits assassinent Michelon et libèrent ainsi la voie à Vildebon.

Une comparaison avec *Le Barbier de Séville* nous montre comment L'Écuyer escamote son sujet. Le stratagème de Vildebon pour s'introduire chez Michelon ne requiert aucune finesse. Dans les mœurs de l'époque, aucun citoyen ne peut refuser de secourir un blessé. Rien de semblable au Figaro déguisé en soldat ivre qui doit déployer toute son habileté pour se faire accepter avec son billet de logement par le soupçonneux docteur Bartholo. Et maintenant, que dire de la scène du faux maître de musique ! Beaumarchais exploite autant qu'il peut les fausses situations au grand plaisir des spectateurs tandis que L'Écuyer suppose que Julia et Vildebon se sont déjà déclaré leur amour, sans que l'auteur ait besoin de s'expliquer davantage. Pourquoi éliminer Michelon par un assassinat plutôt que de tenter de le conquérir ou encore de le circonvenir ? Est-ce là un aveu d'impuissance ou un manque de métier ?

Dans sa nouvelle « Mon oncle Brioche », publiée en 1848, L'Écuyer montre plus de savoir faire [4]. L'oncle Brioche, comme il se doit, possède toutes les qualités du *senex iratus* : riche, célibataire, avaricieux et de surcroît fort laid. En tombant amoureux de Mlle Léondeau, une jeune voisine, il entre en concurrence avec son neveu qui convoite la même jeune fille. Il peut cependant compter comme adjuvant sur le père de celle-ci qui désire un riche mariage pour sa fille. Le neveu recourt aux services d'une nécromancienne, la mère Jeanne, pour détourner Brioche de son projet. Cette femme, dans le rôle de *servus dolosus*, devient à la fois la confidente et la conseillère de l'oncle et du neveu. Elle fait croire au premier qu'elle est entièrement dévouée à ses intérêts alors qu'elle ne cherche que ceux du dernier.

Pour amorcer l'action, L'Écuyer recourt à son procédé habituel : M. et Mlle Léondeau ont un accident de voiture juste en face de la maison de M. Brioche. Mère Jeanne, qui se trouve là par hasard, se charge de faire la déclaration d'amour au nom du trop timide prétendant. Après cette entrée en matière, elle annonce au neveu quel genre de stratagème elle songe ourdir : « Le meilleur moyen de détourner le bonhomme de la folie du

3. « Esquisse de mœurs », *La Revue canadienne*, vol. II, n°s 6-9, 11-31 octobre 1845, signé Piétro.
4. « Mon oncle Brioche : esquisse de mœurs », *Le Fantasque*, vol. VII, n°s 4-7, 8-29 juillet 1848.

mariage, c'est de lui imposer des sacrifices[5].» En effet, elle songe à faire jouer l'avarice contre la passion amoureuse. Elle oblige le barbon à toutes sortes d'extravagances sous prétexte de répondre au code du parfait amour. Le vieillard, ridiculisé par une série de déconvenues, finit par admettre son âge et laisse la place libre à son neveu. Cette fois-ci, le *servus dolosus* mène vraiment le jeu: le récit tire toute sa dynamique des stratagèmes mis au point par mère Jeanne qui se succèdent à vive allure et renouvellent l'intérêt du lecteur.

Dans « Historiette», L'Écuyer reprend le même mythos en faisant varier légèrement l'ethos, c'est-à-dire le rapport des personnages entre eux[6]. M. Peterleau, toujours doté des caractéristiques du *senex iratus* tombe amoureux d'une jeune orpheline recueillie par une pauvre lavandière. Un grand écart social entre l'amoureux et l'objet de ses désirs devrait lui faciliter la tâche. La mère adoptive, Mme Augé, et la tante, Mme Goddin, accueillent favorablement la demande de M. Peterleau. Mais la jeune fille convoitée a déjà engagé son cœur ailleurs. Malgré leur pauvreté commune, Lucie Auger et Luc Major entendent bien s'épouser. Pour amener la jeune fille à changer d'idée, Peterleau imagine de réunir un conseil de famille qui la forcera à éconduire son amoureux. Composé de la mère et de la tante, ce conseil se montre très favorable au vieillard, mais un *deus ex machina* vient chambarder tous les plans: survient à l'improviste un dénommé Paul Duchat qui rentre au pays après un séjour de dix-neuf ans à l'étranger. Il avoue être à la fois le neveu de Peterleau et le père de Lucie Auger. L'*anagnorisis* révèle l'identité véritable de la jeune orpheline: réhabilitée et de surcroît légataire universelle d'une grande fortune, elle n'en épouse pas moins le pauvre Luc Major. Cet *anagnorisis* vient effacer l'écart de fortune que le romancier avait instauré entre l'agent et sa victime pour la rendre plus vulnérable et confirme la supériorité du mariage d'amour sur le mariage d'intérêt.

Il serait injuste toutefois de prétendre que L'Écuyer ne tente jamais de renouveler sa manière. «Christophe Bardinet», qu'il sous-titre «roman», inverse la situation habituelle: au lieu d'un vieillard en quête d'une jeune fille à épouser, c'est une veuve qui cherche un mariage d'intérêt pour sa fille[7]. Mme veuve Médard se ruine en dépenses somptuaires pour attirer les partis avantageux qui leur permettraient à elle et à sa fille de continuer leur train de vie fastueux. Attiré par cet appât, un jeune imposteur, Jules de Lamire, paraît répondre en tout point aux attentes de la mère, car il est noble et fortuné. Mais la jeune Émilie lui préfère Louis Robert, un étudiant

---

5. *Ibid.*, 29 juillet 1848.
6. «Historiette», *Le Moniteur canadien*, édition ordinaire, vol. II, n°s 68-69, 27 et 30 avril 1850.
7. «Christophe Bardinet», *Le Moniteur canadien*, édition ordinaire, vol. I, n°s 61-98, 11 août - 8 novembre 1849.

en médecine. Mme Médard fait en vain des pressions pour vaincre la résistance de sa fille jusqu'à ce que survienne l'*anagnorisis* qui révèle l'identité de l'*alazon*: Jules de Lamire n'est autre que le fils de Christophe Bardinet, l'assassin de M. Médard. Sans le sou, lui aussi, il flairait la bonne affaire. Mais il entre dans le jeu du trompeur trompé.

Ce renouvellement d'inspiration en réalité n'en est pas un, car il se résume à mettre un personnage féminin dans le rôle du *senex iratus*. La fille, en préférant le mariage d'amour au mariage d'intérêt, assume le rôle de l'*eiron*. Malgré des changements de sexe, le mythos demeure le même. C'est une opération cosmétique tout au plus.

Quelques années plus tard, L'Écuyer reprend son «Christophe Bardinet» sous une forme simplifiée. «Revers de fortune ou Confidence d'une ancienne amie» présente Mme T. et sa fille Éloise, ruinées par leur vie mondaine, qui comptent sur un mariage pour se sortir d'embarras [8]. La fille rencontre un jeune étranger qui donne toutes les apparences de la richesse. Elle l'épouse rapidement, mais la mort de sa mère produit l'*anagnorisis*: à l'ouverture du testament, l'imposteur découvre la ruine de sa femme et l'abandonne. Cette fois-ci, le *senex iratus* et l'*eiron* tombent d'accord pour un mariage d'intérêt sans qu'intervienne de contre-projet. Mais les deux agents sont mutuellement victimes de leur stratagème et l'*eiron* devient *alazon*.

Dans le mythos du printemps tel qu'appliqué à la scène, l'intérêt du spectateur provient surtout du stratagème. Après une mise en situation qui expose bien les enjeux, le *servus dolosus* met le spectateur dans le coup en lui révélant sa stratégie et en le prenant pour témoin de ses efforts. Des coïncidences, des défaillances et autres hasards peuvent compromettre le succès, mais c'est dans les retournements de situation que réside l'intérêt. La transposition du mythos de la scène au récit modifie le pacte narratif. Le lecteur ne jouit pas du même privilège que le spectateur, car le nouvelliste garde ses combines plus secrètes, réservant toute la surprise pour l'*anagnorisis*. Mais c'est quand même dans le subterfuge qu'il concentre toute sa stratégie.

L'Écuyer reste remarquablement fidèle au canevas du mythos du printemps. Ses mises en situations sont d'une uniformité désolante. Le *senex iratus* est toujours célibataire ou veuf, comme si un ménage normal ne pouvait être sujet de nouvelle. La seule variante consiste à mettre en scène une femme dans le rôle du *senex*. Il est loin d'utiliser toutes les combinaisons que lui offrirait un simple calcul des probabilités. Mais il se montre encore plus faible dans la mise au point de ses subterfuges.

Comme je n'ai pas le temps de repasser chacune des nouvelles de L'Écuyer, je terminerai par l'examen d'une nouvelle publiée en 1882 pour

---

8. «Revers de fortune ou Confidence d'une ancienne amie», *La Ruche littéraire*, vol. I, juin 1853, p. 279-284.

voir si trente ans après « Revers de fortune… », il a renouvelé son inspiration et sa manière. « Florida », qui paraît dans *L'Album des familles*, présente encore un veuf qui vit seul avec sa fille et une gouvernante [9]. Un accident de charrette devant sa porte — un autre — l'oblige à héberger Claude Toigny dont sa fille devient amoureux. Jusqu'à présent, rien de bien neuf. Mais le père, qui approuve les amours des deux jouvenceaux, déroge au comportement habituel du *senex iratus*. Ce ne sont donc pas les protagonistes qui amorcent l'action. La gouvernante Antoinette, normalement une adjuvante, occupe le centre de la scène en éconduisant son amoureux parce qu'il n'a pas suffisamment d'argent pour l'épouser. Dépité, ce dernier décide de s'en procurer par le vol. Découvert par M. Mollard, il le fait chanter en se faisant passer pour Alfred Monticlair, le frère de sa défunte femme que la police recherche. M. Mollard ne peut le livrer à la justice par crainte d'être déshonoré. Mais bientôt terrassé par une maladie subite — autre *deus ex machina* — Valois déclare sur son lit de mort son imposture. L'honorabilité de la famille ainsi rétablie permet à la jeune fille d'épouser son prétendant.

On peut voir dans cette dernière nouvelle une tentative de renouvellement, mais combien infructueuse. Personne ne reprocherait au nouvelliste d'avoir voulu raconter les amours d'une servante, mais pourquoi le faire dans un cadre narratif qui induit le lecteur en erreur. L'importance accordée à M. Mollard et à sa fille est tout à fait disproportionnée par rapport au rôle accessoire qu'ils jouent. Longtemps le lecteur se demande comment l'intrigue secondaire de Toinette et de son amoureux se rattache à la principale. Mais il découvre à la longue qu'il n'y en a pas d'autre. Tout laisse croire à une incapacité totale chez L'Écuyer de s'affranchir du mythos qui sert de cadre à toutes ses narrations.

L'Écuyer, en adoptant un cadre aussi conventionnel que le mythos du printemps, se condamnait à des redites à moins de déployer le talent d'un Molière ou d'un Beaumarchais. Et pourtant, l'auteur de *L'Avare*, du *Malade imaginaire* et du *Bourgeois gentilhomme*, pour ne mentionner que ces pièces, ne s'est-il pas contenté d'exploiter un travers du *senex iratus* en fonction duquel il a ourdi tous ses subterfuges ? Ses procédés sont certes visibles, mais les situations comiques, les quiproquos réjouissants et les échanges pétillants d'esprit auxquels ils donnent lieu les font oublier. Au fond, chez Molière, le mythos n'est rien de plus qu'un cadre. S'il avait bien appris sa leçon, L'Écuyer aurait dû, lui aussi, concentrer tout son talent à ourdir de bons stratagèmes. Mais chez lui, rien ne vient faire oublier le procédé éculé qu'il reprend sans même se soucier de le camoufler.

Comme on peut en juger, les variations mineures qu'apporte L'Écuyer d'une nouvelle à l'autre ne suffisent pas à renouveler son propos. Pour un lecteur d'aujourd'hui, qui lit son corpus d'un trait, les répétitions appa-

---

9. « Florida : esquisse de mœurs », *L'Album des familles*, vol. VII, n°s 3-5, 1er mars - 1er mai 1882, p. 68-74, 98-104 et 131-138.

raissent flagrantes. Mais il en allait bien autrement des lecteurs de son temps. Publiant dans des journaux divers à des intervalles souvent très longs, L'Écuyer compte sur la faculté d'oubli de ses lecteurs. Comme peu de personnes sont à même de comparer ses nouvelles entre elles, il leur sert perpétuellement la même nouvelle en prenant le soin de changer le titre, le nom des personnages et des détails accessoires. C'est ainsi qu'il parvient à maintenir un rythme de production bien au-dessus de la moyenne. Il le peut parce qu'il travaille isolément en marge de tout milieu littéraire qui exercerait sur lui une saine critique.

La manière de L'Écuyer se caractérise donc par une focalisation permanente sur le même mythos qui souffre très peu de variations. Elle fait penser au renouveau dans l'architecture classique. Tous les éléments décoratifs sont prédéterminés par le code des différents ordres. La nouveauté se limite à des arrangements différents. Mais il serait vain de tenter d'excuser la pauvreté d'imagination de L'Écuyer par sa fidélité à l'idéal classique. D'autres explications viennent à l'esprit : même s'il écrit pendant toute sa vie, L'Écuyer reste un écrivain isolé. Comme notaire, il a du mal à se constituer une clientèle stable, ce qui l'oblige à se déplacer de paroisse en paroisse. Il vit donc dans un isolement qui le coupe des nouveaux courants de pensée qui l'auraient stimulé. Il semble avoir fait le plein de lecture pendant ses années de collège et de cléricature. Dans sa première publication, « La fille du brigand », l'intertextualité se manifeste à plusieurs endroits. Il a lu Eugène Sue et un certain nombre de romans gothiques qu'il imite avec quelque bonheur. Mais par la suite, il se contente d'exploiter ses anciens acquis. C'est dans sa formation classique qu'il puise le plus clair de son inspiration.

L'Écuyer aurait pu suppléer l'inspiration livresque par l'observation, comme le laissent espérer un certain nombre de sous-titres « esquisse de mœurs ». Le nouvelliste se présente en effet comme un observateur de la société. Dans son étude de notaire, il occupe un poste qui lui permet de voir ses semblables sous leur jour le plus mesquin. Quand des intérêts pécuniaires sont en jeu, rares sont ceux qui montrent de la grandeur d'âme. Mais pour devenir littérature, ces observations auraient dû être médiatisées par un mythos qui leur aurait donné une forme littéraire. Or, la pauvreté de sa culture ne lui permet pas d'exprimer ses observations sous des formes multiples. L'avarice, la libido, la vengeance qui se manifestent dans ces nouvelles apparaissent sous un caractère tellement général qu'elles semblent relever plus des lieux communs que d'une observation de la société canadienne du milieu du siècle dernier.

Bibliographie

FRYE, Northrop, *Anatomie de la critique*, traduit de l'anglais par Guy Durand, Paris, Gallimard, 1969, p. 199-225.

L'ÉCUYER, Eugène, « La Fille du brigand », « Le Ménestrel », 29 août-19 septembre 1844; *Le Répertoire national*, vol. III (sous la direction de James Huston), Montréal, Lovel & Gibson, 1848, p. 84-117.

————, « Esquisse de mœurs », *La Revue canadienne*, vol. II, n°s 6-9, 11-31 octobre 1845, signé Piétro.

————, « Mon oncle Brioche : esquisse de mœurs », *Le Fantasque*, vol. VII, n°s 4-7, 8-29 juillet 1848.

————, « Historiette », *Le Moniteur canadien*, édition ordinaire, vol. II, n°s 68 et 69, 27 et 30 avril 1850.

————, « Christophe Bardinet », *Le Moniteur canadien*, édition ordinaire, n°s 61-98, 11 août - 8 novembre 1849.

————, « Revers de fortune ou Confidence d'une ancienne amie », *La Ruche littéraire*, vol. I, juin 1853, p. 279-284.

————, « Florida : esquisse de mœurs », *L'Album des familles*, vol. VII, n°s 3-5, 1er mars - 1er mai 1882, p. 68-74, 98-104 et 131-138.

Les premières nouvelles d'Anne Hébert: tremplin ou faux départ?

Lori Saint-Martin,
Université du Québec à Montréal

C'est comme romancière, comme poète qu'on connaît aujourd'hui Anne Hébert. Elle a pourtant écrit, dès les années 1940, un bon nombre de nouvelles, dont quelques-unes ont été reprises dans *Le Torrent*. La nouvelle est donc, chez Anne Hébert, un genre fondateur.

Seront étudiées ici les nouvelles qu'elle a publiées dans la revue *Châtelaine* entre 1960 et 1966. Il s'agira, tout d'abord, de lire à la loupe des textes inconnus, même des spécialistes de l'œuvre, dans l'optique notamment des rapports thématiques et stylistiques entre les nouvelles et les autres genres que pratique l'auteure. Le cas d'Anne Hébert donnera lieu ensuite à une brève réflexion sur les contraintes du marché en matière de fiction. En dernier lieu, j'examinerai la place qu'occupe la nouvelle dans l'œuvre hébertienne.

Précisons d'entrée de jeu que c'est l'étude de Marie-José des Rivières sur *Châtelaine* qui m'a rappelé l'existence de ces nouvelles [1]. S'est posée alors la question de savoir de quoi elles nous entretenaient, si elles s'inscrivaient dans le droit fil de l'œuvre hébertienne, lui servant ainsi de tremplin, ou si elles étaient de simples erreurs de parcours, autant de faux départs. Jamais étudiés par la critique, à ma connaissance, ces textes offrent un nouveau terrain d'exploration et permettent d'approfondir à la fois notre connaissance de l'œuvre d'Anne Hébert et de l'histoire de la nouvelle au Québec.

Trois nouvelles

Comme il m'a semblé indispensable d'en savoir plus long sur les circonstances entourant la rédaction et la publication de ces nouvelles dans *Châtelaine*, j'ai écrit à Anne Hébert. Elle m'a informée que toutes trois ont été publiées aussitôt rédigées; elles avaient été présentées à la demande de Gertrude le Moyne, de la rédaction de la revue [2]. Se trouve donc confirmé le

---

1. Marie-José des Rivières, *Châtelaine et la littérature (1960-1975)*, Montréal, l'Hexagone, 1992. L'auteure étudie la revue dans son ensemble et trace, à l'aide de statistiques, un portrait-robot de la nouvelle dans *Châtelaine*, mais ne s'attache pas à l'analyse proprement ment textuelle.
2. Lettre d'Anne Hébert à Lori Saint-Martin, 7 septembre 1992.

rôle de *Châtelaine* comme moteur de la création de textes de fiction au Québec [3]. Nous verrons, cependant, que les trois nouvelles sont fort inégales.

La première, intitulée « Shannon », est parue dans le numéro inaugural de *Châtelaine*, en octobre 1960. Plutôt qu'une nouvelle à proprement parler, il s'agit du récit d'un séjour d'une semaine à la campagne. À lire le début du texte, on croirait vraiment avoir affaire à une jeune auteure qui cherche sa voix. En témoigne cette phrase tirée du premier paragraphe : « Les champs étaient couleur de paillasson usé, et les conifères ternis ressemblaient à de vieilles marinades [4]. » Entre le cliché et le saugrenu, on ne reconnaît nullement ici le style d'Anne Hébert. Seule une allusion à « de brusques odeurs de terre sauvage » nous semble familière.

À plusieurs reprises dans le texte, d'ailleurs, le ton ressemble à celui de quelque chronique de voyage de Gabrielle Roy :

> Peut-être était-ce les vacances de Pâques ? Je ne me souviens plus très bien. Une chose demeure certaine c'est que j'avais devant moi toute une semaine de congé, après je ne sais plus quelle « écriture » menée à point. Mrs Roberts, vieille amie de la famille, mettait sa maison de campagne à ma disposition, pour tout le temps de « votre convénience », disait-elle. (« Shannon », p. 35)

Toute l'arrivée à Shannon, village isolé auquel on accède par de mauvaises routes boueuses au printemps, rappelle encore l'arrivée de l'institutrice à la Petite Poule d'eau, chez Gabrielle Roy : « D'après les indications de Mrs Roberts, nous ne devions pas être éloignées d'ailleurs de cette maison inconnue dont nous avions à prendre possession dans la campagne déserte ». (« Shannon », p. 77)

La famille qui habite en face de la narratrice et de son amie, les Grogan, et qui occupera bientôt le centre du récit, est plus proprement hébertienne. Très tôt, apparaissent deux enfants (les Grogan en ont sept en tout) :

> Le petit garçon, de plus en plus surpris, cligna des yeux d'effarement, tandis que sa sœur faisait son entrée, un peu plus grande que lui, également fière, belle, et couleur d'ocre rouge, avec, en plus, un air décidé et des yeux perçants. (« Shannon », p. 78)

Ne croirait-on pas assister à la première apparition de Michel et Lia, dans *Les Chambres de bois* [5] ? Mary, leur mère, jeune femme à la « chevelure rousse, abondante et crêpelée » (« Shannon », p. 68) qui flambe dans la nuit, annonce la splendeur fauve de bon nombre de protagonistes hébertiennes. Son mari, Pat Grogan, voyou ivrogne mais charmeur, est peut-être le prototype d'Antoine Tassy, de *Kamouraska*, tandis que la mère de Mary, vieille

---

3. Voir à ce propos Marie-José des Rivières, *op. cit.*
4. Anne Hébert, « Shannon », *Châtelaine*, vol. I, n° 1, octobre 1960, p. 35.
5. *Id.*, *Les Chambres de bois*, préface de Samuel de Sacy, Paris, Seuil, 1958.

femme méprisante et hautaine qui a partie liée avec « la naissance, la mort et toutes les cérémonies qui s'ensuivent » (« Shannon », p. 79), évoque déjà madame Tassy mère et le cortège des tantes d'Élisabeth[6]. Se trouve esquissé également le thème de la passion meurtrière. Mary clame bien haut la haine que lui inspire son mari, et son intention de le quitter, elle, l'épouse martyrisée, comme Élisabeth, qui défile devant les villageois muets de pitié. Mais la passion physique la ramène fatalement à son mari et lui fait oublier tout le reste, y compris ses enfants quelque peu négligés, ainsi que le seront Joseph et Julie, dans *Les Enfants du sabbat*[7], lors des longs séjours au lit de leurs parents.

Chronique de voyage, récit de la passion, la nouvelle peut aussi se lire, après coup, comme une allégorie de la fiction. Pat Grogan est, selon les termes mêmes du texte, un véritable Irlandais, charmeur, velléitaire et profondément menteur. Pendant toute la durée de leur séjour à Shannon — une semaine —, la narratrice et son amie se promettent de faire des promenades à cheval. Elles attendent donc que Pat Grogan fasse ferrer l'animal avant de le leur louer. Or, il n'en fait rien. Chaque jour qui passe voit naître des excuses, c'est-à-dire des récits. Et on insiste longuement sur le sortilège qui s'opère :

> Avant même que Pat Grogan eût ouvert la bouche, il était déjà évident que le mensonge et le rêve se mettaient en route, à grandes enjambées, quelque part dans le vaste monde, là où l'Irlandais avait libre accès. (« Shannon », p. 82)

Afin d'expliquer son inaction, Pat Grogan raconte le décès du vieux Gordon O'Leary, le deuil de ses quatre filles qui versent des « larmes grosses comme des perles » (« Shannon », p. 82), la veillée du corps en compagnie de la famille éplorée. Toutes choses qui, bien entendu, n'ont jamais eu lieu. Ce qui importe, c'est la transformation éblouissante grâce à laquelle le réel devient fiction : « déjà la réalité était dénaturée dans son intention et nous attendions la suite ainsi qu'un grand dépaysement » (« Shannon », p. 82). Même cette nouvelle quelque peu ratée, donc, renferme une réflexion sur l'acte d'écrire et sur l'infini pouvoir du verbe.

Malgré tout, « Shannon » demeure une nouvelle maladroitement menée, sorte de croquis au déroulement lent et prévisible, à l'écriture parfois forte, parfois déficiente, mais dont les thèmes et certaines figures entretiennent, avec l'ensemble de l'œuvre, une étroite parenté.

Il en va de même pour « Un dimanche à la campagne », paru en 1966. Cette nouvelle est pourtant nettement plus maîtrisée que « Shannon », mieux menée et mieux structurée; son style se rapproche davantage de celui des romans d'Anne Hébert. Abondent les phrases nominales, par

---

6. *Id.*, *Kamouraska*, roman, Paris, Seuil, 1970.
7. *Id.*, *Les Enfants du sabbat*, roman, Paris, Seuil, 1975.

exemple, alignées parfois jusqu'à l'abus : «Dès sept heures, tout le monde était debout. Silencieusement. Sans rires ni disputes. Les enfants sont médusés. Le jus d'orange. Le café. Les toasts. Le miel. La confiture. Les chaises de bois colorié qu'on bouge sans bruit[8].»

Les grands motifs hébertiens sont présents : le lac qui se berce «avec un clapotis de songe», le soleil «étale comme s'il marquait l'heure la plus haute du monde», le destin «qui s'avance dans la campagne» («Un dimanche…», p. 8), et même ce grand motif qui traverse toute l'œuvre, «le monde est en ordre», repris sous une forme légèrement différente cette fois : «l'été est en ordre» («Un dimanche…», p. 125).

L'ordre, chez Anne Hébert, n'est jamais qu'apparent. Le désordre, c'est l'amour qui le sème : «Déroutant. Déconcertant. Orages. Tempêtes» («Un dimanche…», p. 127). Céline, la cadette d'une grande famille bourgeoise, désire épouser un cultivateur malgré l'opposition farouche de ses parents. Dimanche, le jeune homme et son père viendront la demander en mariage. La nouvelle s'apparente étroitement au théâtre d'Anne Hébert, surtout au *Temps sauvage*[9]. Céline, petite fille fraîche et nouvelle, «sans passé et sans avenir. Sans racines» («Un dimanche…», p. 127), possède l'innocence sauvage tant convoitée par Agnès dans *Le Temps sauvage*. Lorsque la mère démêle les cheveux fous de sa fille, on précise que «Louise seule possède ce pouvoir» (p. 126), un peu comme Agnès s'annonçait maîtresse absolue du feu et du thé. Louise éprouve d'ailleurs la même tentation qu'Agnès : «Les enfants. Les enfants qui grandissent. Tentation de ne plus les pousser à grandir. De ne plus les aider à nous quitter. De les laisser en plan. De les garder à mi-chemin dans un âge ingrat éternel» («Un dimanche…», p. 144).

Mais la fille qui a connu l'amour y puise la force de s'opposer aux parents, tout comme Isabelle dans *Le Temps sauvage* : «Je me passerai de votre consentement à papa et à toi. J'attendrai ma majorité, s'il le faut. Mais je ne changerai pas d'idée. Jamais» («Un dimanche…», p. 126). De sorte que, à la fin de la nouvelle, «Le monde de l'enfance est rompu. Révolu» («Un dimanche…», p. 138). Comme dans *Le Temps sauvage*, l'amour seul est assez fort pour triompher du règne de l'enfance. Et comme *Kamouraska*, «Un dimanche à la campagne» fait l'éloge de l'amour-passion :

Quand on devine quelle grâce c'est que l'amour. Quel privilège. Quel cadeau de roi. L'amour dans nos bras. Dans notre cœur. Jusque dans notre ventre. L'amour quand on sait quelle blessure c'est que de l'appeler en vain. («Un dimanche…», p. 138)

Comme dans *Kamouraska* aussi, cet amour s'accompagne de tout un cortège de spectateurs et de spectatrices qui n'ont pas connu la fulgurance

---

8. *Id.*, «Un dimanche à la campagne», *Châtelaine*, vol. VII, n° 9, septembre 1966, p. 38.
9. *Id.*, *Le Temps sauvage* suivi de *La Mercière assassinée* et des *Invités au procès*, Montréal, HMH, 1967. La pièce, *Le Temps sauvage*, était parue dans les *Écrits du Canada français*, en 1963.

de l'amour: « Arrière les figurants, les figurantes, les suivants, les suivantes, les frères et les sœurs... » (« Un dimanche... », p. 125). Le prétendant annonce ses couleurs ainsi: « Quarante arpents de terre. Bois debout. Fraisiers et vergers. Maïs. Pommes de terre... » (« Un dimanche... », p. 150). La demande en mariage que fait Antoine à Élisabeth par personne interposée s'énoncera dans des termes identiques: « Très bon parti. Vieille famille. Deux cent cinquante arpents de terre et de bois. Plus les îles, en face de la seigneurie[10]. »

On pourrait même aller jusqu'à affirmer que la nouvelle « Un dimanche à la campagne » contient en germe *Le Premier Jardin*, paru en 1988. Plane sur le tout l'ombre de la grand-mère: « Une maîtresse femme. Une grande Ève royale dans un paradis féroce » (« Un dimanche... », p. 151), semblable à cette mère de toutes longuement évoquée dans la poésie d'Anne Hébert et dans *Le Premier Jardin*. S'y lit aussi un point de vue opposé au snobisme des vieilles familles: « Tous parents. Tous frères. Tous paysans dans l'âme. La même source de terre et d'eau mélangée. Clôturée comme un jardin » (« Un dimanche... », p. 151).

Ce jardin, comment ne pas croire qu'il s'agit justement du premier de tous, celui qu'ont planté Marie Rollet et Louis Hébert, et dont Flora Fontanges porte toute sa vie la nostalgie[11]? On voit ici que certaines œuvres se préparent de très loin, que certains thèmes exigent, pour mûrir, un quart de siècle ou davantage.

Comme d'autres personnages d'Anne Hébert (que l'on pense à la nouvelle « La maison de l'esplanade » ou au *Premier Jardin*), Louise est née d'une vieille famille et porte « cet arbre de famille au centre de son cœur » (« Un dimanche... », p. 146). Elle s'enorgueillit de se savoir issue de « ces ramifications de gens de robe, au Canada depuis la nuit des temps » (*ibid.*). Même son mari avocat fait figure de parvenu. Avant de rencontrer le jeune prétendant, la famille se rend justement à la messe, liguée contre les étrangers qu'elle nargue en affichant sa parfaite cohérence: « Toute la famille à la grand-messe. Bien en ligne pareille à des perles enfilées sur une broche » (« Un dimanche... », p. 142).

La parenté est évidente avec « Un grand mariage », paru dans *Châtelaine* en 1963. La nouvelle s'ouvre sur la cérémonie de mariage qui unit une fille de la noblesse désargentée et un pauvre qui s'est enrichi à force de longs et patients efforts. Le père de Céline rêve de renvoyer l'« usurpateur » sur ses terres (« Un dimanche... », p. 137), alors que celui de Marie-Louise, criblé de dettes, l'accueille avec gratitude, sinon avec ravissement. « Un dimanche à la campagne », c'est donc en quelque sorte « Un grand mariage » à l'envers, à la fois pour les sentiments et pour le renversement des séquences initiale et

---

10. *Id.*, *Kamouraska*, *op. cit.*, p. 68.
11. *Id.*, *Le Premier Jardin*, roman, Paris, Seuil, 1988.

finale (messe en famille — fiançailles dans « Un dimanche à la campagne », noces — messe en famille dans « Un grand mariage »). Justement, à la fin d'« Un grand mariage », toute la famille, accompagnée des domestiques, des enfants, bref du cortège-alibi qui garantit sa parfaite respectabilité, célèbre de nouveau la messe. Seule Délia, la métisse redevenue la maîtresse d'Augustin, brise l'ordre parfait en refusant de communier. Se répète encore, vainement, le motif obsessionnel: « la vie est en ordre [12]. »

On notera aussi, dans cette nouvelle, l'émergence d'un certain féminisme. Non seulement l'instance narrative prend-elle clairement parti pour la métisse exploitée et misérable plutôt que pour l'homme d'affaires parvenu, mais autour de l'épouse bourgeoise, s'esquisse une critique du peu de place accordé aux femmes dans la société. Le destin de Marie-Louise ne dépend pas d'elle, mais de son père et de son futur mari: « Les deux hommes mirent donc leur honneur en commun, et le mariage de Marie-Louise fut décidé » (« Un grand mariage », p. 54). Une fois mariée, elle oppose à Augustin le silence et le mépris. Une scène de la nouvelle révèle la portée collective de sa révolte intérieure. Elle s'obstine à répondre « rien » lorsque son mari lui demande ce qu'elle a fait de sa journée:

> Marie-Louise s'était approchée de la fenêtre. Elle enleva sa bague et rageusement, d'un geste sûr, elle grava son nom sur la vitre avec son solitaire, à la suite d'autres prénoms féminins qui s'étageaient là depuis plusieurs générations. [...] [Augustin] regardait le carreau comble de signatures féminines, gravées en tous sens, comme sur un contrat d'importance. Il évoquait cette longue chaîne de femmes désœuvrées, recluses en ce manoir, dont l'emploi du temps avait été « rien », « rien », « rien »... (« Un grand mariage », p. 54)

On se rappellera que, à l'époque, les femmes n'avaient justement pas le droit de signer les « contrats d'importance ». La seule manière qu'elles avaient de marquer leur époque, c'était par cette négativité, ce refus, qui caractérise Marie-Louise. On voit clairement, dans « Un grand mariage », à quel point le bon ordre des choses dépend de l'immobilité des femmes. Et c'est en raison de l'intervention d'une femme que risque de basculer cette « société aux rites immuables, aux arbres généalogiques clairs et précis, faciles à dessiner dans leurs moindres familles » (« Un grand mariage », p. 56).

« Un grand mariage » est un texte parfaitement achevé, dans la veine du grand réalisme onirique qui allait, peu de temps après, donner *Kamouraska*. Rédigée en 1962, la nouvelle paraît en 1963, entre « Shannon » et « Un dimanche à la campagne ». On ne peut donc observer une quelconque progression. « Shannon » est la nouvelle la plus faible, avec certains défauts qu'on attribue aux auteurs débutants. Pourtant, Anne Hébert avait déjà publié alors *Les Chambres de bois* et l'essentiel de son œuvre poétique;

---

12. *Id.*, « Un grand mariage », *Châtelaine*, vol. IV, n° 4, avril 1963, p. 62.

impossible de croire à de simples maladresses de néophyte. D'après Pierre Pagé, l'auteure avait l'intention de remanier cette nouvelle et de l'inclure dans une nouvelle version du *Torrent*, projet auquel elle n'a jamais donné suite [13]. Aujourd'hui, Anne Hébert raconte autrement les faits : « Si je n'ai pas repris "Shannon" et "Un dimanche à la campagne" dans mon recueil de nouvelles c'est que je considérais ces deux nouvelles comme de simples pochades [14]. »

Elle dit ne pas les avoir relues depuis.

Gagner sa vie : l'offre et la demande

À ma demande, Anne Hébert a précisé également pour quelles raisons elle tenait à l'époque à publier dans *Châtelaine* :

> C'était pour moi une occasion inespérée de gagner ma vie tout en continuant d'écrire de la fiction. En dehors de *Châtelaine* il n'y avait alors au Québec aucune autre source de cachets comparables pour un auteur de fiction. À cette époque, *Châtelaine* a un peu joué auprès des écrivains québécois le rôle du *New Yorker* aux États-Unis [15].

La comparaison avec le *New Yorker* intrigue. Que voulait dire par là Anne Hébert ? Bien qu'elle ne l'ait pas précisé, on peut supposer que la ressemblance était triple : la générosité des cachets ; l'ouverture de la revue à de multiples tendances en matière de fiction ; le rôle actif que jouait celle-ci en sollicitant des textes, en poussant les auteurs à créer tout en leur en donnant les moyens.

On mesure ainsi toute l'importance des facteurs de marché dans la fortune que connaît un genre littéraire. Combien d'auteurs ont pu vivre en écrivant alors des nouvelles pour *Châtelaine*, qui ne se seraient peut-être, sans cela, jamais intéressés à ce genre ? Depuis, les revues spécialisées se sont multipliées, mais les cachets ont fondu comme neige au soleil. À moins de gagner un prix littéraire (et encore), on peut espérer que la publication en revue d'une nouvelle rapportera au plus de quarante à cent dollars. Il y a quelques années, Radio-Canada jouait encore un rôle de mécène dans le domaine par le biais d'émissions comme *La Feuillaison*, aujourd'hui disparue. Actuellement, on a tendance à lire en ondes des textes déjà parus, en versant des cachets relativement faibles (deux cents dollars environ). Si la nouvelle continue de bien se porter, c'est que presque tout le monde a renoncé à l'idée de gagner sa vie en écrivant de la fiction au Québec. À défaut d'être un gagne-pain, la nouvelle est peut-être devenue un hobby ? À moins que l'absence de débouchés lucratifs ne garantisse une pratique plus désintéressée du genre. L'hypothèse est permise.

---

13. Pierre Pagé, *Anne Hébert*, Montréal, Fides, 1965, p. 59.
14. Lettre d'Anne Hébert à Lori Saint-Martin, *op. cit.*
15. *Ibid.*

La place des nouvelles dans l'œuvre d'Anne Hébert

Pour en revenir à Anne Hébert, le cas de *Châtelaine* révèle aussi que la commande de textes est une épée à double tranchant: on obtient du meilleur et du pire. Certains textes manquent de fini ou, pire, de conviction, comme c'est le cas de «Shannon». Il en va tout autrement d'«Un grand mariage», qui est un des textes les plus forts et les plus engagés de l'auteure. «Un dimanche à la campagne» aurait également gagné à être repris en recueil. La nouvelle est aussi bonne, à mon avis, que «La mort de Stella» ou «L'ange de Dominique», en plus d'être étroitement liée à la thématique de la passion, qui prendra de plus en plus de place dans l'œuvre, à partir de *Kamouraska*.

Ce qui frappe le plus, au terme de cette relecture des nouvelles inconnues d'Anne Hébert, c'est à quel point elles se rattachent étroitement à l'ensemble de sa production. Même jugées indignes d'être retenues, même considérées comme marginales, parallèles en quelque sorte, elles s'inscrivent dans le droit fil de l'œuvre, et en reprennent les motifs, les tournures. Tout comme Élisabeth, dans *Kamouraska*, affirme ne pas avoir eu plusieurs hommes, mais un seul, toujours le même, renaissant de ses cendres, l'œuvre d'Anne Hébert, ses forces et ses faiblesses, sa magie comme la curieuse lassitude qu'elle engendre parfois, naissent de cette fidélité extrême, violente, excessive à quelques images, à quelques obsessions.

Bibliographie

DES RIVIÈRES, Marie-José, *Châtelaine et la littérature (1960-1975)*, Montréal, l'Hexagone, 1992, 378 p.

HÉBERT, Anne, *Les Chambres de bois*, préface de Samuel de Sacy, Paris, Seuil, 1958, 189 p.

―――, «Shannon», *Châtelaine*, vol. I, n° 1, octobre 1960, p. 34-35, 77-80, 82-85.

―――, «Un grand mariage», *Châtelaine*, vol. IV, n° 4, avril 1963, p. 30-31, 54, 56, 58, 60, 62-65.

―――, «Un dimanche à la campagne», *Châtelaine*, vol. VII, n° 9, septembre 1966, p. 38-39, 125-127, 137-138, 142, 144, 146, 150-151.

―――, *Le Temps sauvage*, suivi de *La Mercière assassinée* et des *Invités au procès*, Montréal, Éd. HMH, 1967.

―――, *Kamouraska*, roman, Paris, Seuil, 1970, 249 p.

―――, *Les Enfants du sabbat*, roman, Paris, Seuil, 1975, 187 p.

―――, *Le Premier Jardin*, roman, Paris, Seuil, 1988, 188 p.

PAGÉ, Pierre, *Anne Hébert*, Montréal, Fides, coll. «Écrivains canadiens d'aujourd'hui», n° 3, 1965, 189 p.

Les nouvelles de *Châtelaine* (1976-1980)

Marie-José des Rivières,
Musée de la civilisation du Québec

Pour faire suite aux travaux que j'ai menés sur le magazine *Châtelaine* et la question de la littérature, des débuts (1960) jusqu'à 1975 (Année internationale des femmes), j'ai été tentée, dans le cadre de ce colloque sur la nouvelle, de poursuivre ces recherches jusqu'aux années 1976 à 1980 inclusivement[1]. Les quinze premières années de *Châtelaine* furent une période d'or pour la littérature: 296 nouvelles et extraits de romans inédits ont alors été publiés dans ce magazine qui était le plus important au Québec en fait de tirage. Nous avons appelé «heure des choix» le modèle ou scénario global qui recouvrait ces nouvelles, car l'héroïne était le plus souvent à la croisée des chemins dans sa vie.

Avec de nouvelles conditions qui sont celles de la prise de parole plus reconnue des femmes, on peut se demander ce qu'il en est de la transformation du modèle narratif. Dans la littérature québécoise, la période 1976-1980 n'est-elle pas celle d'œuvres féministes marquantes telles *L'Euguélionne* de Louky Bersianik, *Les fées ont soif* de Denise Boucher ou encore celle du collectif *La Nef des sorcières*?

Dans la société de référence, nous sommes en pleine période dite de libération des femmes, au temps des manifestations et de la liberté sexuelle, au temps de la prise de parole sur l'avortement, les garderies, le partage des tâches, le salaire égal, les transformations sociales, les relations de couples… Les Québécoises des années 1970 sont en quête d'un nouveau rapport à la vie. Des féministes, dont Nicole Brossard et Armande Saint-Jean, publient le journal *Les Têtes de pioches* de 1976 à 1978 et *La Vie en rose* naît en 1979. C'est une période remuante à souhait et tout ce remue-ménage se répercute dans les éditoriaux (appelés «billets») et les articles de fond de *Châtelaine* (on peut y lire des articles sur le féminisme d'ici et d'ailleurs, sur les difficultés des femmes chefs de famille, on y trace le portrait-robot de la femme de banlieue, on y traite d'avortement, de viol, du manque d'engagement des hommes dans l'éducation des enfants, etc.).

Mais Maclean-Hunter exerce par ailleurs différentes pressions pour que la revue reste «féminine», qu'elle ne choque pas trop, pour que son

---

1. Marie-José des Rivières, *Châtelaine et la littérature (1960-1975)*, Montréal, l'Hexagone, 1992.

message soit clair et que les commanditaires s'y retrouvent à l'aise. En 1978-1979, l'apport publicitaire qui fait vivre le magazine menace de décliner. La concurrence entre les revues est forte; aussi Francine Mont-petit, la rédactrice en chef, se voit-elle obligée d'imposer un virage «pra-tique» au contenu du magazine pour donner aux annonceurs l'environne-ment dont ils ont besoin. «Ce n'est pas en publiant des dossiers sur la jalousie ou sur la mort qu'on incite l'industrie de la fourrure à venir an-noncer dans les pages de *Châtelaine*[2]», racontera-t-elle plus tard en en-trevue.

Son point de vue, tout comme celui de la journaliste Catherine Lord, responsable du comité de lecture pour les nouvelles, est que cette publicité, qui vise à influencer et à conditionner le comportement des lectrices, dote la revue d'un rôle paradoxal. La publicité, souvent sexiste, vient se super-poser à la section «vie pratique» du magazine (beauté, mode, cuisine, décoration) qui déjà transmet un message traditionnel, axé sur la consom-mation.

Les thèmes idéologiques sont, pour la publicité et les pages pratiques, une recherche du bonheur liée à un savoir-faire d'épouse et de mère ou de «châtelaine», le tout présenté avec un point de vue très idéalisé. Il s'agit d'une thématique traditionnellement féminine. À l'inverse, dans les billets de Francine Montpetit (mis à part les thèmes axés sur la sphère publique et qui, comme la politique ou l'éducation, demeurent extérieurs à la fiction), les thèmes les plus marquants sont la condition des femmes, l'engagement social et les relations humaines: «*Châtelaine* veut entrouvrir la porte sur des vérités qui parfois sont bonnes à redire» (mars 1976, p. 2). Les éditoriaux de 1976-1980 recommandent donc l'intégration de valeurs féministes à la vie personnelle (publique et privée) des femmes (tout comme par les années précédentes). Les paramètres conservateurs de la publicité ou de la section pratique du magazine et, à l'opposé, les paramètres libéraux des éditoriaux permettent de situer les orientations idéologiques de *Châtelaine* sur les différents axes de la société québécoise en mutation.

Dans ce contexte, on peut être tenté d'examiner ce qu'il en est du côté des textes de fiction de *Châtelaine*. Ils forment un corpus de vingt-cinq nouvelles québécoises inédites et de trois extraits de romans (dont deux sont des best-sellers internationaux: *Une vie pour deux*, de Marie Cardinal et *Les Bons Sentiments*, de Marilyn French). L'émotion à laquelle fait générale-ment appel la fiction permet-elle d'y dire plus que dans les articles réa-listes? Les auteur-e-s (exclusivement des femmes à partir de 1977) se serviront-elles de ces espaces de fiction pour peindre des sociétés neuves, imaginer des mondes meilleurs? Ou les nouvelles renforceront-elles plutôt les images et les messages des parties conservatrices du magazine?

---

2. Pierre Boulet, «Les 25 ans de *Châtelaine*. L'attrait de la vie pratique», *Le Soleil*, 12 octobre 1985, p. B-3.

Comme les textes qui les précèdent, les nouvelles de *Châtelaine* de 1976 à 1980 illustrent majoritairement deux problématiques : le rôle social des femmes (marqué par les valeurs féminines et féministes) et les rapports de couples, des questions qui suscitent l'intérêt dans la société de la fiction comme dans la société de référence. Nous nous attarderons aux traits pertinents et aux systèmes de valeurs des personnages, puis au fonctionnement de ces textes que lisaient des milliers de Québécoises — et même de Québécois. Rappelons que le tirage payé de *Châtelaine* se chiffre, en 1976, à 276 000 exemplaires par mois, ce qui entraîne un coefficient de lecture d'un million de personnes, si l'on considère que chaque exemplaire est lu par 3,2 lectrices et lecteurs.

Observons tout d'abord quelques caractéristiques sociologiques de l'univers de la fiction. Dans ces nouvelles, la très grande majorité des personnages sont des femmes : 23 sur 28. Les quelques protagonistes masculins sont, pour leur part, des marginaux qui ont besoin d'aide : un homosexuel qui décide de se marier pour réussir (« Noces », de Jean-François), un garçonnet de cinq ans qui doit enterrer sa mère (« Adieu cerf-volant », de Pierrette Dubé) ou un misogyne qui comprend sur le tard « qu'il lui faudra désormais vivre avec l'absence de celle qui l'avait séduit, grondé, humilié, blessé, cette étrange première femme de sa vie : sa mère », qu'il voit d'ailleurs, selon les vieux schèmes, comme une castratrice (« Si le vent te pousse », de Nadia Ghalem). Comme dans le roman québécois de la même période, il est énormément question des rapports à la mère, dans ces histoires. Ne sommes-nous pas aussi à un moment de grande vogue de la psychanalyse, au temps des cours de Jacques Lacan, de Julia Kristeva et des relectures des écrits de Freud sur les femmes, par Luce Irigaray [3] ?

Si les nouvelles présentent des héroïnes de tout âge (de 16 à 77 ans), il n'est pas surprenant d'observer que la grande majorité des personnages féminins ont 30 ans, ce qui s'accorde bien avec la jeunesse des lectrices (44 % des canadiennes francophones de 12 à 17 ans lisaient *Châtelaine* en 1979) [4]. Les traits communs à tous ces personnages sont une certaine profondeur et une réflexion sur les ultimatums que constituent la vieillesse et la mort. Il n'est jamais trop tôt (ni trop tard) pour chercher à se sentir, enfin, bien dans sa peau. Une jeune femme de 16 ans, que son compagnon étouffait déjà, recommence sa vie à la mort de celui-ci (« 1 + 1 = 1 » de Richard Pratte). Une femme qui a toujours tout donné part à la recherche de ses goûts propres et de son identité... à 66 ans ! (« Les soixante-six ans de Lucienne Robitaille (née Thibodeau) », de Pierrette Dubé).

Qu'en est-il des caractéristiques intellectuelles et sociales des personnages ? Contrairement aux héroïnes qui les ont précédées, c'est-à-dire les femmes pétillantes et organisées des nouvelles de 1960 à 1975 [5] — mais qui

3. Luce Irigaray, *Spéculum de l'autre femme*, Paris, Minuit, coll. « Critique », 1974.
4. Marie-José des Rivières, *op. cit.*, p. 61.
5. *Id.*, *op. cit.*, p. 243.

tout de même s'ennuyaient dans leurs banlieues —, celles que l'on observe aujourd'hui sont complètement désabusées, de quelque classe sociale qu'elles soient. À la campagne ou ailleurs (car nous sommes au temps du «retour à la terre»), elles sont fatiguées du tricot ou du macramé, «tannées» d'essayer de lire sans pouvoir se concentrer et, surtout, de perdre leur temps à endurer des maris égoïstes, des «tévémaniaques», des impuissants ou des personnages grotesques qui bâclent les gestes de l'amour et qui osent se vanter de leurs performances. Si ce sont généralement les hommes qui font problème, ce sont aussi les femmes, lorsqu'elles se déprécient ou qu'elles n'osent pas faire changer les choses.

Les personnages féminins sont très souvent victimes de difficultés physiques ou psychologiques, problèmes liés à des ennuis familiaux. On retrouve des héroïnes malades ou qui font face à la maladie dans presque tous les récits. «Son mari la prenait pour une joyeuse-bonne-efficace-docile-adaptable petite épouse que l'on retrouve le soir à la maison.» Jusqu'à la panne. Elle est tombée en panne comme un moteur qui refuse de tourner. «Je me suis court-circuitée, il me manquait des pièces. Rien n'allait plus, ni ménage, ni enfants, ni mari. Je n'y étais plus. Ils m'ont couchée à l'hôpital.» Ce voyage au bout de la nuit, fait de longs mois de dépendance et de souffrance, s'est imposé comme une rupture somme toute salutaire. «Maintenant, mes petites folies me donnent des ailes. Une impression de conquête. Je suis la divorcée la plus heureuse du monde. Non, je n'ai pas peur de vivre seule, de décider seule, de sortir seule», témoigne l'héroïne de «La naison», de Nadia Ghalem.

La maladie mentale est cependant plus grave dans le cas de la nouvelle «La schizo», de la même auteure. La folie est le résultat de terribles déchirures (enfance difficile, guerre, mort des parents, émigration, fausses amitiés, séparation du couple)... trop de tempêtes pour une même vie. De retour à la maison, elle songe à sa détresse et se demande si cette souffrance peut être utile à quelque chose ou à quelqu'un: «Les fous ne sont attirants pour personne et surtout pas les folles. C'est la solitude totale.»

Maladie-délivrance ou maladie-souffrance abondent dans le corpus. Ces moments sont aussi l'occasion de croiser le fer avec les médecins qui traitent souvent les femmes comme des objets. Dans le récit «*In specula speculorum*» d'Andrée Wanis-Dahan, une patiente remet à sa place un gynécologue dominateur.

Rappelons maintenant les grands thèmes manifestes de ces fictions.

Depuis 1967, dans les nouvelles de *Châtelaine*, l'autonomie du personnage féminin est vue comme un prérequis essentiel à son épanouissement et à celui de son entourage. La principale préoccupation de la société présentée dans les nouvelles est celle du discours féministe dénonçant la domination et l'inégalité. Les attitudes des personnages féminins répondant à des caractéristiques traditionnelles fondamentales comme la passivité, l'attente ou la soumission se voient connotées négativement dans les récits, et rejetées.

En fait, dans les nouvelles de *Châtelaine*, la recherche et l'obtention du mieux-être passent par une certaine prise de pouvoir des héroïnes. Et ce qui caractérise plus particulièrement les nouvelles de 1976-1980, c'est que cette prise de pouvoir, cette identité enfin trouvée, ne peut se faire que par la disparition des conjoints : « L'avait-elle fait exprès d'être veuve, cette petite femme délurée, capable de mener son monde tambour battant ? », lit-on dans l'avant-propos de « Ce fantôme qui me pousse dans le dos », d'Anne-Élizabeth Rémi...

Dans « 1 + 1 = 1 » de Richard Pratte, ce n'est que lorsque meurt, gelé en forêt, pris dans un piège à ours, son compagnon Robert, que Madeleine retrouve sa confiance en elle, son autonomie, sa paix intérieure. Il était cultivé, elle se sentait ignorante, leurs goûts différaient, elle ne faisait rien de ses journées, excepté l'attendre. À la fin du récit, elle confie à une amie qu'elle se sent enfin sereine et heureuse et que, si elle demeure à la campagne, c'est maintenant son choix à elle. Le souvenir des jours tristes et ennuyeux s'est estompé, elle est sauvée. Quoiqu'il s'agisse de transpositions, ces choix de la fiction en disent long sur la représentation des difficultés dans les rapports hommes / femmes et sur les moyens que proposent les textes pour que les personnages féminins accèdent à l'autonomie.

On peut se demander ce que signifient, dans un magazine féminin de masse, ces multiples ruptures (allant souvent jusqu'à la mort du conjoint) pour que se transforme la situation dominant / dominée et que les personnages féminins accèdent à un statut d'être libre, satisfait de soi ? Les textes s'ouvrent sur l'impuissance et le désespoir et se referment sur la sérénité issue de la disparition de l'opposant dominateur.

Une recherche que j'ai déjà menée sur les nouvelles écrites par les femmes dans les *Écrits du Canada français* pour la période 1954 à 1973 a démontré que les solutions de la fiction à l'impuissance et au désespoir des maîtresses de maison isolées, souvent méprisées et battues se trouvaient, là aussi dans la disparition du conjoint, le plus souvent provoquée par l'épouse [6]. Il leur arrivait même de jeter leur mari par la fenêtre ! Les récits de *Châtelaine* ne peuvent sans doute se permettre d'être si violents, cependant ils laissent désespérément sentir que les valeurs féministes d'autonomie et de courage ne peuvent se réaliser qu'en l'absence des conjoints envahissants. Est-ce vraiment une libération ?

Le dernier texte de la « série » 1976-1980, « Le cercle métallique », de Claudette Charbonneau-Tissot, se rattache aux mêmes idéologies que celles qui soutiennent les nouvelles précédentes, mais se termine sur l'évocation

---

6. *Id.*, « L'émergence des écrits des femmes dans les *Écrits du Canada français* (1954-1973) », *Voix et Images*, vol. XV, n° 2, hiver 1990, p. 269-276.

de la solidarité des femmes et même sur l'accueil à des hommes qui souffrent aussi d'univers artificiels. Ce récit met en scène une femme prisonnière d'un cercle métallique bâti par les hommes, symbole du cercle asservissant de la séduction, avec tous les procédés artificiels et aliénants qui s'y rattachent. Or, la prisonnière cherche à s'échapper de cette prison lubrique, à dire « non », à fracasser le silence de sa vie. Subversive, elle observe les hommes et apprend leur langage (car ils la gardaient muette), elle découvre aussi les horreurs faites aux femmes dans cet univers cauchemardesque: femmes tronçonnées qui ont servi de moule pour des statues de plâtre; femmes enfermées sous une mince couche de bronze pour que leur corps parfait ne périsse jamais. Elle voit des femmes qui bougent à peine, figées dans leurs poses apprises, qui se détériorent et qui seront bientôt rejetées, comme elle, dès qu'elles se flétriront, dès qu'apparaîtra sur leur visage une patte d'oie. Elle découvre douloureusement les larmes. Elle aperçoit enfin une autre prisonnière avec qui elle partage sa folle obstination, un autre esprit rebelle avec qui elle développe une complicité farouche et, même, une solidaire tendresse: « Nous étions à forger un refus si total qu'il en fracasserait nos cages » (p. 112). Mais la prisonnière doit aller jusqu'au suicide:

> J'avais pris l'habitude de garder dans l'une de mes mains l'un des sphynx de bronze. Dans mes instants de révolte effrénée, j'en martelais les vitres et le lit avec rage. Un jour, cela ne me suffit plus et c'est vers moi que je retournai le sphynx. J'en frappai ma tête et mon corps en hurlant que je ne voulais plus être une femme-fleur, que je voulais être moi. [...] Tout se tut [...]. Le sphynx ensanglanté tomba de ma main. Et je sus que je venais de tuer quelqu'un. Mais quelqu'un d'autre était en train de naître de mes cendres. Moi. Je criai plusieurs fois ce mot que je venais de retrouver au fond des sables où l'on m'avait engloutie vivante (p. 117).

Ce personnage féminin, qui a beaucoup souffert, montre qu'il faut dépasser les rivalités individuelles pour démonter le système et en délivrer même « des hommes qui voudraient échapper à quelque cercle aliénant » (p. 117).

Les manifestations narratives

On ne saurait se faire une idée plus claire de la portée de ces récits sans examiner les manifestations proprement narratives auxquelles sont soumis les thèmes de ces textes. Si nous superposons les récits, nous avons devant les yeux une héroïne d'une trentaine d'années, remplie de capacités, mais déprimée et placée au cœur de problèmes le plus souvent socio-affectifs. Une analyse plus poussée des transformations de « la fable » révèle un schéma de base, c'est-à-dire, selon Umberto Eco, cette structure de données ou ce texte virtuel, cette « macro proposition » qui sert à représenter une situation stéréotypée. Le scénario propre aux récits de 1976-1980 pourrait s'intituler « le temps des ruptures » parce qu'il fait suite à une réflexion et à une décision de la protagoniste de prendre ses distances face à l'autre — le plus souvent le conjoint — ou encore raconte-t-il la disparition de l'homme, associée à un début d'épanouissement chez l'héroïne.

Une de nos hypothèses, lors de l'analyse des récits des quinze premières années de la revue, était que le personnage principal des nouvelles ressemblait à une héroïne classique d'Harlequin, mais cinq à dix ans plus tard dans sa vie, comme si les récits de *Châtelaine* apportaient une suite ou une sanction au roman sentimental qui se serait terminé par un mariage ou par un projet de vie à deux. Les récits de 1976-1980 confirment eux aussi cette hypothèse: les protagonistes sont déjà avancés dans la vie, ils sont souvent mariés, l'épouse est malheureuse et elle veut retrouver la sérénité, la dignité: «Comment, en tant que femme, sortir [...] de la complaisance pour découvrir sa véritable identité et sa propre parole?» (Claudette Charbonneau-Tissot, «Le cercle métallique», p. 117).

À la suite d'Eco, Julia Bettinotti écrit qu'un scénario génère une série de motifs stables déjà prévus par sa cohérence et une autre série de motifs variables, plus libres, mais toujours subsumés par ce scénario[7]. Si les motifs stables des récits de *Châtelaine* s'apparentent à ceux du roman sentimental (rencontre, confrontation polémique et détente), les motifs variables s'en distancient; les nouvelles de *Châtelaine* illustrent l'union, la rupture (euphorique ou dysphorique) et l'accord avec soi-même, à la suite d'une recherche d'identité. Les vingt-cinq récits qui nous intéressent s'éloignent de plus en plus, avec le temps, des Harlequin pour mettre l'accent sur une partie du modèle propre aux textes de *Châtelaine*, soit l'éclatement du couple ou la rupture entre les personnages en présence (dans 57 % des cas). La confrontation peut aussi prendre la forme d'un combat intérieur suivi, à la fin, de la prise en main de son propre destin.

Si l'on considère les thèmes comme la dissémination, dans les programmes et parcours narratifs, des valeurs et des questionnements présents dans le texte, un des thèmes qui entraîne la situation conflictuelle (dans 78 % des récits) c'est le sentiment de l'aliénation. La quête consistera donc à y remédier et à tendre vers le bonheur ou à la sérénité par différents moyens comme la créativité, le courage, la solidarité entre les femmes, autant de valeurs féministes. Cependant, la liberté semble conditionnelle à la prise de conscience et à l'autonomie des femmes, valeurs qui, très souvent, ne peuvent naître dans ces fictions que de la solitude engendrée par le départ ou l'absence de l'homme.

L'évolution du corpus montre clairement des liens entre ce schéma général et la culture commune. Les histoires d'amour, de mariage et de réconciliation étaient le propre des nouvelles de 1960 à 1965. Les ruptures, à caractère dysphorique, et la recherche de soi ont surtout marqué celles

---

7. Marie-José des Rivières, *Châtelaine...*, *op. cit.*, p. 279.

des années 1965 à 1975 et plus encore celles de 1976 à 1980. Au moment de l'avènement plus généralisé des valeurs féministes dans la société québécoise, les nouvelles de *Châtelaine* traitent de désunion et d'autonomie retrouvée.

L'héroïne du début des années 1970 optait pour l'indépendance et la sensualité, enfin le rejet global d'une vie trop sage qui la déprimait. Son choix résidait dans un certain défi aux normes sociales. Pour sa part, l'héroïne de 1976-1980 réfléchit aux effets de l'amour libre et de la séduction dans le contexte d'une société qui n'a pas fondamentalement changé, où les femmes qui ont fait ces choix n'y ont pas vraiment trouvé leur avantage. Les moyens qu'utilise la fiction pour arriver aux solutions diffèrent donc durant les vingt premières années de *Châtelaine*, puisque le bonheur des femmes semble de plus en plus dépendre de la disparition du conjoint, à mesure que nous nous dirigeons vers 1980. Cette absence est vue comme une étape nécessaire à la réalisation des projets des femmes.

De toute évidence, ces récits se veulent, par la parole et par le jeu de l'imaginaire, l'expression des désirs secrets des femmes, des besoins d'évasion, mais aussi des changements que les Québécoises tendent par ailleurs à réaliser dans leur vie quotidienne. Les remises en question inspirées par les débordements du féminisme de la fin des années 1970 confèrent une unité aux récits publiés par *Châtelaine* pendant les mêmes années. Toute cette mutation tend à prouver que la littérature publiée dans un magazine de grande consommation fait partie de l'évolution sociale. Les productions de la culture de masse n'entretiennent-elles pas, tout comme celles de la culture savante, des rapports dynamiques avec les changements de la société?

Mais dans le cadre de l'organisation du magazine, il est quand même étonnant de voir des textes comportant autant de ruptures et de remises en question aussi crues côtoyer des pages de publicité qui font toujours appel à la séduction et des chroniques à caractère pratique (en faveur desquelles les éditeurs capitalistes sont intervenus). Entre 1960 et 1970, Fernande Saint-Martin, la rédactrice en chef de *Châtelaine*, conseillait aux auteur-e-s d'acheminer leurs bons textes « trop noirs » aux *Écrits du Canada français*. Entre 1976 et 1980, l'absence apparente de contrôle sur la partie littéraire est sans doute un signe d'ouverture de la part de *Châtelaine* (en accord avec la société québécoise), mais peut également être l'indice d'une perte d'influence de la littérature, aux yeux des nouvelles rédactrices en chef et conseillères littéraires de la revue.

Bibliographie

BOULET, Pierre, « Les 25 ans de *Châtelaine*. L'attrait de la vie pratique », *Le Soleil*, 12 octobre 1985, p. B-3.

DES Rivières, Marie-José, « L'émergence des écrits des femmes dans les *Écrits du Canada français*, 1954-1973 », *Voix et Images*, vol. XV, n° 2, hiver 1990, p. 269-276.

————, *Châtelaine et la littérature (1960-1975)*, Montréal, l'Hexagone, 1992, 378 p.

Irigaray, Luce, *Spéculum de l'autre femme*, Paris, Minuit, coll. « Critique », 1974, 463 p.

Kristeva, Julia, *Polylogue*, Paris, Seuil, 1977, 537 p.

Lacan, Jacques, *Écrits*, Paris, Seuil, coll. « Le champ freudien », [1966], 911 p.

Nouvelles

Hétu, Luc, « Le tévémaniaque », vol. XVII, n° 3, mars 1976.

Ferron, Madeleine, « L'affranchie, vol. XVII, n° 5, mai 1976.

Jean-François, « Noces », vol. XVII, n° 8, août 1976.

Fecteau, Hélène, « D'amour, de jeux et de défaite » vol. XVII, n° 9, septembre 1976.

Proulx, Monique, « F... comme Françoise », vol. XVII, n° 4, avril 1976.

Pratte, Richard, « 1 + 1 = 1 », vol. XVII, n° 1, janvier 1976.

Wanis-Dahan, Andrée, « *In specula speculorum* », vol. XVII, n° 5, juin 1976.

Rémi, Anne-Élizabeth, « Ce fantôme qui me pousse dans le dos », vol. XVII, n° 11, novembre 1976.

Doyon, Paule, « Imeranda des Neiges », vol. XVII, n° 12, décembre 1976.

Fecteau, Hélène, « Je ne te quitte pas sur un coup de tête », vol. XVIII, n° 1, janvier 1977.

Marchand, Thérèse, « Une créature parfaite », vol. XVIII, n° 8, août 1977.

Aubin, Hélène, « Petites vieilles si petites », vol. XVIII, n° 9, septembre 1977.

Dubé, Pierrette, « Les soixante-six ans de Lucienne Robitaille (née Thibodeau) », vol. XIX, n° 1, janvier 1978.

Ghalem, Nadia, « La schizo », vol. XIX, n° 4, avril 1978.

Cardinal, Marie, « Une vie pour deux (extrait) », vol. XIX, n° 5, mai 1978.

Labbé, Josette, « La sainte paix », vol. XIX, n° 7, juillet 1978.

Foëx-Olsen, Évelyne, « Iris », vol. XIX, n° 11, novembre 1978.

Suzanne, « Chère maman », vol. XX, n° 3, mars 1979.

Audette-Deschênes, Michelle, « Centre-ville », vol. XX, n° 4, avril 1979.

Ghalem, Nadia, « La maison », vol. XX, n° 10, octobre 1979.

Mallet, Marilù, « Le jeu de la pomme », vol. XX, n° 11, novembre 1979.

Thériault, Marie José, « L'alcyon de Carnac », vol. XX, n° 12, décembre 1979.

Dubé, Pierrette, « Adieu cerf-volant », vol. XXI, n° 1, janvier 1980.

GHALEM, Nadia, « Si le vent te pousse », vol. XXI, n° 5, mai 1980.

FRENCH, Marilyn, « Les bons sentiments (extrait) », vol. XXI, n° 6, juin 1980.

PILON-QUIVIGER, Andrée, « Les ages blanches », vol. XXI, n° 11, novembre 1980.

BEAUDETTE, Lucile, « Le jour où j'ai franchi le miroir », vol. XXI, n° 12, décembre 1980.

CHARBONNEAU-TISSOT, Claudette, « Le cercle métallique », vol. XXI, n° 12, décembre 1980.

Les nouvelles de France Théoret: pour les risques de la pensée et de l'écriture

Claudine Potvin,
Collège universitaire de l'Okanagan

Le titre de cette étude provient d'une dédicace d'*Entre raison et déraison* que l'auteure m'offrait jadis et qui se lisait comme suit: «Pour les risques de la pensée et de l'écriture, faire qu'advienne l'intensité.» Pour France Théoret, écrire a toujours signifié prendre des risques, permettre l'éclatement, la démesure, la déraison pour ramasser l'être / femme, donner aux mots leur mesure de sens, de réalité, condenser l'expérience, le fini de l'infini.

Les premières lignes de ce recueil d'essais ne précisaient-elles pas que:

Quand on est femme, écrire touche à l'inavouable. Ainsi, écrire à propos de la raison m'apparaît rétrospectivement tenir de l'inavouable. La réalité telle qu'elle est le mieux connue dans la société patriarcale fait en sorte qu'une femme met un temps et une énergie déraisonnables à reconnaître son désir, sa propre légitimité. Une femme obvie au discours de raison dominant pour advenir à sa subjectivité. Elle passe par l'épreuve de l'Autre pour connaître sa raison d'être [1].

Pour qu'advienne l'intensité, la véhémence et la fureur du personnage, pour que se révèle la force de l'écrivaine, la vivacité des mots, la violence du désir, le texte se fragmente, se déchire, se schize entre le corps et l'abstraction, la sensualité et le raisonnement, la théorie et la fiction. Écriture détailliste, je l'ai montré ailleurs à propos de *Nous parlerons comme on écrit*, le texte tend à recréer un lieu décousu d'apparences piégées d'avance. Au centre du (des) récit(s), le parcellaire, le morcellement, la dépossession d'une instance énonciatrice qui creuse, filtre, nie avant qu'elle ne s'affirme dans le champ subjectif ou subversif. L'imaginaire enfermé puis découpé en pièces détachées, texte barré qui tombe sous le coup des interdits, mais en cela même multiple, éclaté, refusant le sens absolu, le sens unique [2]. Marginal, hors-cadre, excentrique, éparpillé, effrité.

---

1. France Théoret, *Entre raison et déraison*, essais, Montréal, Les Herbes rouges, 1987, p. 7.
2. Voir à ce sujet Claudine Potvin, «L'esthétique du détail dans *Nous parlerons comme on écrit*», *Voix et Images*, vol. XIV, n° 40, automne 1988, p. 39-40.

Cette analyse propose une lecture des nouvelles de France Théoret contenues dans son livre *L'homme qui peignait Staline* à partir des réflexions théoriques que l'auteure a posées dans sa collection d'essais *Entre raison et déraison*, plus spécifiquement sur l'écriture au féminin et la notion de subjectivité. Mes commentaires seront donc centrés sur les notions de subjectivité et de rationalité dans l'écriture au féminin, particulièrement celle de France Théoret bien sûr et ce, en fonction des concepts de temps et d'espace tels que véhiculés dans les nouvelles en question. Par ailleurs, ces quelques remarques tentent d'éclairer la recherche existentielle féministe de l'auteure ainsi que les préoccupations formelles et mentales des femmes qui écrivent et qui privilégient occasionnellement le genre de la nouvelle.

France Théoret a écrit à propos des genres dans *Entre raison et déraison* que:

> Une extrême attention portée à la langue amène le décloisonnement des genres, ou que cette extrême attention affecte les genres. C'est donc la place accordée à la langue dans l'écriture qui entraîne le métissage des genres, leur décloisonnement, voire leur dissolution [3].

Louise Dupré en parle comme d'un phénomène propre aux écritures au féminin, traversées par un « indéfini » où se rencontrent les genres, et le qualifie de « entre-deux des genres », soit de récits de l'indécision, du brouillage, de l'impureté [4]. Au moment où la modernité québécoise proclamait la mort du genre, les penseurs, critiques, philosophes et théoriciens n'en interrogeaient pas moins l'histoire de sa naissance. Ainsi écrivait alors Pierre Ouellet:

> Pas plus qu'Œdipe n'est né de lui-même et qu'il n'est vraiment orphelin, l'écriture ou le texte ne naissent d'eux-mêmes, sans filiation, sans hérédité, sans généricité: l'écriture est toujours progéniture, le texte est toujours lignée, lignée multiple, lignée nombreuse, mais lignée quand même: descendance, postérité [5].

La littérature se donne dans la continuité, elle inscrit ses ruptures dans un suivi historique. De plus, elle se génère d'une forme à l'autre, elle s'invente des lieux génériques, elle se nomme: reproduction, affectation, imitation des textes qui la précèdent et présage de ceux qui la perpétuent.

La modernité québécoise, et le postmodernisme à sa suite, proclame et pratique depuis ses débuts l'éclatement des genres et la déconstruction des structures génériques traditionnellement valorisées par les instances de consécration et de légitimation de l'institution littéraire, contestées à leur

---

3. France Théoret, *op. cit.*, p. 122-123.
4. Louise Dupré, *Stratégies du vertige. Trois poètes: Nicole Brossard, Madeleine Gagnon, France Théoret*, Montréal, Éditions du Remue-ménage, coll. « Itinéraires féministes », 1989, p. 61.
5. Pierre Ouellet, « Vie et mort du genre », dans *La Mort du genre I* (Collectif. Actes du colloque tenu à Montréal en octobre 1987, publié comme le numéro 209-210-211 de *La Nouvelle Barre du jour*, 1987, p. 44.)

tour par des instances plus rebelles. Ce mouvement a donné lieu dans la littérature québécoise à tout un flottement de la terminologie générique; les dénominations conte, nouvelle, récit, fiction, prose, fable, etc., par exemple, se retrouvaient dans les pages de *La Nouvelle Barre du jour* et paraissent encore chez de nombreux éditeurs pour désigner des textes parfois fort semblables ou assez mal différenciés. Refuser le genre, rappelons-le, c'est bien souvent «se donner un genre», s'inscrire dans un(e) mode ex-centrique pour éventuellement mieux habiter le centre.

Les récits / nouvelles de France Théoret correspondent tantôt à des proses narratives plus ou moins longues ou plus ou moins brèves (la plus longue fait soixante-huit pages et les plus courtes n'en contiennent que sept), tantôt à des pièces de nature confessionnelle ou autobiographique, bien que rédigées à la troisième personne, ou encore, comme dans le cas du premier récit, *L'Homme qui peignait Staline*, à un texte coupé, rédigé comme un scénario de film dont l'effet visuel reste assez imprécis. Dans tous les cas, quand il s'agit de Théoret, le texte dévie du côté poétique. À prime abord, la lectrice / le lecteur a l'impression de se retrouver face à un récit plutôt linéaire, écriture assez conventionnelle somme toute. Mais au fur et à mesure que se déroulent les images, l'absence d'une histoire, le refus de l'anecdote, d'un développement ou d'un progrès qui permettraient d'encadrer le récit et de le définir par rapport à un début et une fin, le contour flou du / des personnage(s), l'absence de dialogues, le regard du / sur le texte de la narratrice, de l'auteure, de la fille, obligent à déplacer l'angle de vision. Le texte cherche à se situer quelque part, dans la page certes, mais en dehors de la concision supposément propre à la nouvelle, en dehors de la limite, au cœur des mots, de tous les mots de la pensée, de l'«avenir à l'infinitif» selon l'expression de l'auteure qui ajoute en ces termes dans un numéro de *La Nouvelle Barre du jour* sur la fiction de la modernité:

> Oui d'une femme qui écrit devant le vide antérieur, après le dépassement constant de tous les ébranlements à la jonction du corps et de la pensée. Fusion, fission, matière-fictive, présence corps-pensée dans l'histoire. Pari de la fiction-limite, pari de l'investissement d'un ordre symbolique déplacé qui inclut une femme devenue visible, de l'imaginaire au réel inscrire les apprentissages [6].

Trois parties composent donc le recueil: les deux longs récits de la première et de la dernière section encadrent la partie centrale qui contient, elle, six textes narratifs articulés autour du motif du souvenir familial ou familier et de la mémoire de l'autre ou de l'événement et de l'expérience (le couple, l'amie, le mari, le père, la mère, l'enfant, la chambre, la table, le regard, l'ailleurs). Sans restreindre ces «portraits» et sans vouloir en programmer de manière absolue la lecture, je retiendrai deux éléments

---

6. France Théoret, « L'avenir à l'infinitif », *La Nouvelle Barre du jour*, n° 141, septembre 1984, numéro intitulé *Vouloir la fiction, la modernité*, p. 55.

communs à l'ensemble des récits: il y a en effet dans tous ces écrits un constat, celui d'une absence, vécue sous forme de malaise ou de fuite, de détour, de douleur aussi, une sorte de glissement imperceptible vers l'indéfinissable et l'irréconciliable. C'est donc dire néanmoins que le récit inscrit le visible, la marche du moi et de la subjectivité vers une forme de reconnaissance, la marque d'un contour, la mémoire de l'écriture, l'écriture de l'oubli. De plus, et c'est le deuxième élément autour duquel le texte s'élabore en partie, le lieu de vie et de circulation de l'héroïne renvoie sans cesse à l'exigu, au réduit, à l'étouffement; il n'en demeure pas moins une piste d'essai où celle qui parle, bouge, écrit et observe, marque et délimite son territoire. L'espace y rejoindrait le temps en ce sens que la narratrice, momentanément interrompue entre le passé dérisoire d'une enfance et d'une adolescence tronquées ou truquées et la projection d'un avenir incertain, re / pose la question du sujet.

Dans le premier récit de *L'Homme qui peignait Staline* qui porte le même titre, la protagoniste narratrice, Louise Aubert, se faufile sans visage et sans image, titre d'une autre nouvelle d'ailleurs. «La timidité et la douceur extrêmes de son enfance l'ont enchaînée si violemment au strict désir de répétition», écrit l'auteure, «que seule une absence totale d'image a pu éveiller en elle la force brute de l'instinct. Elle fuit les confrontations, ne sait pas que l'ultime étonnement sans paroles la prive d'elle-même [7].»

De même, dans «La fascination», le désarroi personnel d'Evelyne fait écho à son incapacité de lever les censures: «une détresse insoutenable liée au fait qu'on n'attendait rien d'elle», y lit-on, «une détresse venue de la gratuité de l'existence, la plongeait dans une torpeur qui pouvait durer jusqu'à ce que le corps demande de la nourriture ou du sommeil. La femme se liquéfiait jusqu'à la négation de sa propre énergie [8]». Capable de dépossession totale, banale, fade, Louise Aubert acquiesce à tel point qu'il ne reste, «seul dans l'espace», qu'un corps, le sien, «un corps de trop [9]». En ce sens, pour France Théoret, il semble bien que le défi de la fiction, le défi de la nouvelle, soit la visibilité, l'acte de ramener des images d'êtres et de lieux oubliés. Si les hésitations de la femme ou de l'héroïne lui viennent de la mémoire et bloquent tout mouvement, toute démarche, devant elle se plante l'autre, Mathieu en l'occurrence, pure certitude, pure connaissance, pur projet, identifié sans l'être, sans besoin de l'être, puisqu'il sait qu'il a (la) raison alors qu'elle, Louise, s'installe automatiquement, par automatisme, à côté, en parallèle. À propos de ce récit, France Théoret soulignait lors d'une rencontre y avoir questionné la dialectique et le fantasme du vainqueur qu'elle comporte quand elle se concentre sur la synthèse. Il ne s'agit pas de refuser l'endurcissement des sujets, affirmait-elle, mais de montrer la paranoïa et les

---

7. *Id.*, «L'homme qui peignait Staline», *L'Homme qui peignait Staline*, récits, Montréal, Les Herbes rouges, 1989, p. 21.
8. *Id.*, «La fascination», *ibid.*, p. 99.
9. *Id.*, «L'homme qui peignait Staline», *ibid.*, p. 23.

calculs pervers à l'œuvre dans le fantasme de vainqueur. Le personnage de la narratrice-témoin est fasciné par le langage qui mène à ou inhibe l'action; il agira finalement, submergé et incité par les interrogations que soulève la narration, c'est-à-dire par le langage.

D'une certaine façon, le personnage féminin suffoque, étouffe sans parole intérieure, possédé par la tentation de fuir et par la séduction de la liberté. De l'autre côté, entre l'ordre patriarcal, le désarroi et la désespérance des femmes, se glisse l'excès, la démesure, le cri. Tour à tour, la photo envahit et glisse (celle du mari d'Évelyne par exemple), l'étoffe anglaise prend forme et disparaît, le lac artificiel confirme le vacuum rationnel, les ventres pleins de Lise et Miche vident le «je» de toute colère. La solitude du personnage remplit la feuille. La solitude y est distance, car le personnage saisit où commence et finit ce qui lui est propre, il déchiffre sa mémoire, il n'arrête pas d'apprendre que l'existence est invivable sans la pensée qui met en rapport le conscient et l'inconscient. Narratrice témoin, ce personnage féminin ne s'isole pas nécessairement mais établit des liens. Cette femme en retrait («je», «elle», «on», «elles», «nous»), seule dans une maison ou dans une petite chambre délabrée, est partagée entre la contemplation et la lutte. L'un et l'autre volet peuvent toutefois mener à l'affirmation du moi et de l'existence.

La tendance des dernières années a montré que le féminisme, littéraire ou politique, privé ou public, risque toujours d'être remis à sa place d'une façon ou d'une autre, évacué au nom d'un autre texte qui le comprend mal, revu et corrigé par une autre langue dans un autre lieu, ou tout simplement dépassé. En général, au cours de la dernière décennie, le discours des femmes a semblé s'orienter dans la même direction que le discours de la modernité ou, provisoirement, du postmodernisme, puisque les deux pensées ont amorcé une tentative parallèle de déconstruction des discours uniformes, monologiques, unilatéraux et autoritaristes d'une certaine Histoire. Dans un cas comme dans l'autre, on a voulu et on s'applique toujours à lever des interdits, éliminer des clôtures, transformer des frontières, pénétrer, traverser des lignes, déplacer des ethnies, redessiner des territoires, marquer autrement des propriétés, renommer le sens, la direction, dé / limiter, redéfinir le moi. Si le postmodernisme surgit, selon Lyotard, lorsque les grands récits de légitimation ne sont plus dignes de foi et que la vision du monde ne passe plus universellement par les concepts absolus de raison, vérité, progrès, savoir, etc., cette subversion s'opère dorénavant au nom d'un principe de décentrement, de pluralité, de circulation, d'échange et de mouvance. Par ailleurs, la culture des femmes débouche sur une vaste entreprise d'exploration, un questionnement et un renversement du discours officiel, dans l'espoir de créer un nouvel espace et une survie. C'est le processus que Alice Jardine a dénommé *gynesis*, soit la mise en mots de la femme comme procès intrinsèque de la condition postmoderne ou de fait, la valorisation du féminin, de la femme et de son lien obligatoire, ou historique, voire intrinsèque aux nouveaux modes de pensée, d'écriture et de langage. «L'objet produit par ce processus n'est ni une personne ni une chose, mais un horizon, conclut Jardine, ce vers quoi le processus sémiotique tend, le *gynema*, ce dernier concept représentant un effet de lecture, a *woman-in-effect*, qui ne possède ni stabilité ni identité[10].»

Représentation de la représentation, le corps se donne alors bien souvent coupé de la tête, de la raison. L'enjeu pour les femmes dans la représentation elle-même et dans le jeu de la réception, tout comme dans la représentation du sujet et de la subjectivité, demeure la définition de la notion pivot qui les soutient toutes, la différence sexuelle. Teresa de Lauretis entrevoit dans son article «Feminist Studies / Critical Studies: Issues, Terms, and Contexts» une littérature féministe qui propose une politique de l'expérience, du vécu et de la vie quotidienne, qui «pénètre la sphère publique de l'expression et de la pratique créatrice, déplaçant des hiérarchies esthétiques et des catégories génériques, et qui établit alors le terrain sémiotique pour une production différente du référent et du signifiant[11].» La critique féministe et en grande partie l'écriture au féminin envisagent un sujet-femme et non plus seulement un effet-femme et réécrivent par conséquent la culture, le sexe, l'histoire.

France Théoret construit ses sujets-femmes à partir d'une toile en apparence neutre. En effet, «Comment assigner au féminin singulier un territoire de sujet, s'interroge-t-elle dans "L'avenir à l'infinitif", quand on sait que toute place prise porte une charge mortifère dans cette société[12]?» Dans «Éloge de la mémoire des femmes» publié dans *La Théorie, un dimanche*, l'écrivaine reprend les trois niveaux descriptifs du moi élaborés par Laplanche et Pontalis en ces termes: 1) le moi idéal qui sert à l'identification héroïque et qui appartient au registre de l'imaginaire; 2) le moi-réalité qui distingue intérieur et extérieur; 3) l'idéal du moi qui, au sens didactique et irréductible, ne peut être ramené à autre chose. Le moi idéal aurait un rapport quelconque à l'idéal du moi et devrait nécessairement passer par la réalité pour se réaliser au troisième plan de l'idéal[13]. Au fond, toutes nos héroïnes s'accrochent au moi idéal, dessinant sous forme de rêves, d'ambitions, de quotidien, de désirs refoulés une parole vaine, ou plutôt un non-dit que la narratrice-témoin obscurément ne reprend guère. Le moi idéal est lié au code, à la doxa, à l'ordre et aux conventions: la petite fille, la mère, le désir d'enfant, l'amoureuse, le compagnon, le couvent,

10. Alice A. Jardine, *Gynesis. Configurations of Woman and Modernity*, Ithaca et Londres, Cornell University Press, 1985, p. 25. Ma traduction.
11. Teresa de Lauretis, «Feminist Studies / Critical Studies: Issues, Terms, and Contexts», *Feminist Studies / Critical Studies*, Teresa de Lauretis (dir.), Bloomington (Indiana), Indiana University Press, 1986, p. 10. Ma traduction.
12. France Théoret, «L'avenir à l'infinitif», p. 56.
13. Voir France Théoret, «Éloge de la mémoire des femmes», *La Théorie, un dimanche* (L. Bersianik, N. Brossard, L. Cotnoir, L. Dupré, G. Scott, F. Théoret, Montréal, Éditions du Remue-ménage, 1988, p. 190-191).

l'école, le corps, l'apprentissage, la raison. Par contre, pour France Théoret, le moi-réalité est essentiellement assumé par le féminisme en tant que conscience d'être dans l'histoire et en ce qu'il comble une carence lourde quant à la formation des femmes. L'auteure ajoute que:

> Pour toute femme, l'individualité est une dure quête. Quand une femme n'est pas née dans une famille bourgeoise, l'individualité est une quête plus dure encore. Dans la quête de son individualité, une femme a le sentiment d'une dette [le dernier récit s'intitule « La dette »] à l'égard de son origine qui est celle du grand nombre. Elle pense qu'elle a une dette envers les autres dont elle n'arrive pas à se détacher. Elle conserve le sentiment de renier les autres. Il existe un tu dois attaché à chacune de ses pensées, à chacun de ses actes qui se confond bien à l'idéal collectif du féminisme [14].

Évidemment, le moi idéal est destiné à être floué alors que la conscience féministe s'associe à la mémoire des femmes et établit, à travers elle, une vision de la réalité. Quant à l'idéal du moi, « ce peut être l'action féministe, l'écriture sans concessions et bien d'autres avenues qui ont toutes à voir avec ce que nous nous étions un jour promis [15] ».

Tous les récits de *L'homme qui peignait Staline* sauf deux exceptions, bien que nettement centrés sur le moi, sont narrés à la troisième personne. L'énonciation sous la forme du « elle » semble poser une distance de l'œil, un miroir dont le reflet ne reprend pas toujours la lumière du sujet. Cependant et de façon contradictoire, remarque Louise Dupré,

> cet espace du regard fait basculer la balance du côté de l'énonciation: car elle est un je qui se tient à distance pour mieux se voir. Se reconnaissant dans l'inversion du miroir, elle peut dès lors savoir qui elle est, trouver son intégrité. Elle opère dans cet espace, le traverse pour que se retrouvent énonciation et énoncé au-delà de l'angoisse, du temps, de l'émotion ou de la pudeur [16].

Par ailleurs, comme le suggère encore Louise Dupré, l'emploi de cette troisième personne n'autorise en aucun cas ici une description clinique, froide, mécanique, évacuant l'émotif, mais bien une sorte d'hyperréalisme, quoique tout près de la vision intimiste. Le pronom « elle » comme le « je » ne prend pas à sa charge la collectivité des femmes; il met en procès un désir d'accomplissement et une recherche de la subjectivité puisque le sujet y est manquant, indéfini dans son écart avec lui-même, signe vide ou vidé de son référent, auto / nome néanmoins. Si le « je » est subversif, le « elle » regarde, observe, dénonce, contemple, avoue, désavoue, renverse. « Je-elle » ou « nous-elles », « on », jalons d'une grammaire où le symbolique ne se joue plus en fonction d'une langue codée ailleurs, avant, autrement. Parler n'est jamais neutre, faut-il le répéter, car « [j]usqu'à présent le sujet

---

14. France Théoret, *ibid.*, p. 189.
15. France Théoret, *ibid.*, p. 191.
16. Louise Dupré, *op. cit.*, p. 47.

153

qui donnait forme était toujours masculin. Et cette structure propre a certes informé, à son insu, la culture, l'histoire des idées. Elles ne sont pas neutres [17].» En effet, ajoute encore Luce Irigaray, «[u]n discours peut empoisonner, entourer, cerner, emprisonner ou libérer, guérir, nourrir, féconder. Il est rarement neutre»; en ce sens, pour la psychanalyste, la question reste la suivante: «Comment le sujet se revient-il quand il s'est expatrié dans un discours [18]?» Or, le discours, l'échange ne se fera-t-il pas toujours d'ailleurs d'abord entre hommes, que ce soit au sujet de la mère, de la petite fille ou de la langue?

France Théoret affirme précisément, dans son ouvrage *Entre raison et déraison*, que «Ces dernières années, l'entreprise la plus considérable des femmes est certes la réévaluation du sujet dans le champ symbolique». Changer la langue donc, «donner un contenu symbolique au mot femme et non plus à l'éternel féminin [19]», transformer les savoirs, la fiction. Écrire le sujet-femme entre raison et déraison, faire l'expérience de l'excentrement, établir la souveraineté du sujet parlant:

> Il y aura à prendre le risque d'une nouvelle globalité / souveraineté du sujet parlant. Celui-là devra ouvertement garder en mémoire que le morcellement est partout, qu'il n'y a pas de centre, et peut néanmoins survivre. Il y a déjà dans le féminin une aptitude ou une habitude du multiple. Il faudra sans doute lire-écrire autrement, risquer davantage le sens issu d'un travail sur la langue [20].

Louise Dupré a signalé que, plus qu'une écriture de l'expérimentation à la manière de Brossard, celle de France Théoret tient de l'expérience, un terme récurrent dans le discours féministe. De Lauretis associe l'expérience au processus sémiotique grâce auquel se construit la subjectivité [21]. Expérience de la mémoire, mémoire de l'expérience, le poids réel des choses, la turbulence intérieure, là où le signe fait signe, là où l'acte trace sa marque, là où le corps s'entend, se parle, là où le féminin ne peut se biffer au masculin, là où le sujet cherche à refaire son espace, être. Carole Massé écrit à ce sujet:

> Désirer qu'une femme prenne sa place de sujet (et ne soit plus remise à «sa» place par quelque idéologie que ce soit), c'est accepter que cette femme puisse rejeter toute allégeance ou étiquette et ne désirer plus qu'être, non pas réduite, mais agrandie à sa plus simple expression: une, dépouillée de tous points de ressemblance aux autres, revêtue de sa stricte unicité dans l'espèce humaine. Changer de place, pour une femme, passer de la position d'objet du discours à celle de sujet dans l'écriture, signifie

17. Luce Irigaray, *Parler n'est jamais neutre*, Paris, Minuit, coll. «Critique, 1985, p. 10-17
18. *Ibid.*, p. 11.
19. France Théoret, *Entre raison et déraison*, *op. cit.*, p. 35.
20. *Ibid.*, p. 96.
21. Voir en particulier Teresa De Lauretis, *Alice doesn't: Feminism, Semiotics, Cinema*, Bloomington (Indiana), Indiana University Press, 1984, p. 159.

accéder à l'aire de sa solitude radicale et aux vertiges de son propre corps[22].

Ce qui appartient à l'expérience du féminin, c'est essentiellement l'association du désir et de l'espace, un lieu d'où la force émerge, espace intérieur lié à son tour au territoire entre le moi et l'autre.

Le paradigme du territoire reste à développer chez France Théoret chez qui «[l]e récit s'organise dans un continuel excentrement: la vie, la mort, la séduction, la tyrannie, le quotidien comblé, la solitude des rapports humains, plus encore *le fait* d'écrire tout en écrivant que "Les femmes sont incapables d'écrire "[23]». La chambre où se met en place le sujet-femme renvoie précisément à un lieu serré, tendu, coincé, obscur. De la cuisine et des chambres à coucher primitives de la jeune écolière à l'appartement de l'étudiante, une chambre qui ne fait pas quinze mètres carrés, la vue de la fenêtre bouchée par un escalier de fer, les rideaux fermés, des meubles vétustes, les murs d'anciennes couleurs pastel, l'ampoule nue au milieu de la pièce. L'exiguïté de la pièce, la pauvreté du décor rappellent ces chambres de l'enfance aux murs dépeints, à l'humidité glaciale, où la petite fille ne peut qu'écouter les récriminations de la mère sans pouvoir se placer dans sa parole vide.

Ironiquement, comme si l'espace devait lui venir d'ailleurs et entretenir une illusion de toile, Louise Aubert s'associera à un artiste-peintre qui, lui, fabrique des décors de théâtre. De fait, Mathieu choisira aussi leur première maison, laquelle restera longtemps vide. L'héroïne s'enferme, apparemment incapable de sortir; elle craint la rue, la foule, les images, les miroirs. Dans «L'homme qui peignait Staline», elle amorce tout au moins un déplacement vers une forme de représentation positive: l'ironie, le travail, les études, la colère, le rejet, le départ, l'appui, l'affirmation. Le sujet s'approprie le corps de la langue pour y inscrire sa mémoire des mots.

Ainsi, le genre de la nouvelle au féminin supposerait un rapport de l'écrivaine au réel circonscrit à la fois par sa vision de la subjectivité et par les frontières spaciales et temporelles du texte lui-même ou par la diégèse. Dans ses récits, brefs ou longs, France Théoret élabore une grammaire de la pensée qui tend à retracer la mémoire du langage féminin à travers l'affirmation du mot et de l'image ou du nom et de l'idée. Entre le domestique et l'intellectuel, entre la contrainte ou la soumission à l'ordre social et le risque absolu de l'imaginaire, entre l'autocensure du texte et le vertige de la fiction, la femme / narratrice inscrit son désir de la raison. Si la sémiotique de l'espace familial reproduit ici l'image de la méfiance, de l'incertitude, de l'indécision et de l'indétermination, le «réalisme» du récit et l'«inexactitude» des mots n'en (dé)voilent pas moins le signe d'une

---

22. Carole Massé, «L'enjeu du sujet», *Tessera*, n° 9, automne 1990, p. 77.
23. France Théoret, *Entre raison et déraison, op. cit.*, p. 79.

hésitation de la mémoire face à l'enfance, à l'origine, et face à l'avenir aussi. Bref, chez France Théoret, il semblerait que le pari de la nouvelle se situe tout entier dans le dit ou la visibilité du texte, dans la nécessité d'exposer les enjeux de la pensée et de l'écriture et dans la fabrication du sujet parlant. Mais, fiction poétique, nouvelle ou roman, le pari n'est-il pas le même pour l'auteure dans tous ses écrits, du début jusqu'à la fin ? Pour qu'advienne l'intensité.

Bibliographie

DE LAURETIS, Teresa, *Alice doesn't: Feminism, Semiotics, Cinema*, Bloomington (Indiana), Indiana University Press, 1984, 220 p.

―――, « Feminist Studies / Critical Studies: Issues, Terms, and Contexts », dans *Feminist Studies / Critical Studies* (sous la direction de T. De Lauretis), Bloomington (Indiana), Indiana University Press, 1986.

DUPRÉ, Louise, *Stratégies du vertige. Trois poètes: Nicole Brossard, Madeleine Gagnon, France Théoret*, Montréal, Éditions du Remue-ménage, coll. « Itinéraires féministes », 1989, 265 p.

IRIGARAY, Luce, *Parler n'est jamais neutre*, Paris, Minuit, coll. « Critique », 1985, 325 p.

JARDINE, Alice A., *Gynesis. Configurations of Woman and Modernity*, Ithaca et Londres, Cornell University Press, 1985, 281 p.

LYOTARD, Jean-François, *La Condition postmoderne: rapport sur le savoir*, Paris, Minuit, 1979, 109 p.

MASSÉ, Carole, « L'enjeu du sujet », *Tessera*, n° 9, automne 1990, p. 75-77.

OUELLET, Pierre, « Vie et mort du genre », dans *La Mort du genre I* (Collectif. Actes du colloque tenu à Montréal en octobre 1987, publié comme le numéro 209-210-211 de *La Nouvelle Barre du jour*), Montréal, Éditions de La Nouvelle Barre du jour, 1987, 196 p.

POTVIN, Claudine, « L'esthétique du détail dans *Nous parlerons comme on écrit* », *Voix et Images*, vol. XIV, n° 40, automne 1988, p. 39-49.

THÉORET, France, « L'avenir à l'infinitif », *La Nouvelle Barre du jour*, n° 141, septembre 1984, numéro intitulé *Vouloir la fiction, la modernité*, p. 55-56.

―――, *Entre raison et déraison*, essais, Montréal, Les Herbes rouges, 1987, 163 p.

―――, « Éloge de la mémoire des femmes », *La Théorie, un dimanche* (L. Bersianik, N. Brossard, L. Cotnoir, L. Dupré, G. Scott, F. Théoret), Montréal, Éditions du Remue-ménage, 1988, p. 173-191.

―――, *L'Homme qui peignait Staline*, récits, Montréal, Les Herbes rouges, 1989, 174 p.

Soixante-dix ans
de nouvelle franco-ontarienne :
Turcot, Thério, Poliquin

François Paré,
Université de Guelph

Dans le titre donné à cet article, les mots « nouvelle franco-ontarienne » sont au singulier. C'est là, je crois, une illusion. Car, en Ontario français, il n'y a pas, à proprement parler, d'histoire perceptible de la nouvelle, ou encore des formes brèves du discours. C'est, d'une part, que cette histoire n'a jamais été faite, ni même souhaitée, ni même évoquée. Et c'est, d'autre part, que la littérature franco-ontarienne dans son ensemble, dans sa modernité, n'arrive jamais à récupérer son passé d'une manière cohérente. Cela tient à la faiblesse de son institution, bien évidemment, mais aussi à l'existence d'un malentendu fondamental sur ce qui a dû être sa genèse. Et quand on ne s'entend pas sur l'origine, il est difficile ensuite de produire une tradition littéraire convaincante.

L'histoire de la littérature franco-ontarienne forme donc un diptyque. Il existe, d'abord, une tradition d'écriture dont on pourrait retracer les premières manifestations vers 1860, dans l'effervescence fédéraliste qui agite déjà Ottawa, la future capitale. Or, cette histoire d'une écriture ayant pris naissance dans la poésie du XIXe siècle se double d'une seconde trame, idéologiquement plus pressante dans la modernité franco-ontarienne, héritée celle-là du conte oral et du récit populaire, bien recensés par Germain Lemieux. Cette seconde naissance a eu lieu autour de 1972 à Sudbury [1]. La littérature franco-ontarienne a donc eu, dans les traditions qui l'ont formée, deux naissances, l'une dans l'écriture des poètes comme William Chapman et Benjamin Sulte, entre autres, l'autre dans l'oralité absolue des formes brèves mettant en vedette le célèbre et miraculeux Ti-Jean des contes de Germain Lemieux, formes brèves dont le théâtre et la poésie des vingt dernières années ont fait l'appropriation.

Cette dualité de l'histoire est d'une grande importance, dans la mesure où toute diachronie des formes brèves se heurte nécessairement au

---

1. C'est avec le théâtre d'André Paiement, sous la grande tente à l'été 1970, que commence la littérature franco-ontarienne moderne. Son institutionnalisation se poursuivra très rapidement par la suite, avec la formation de la Coopérative des Artistes du Nouvel-Ontario (CANO) en 1971, la fondation des Éditions Prise de Parole en 1972 et les récitals des Cuisines de la poésie en 1975. À ce sujet, il faut consulter Gaston Tremblay, « Genèse d'éditions francophones en Ontario », *Revue du Nouvel-Ontario*, n° 4, 1982, p. 1-20.

problème insoluble de l'engendrement réel de ces formes, largement oublié et dévalorisé par la critique actuelle. Or, la double origine de la littérature franco-ontarienne s'inscrit dans un vide bien plus inquiétant encore, puisque, au-delà de quelques anthologies génériques et d'un manuel insatisfaisant, il n'existe pas, non plus, d'histoire intégrale et consensuelle de la littérature franco-ontarienne. C'est donc dire que les filiations que suggère le titre de mon texte et l'univocité apparente de mon propos restent largement imaginaires, car il n'est pas du tout dit que Marie-Rose Turcot, Adrien Thério et Daniel Poliquin (trois nouvellistes dont je traiterai ici un peu plus longuement) participent à une même histoire collective de l'écrit littéraire. Que leur présence ici, dans le corpus des formes brèves franco-ontariennes, soit en fait, comme on dit, un *pur adon*, cela ne laisse pour moi aucun doute et atteste du désespoir de pouvoir saisir, un de ces jours, dans ce qui serait le compte rendu systématique de sa destinée, l'histoire de la littérature franco-ontarienne.

Mais, faute de continuité, faute de territoire repérable, faute de récupération des œuvres dans la nostalgie institutionnelle de l'histoire, il ne nous reste qu'à témoigner du sporadique, du discontinu, des traces, des naissances discrètes. En fait, les textes brefs, dont nous parlons aujourd'hui, sont, comme le disait si bien Diane-Monique Daviau, « de petites chaleurs arrachées au temps, à la mémoire du temps[2] ». Le reste appartient au silence endémique, à l'hégémonie de l'omission où se cultivent les formes de la brièveté, dans la culture minoritaire dont je parle actuellement.

Les formes brèves, et la nouvelle tout particulièrement, ont été toujours très vivantes en Ontario français, et cela dès les grandes vagues de peuplement francophone de la seconde moitié du XIXe siècle. Nombreux sont les écrivains qui s'y sont consacrés, surtout dans la région d'Ottawa, mais nullement exlusivement, comme le montre le très grand nombre de nouvellistes torontois actuellement. Ces textes n'ont pas souvent paru sous forme de recueils; ils sont dispersés au gré des revues, agricoles notamment, et des journaux comme *Le Droit*, fondé en 1913[3]. Dans leur histoire, les formes brèves semblent reproduire fidèlement, peut-être plus que tout autre corpus générique, la dualité génésique de la littérature franco-ontarienne actuelle que j'évoquais un peu plus tôt. La première tradition doit son développement au conte oral. On y regroupe volontiers des écrivains comme Thomas Marchildon, Sylva Clapin, Emma-Adèle Lacerte, Claude Aubry, Jocelyne Villeneuve, Adrien Thério (celui de *Ceux du Chemin-Taché*, par exemple) et Maurice Henrie. L'autre tradition, celle de la nouvelle littéraire, souvent fortement autobiographique, compterait, entre autres, Marie-Rose Turcot, Michelle Le Normand, Adrien Thério (celui de *Mes beaux meurtres*,

---

2. Diane-Monique Daviau, « Pour en finir avec l'hiver », *Lettres québécoises*, nᵒ 61, printemps 1991, p. 25.
3. Plusieurs de ces nouvelles sont parues dans les numéros spéciaux que la revue *Liaison* consacre annuellement à la fiction.

par exemple), Jean Éthier-Blais, Gérard Bessette, Daniel Poliquin, Marguerite Andersen, Mireille Desjarlais et Pierre Karch. On constate ainsi une assez grande richesse de l'écrit bref en Ontario français, richesse qui suscite un dernier commentaire général.

Que peut-on dire, en effet, de l'incidence des formes brèves de l'écriture dans les sociétés minoritaires? La brièveté des formes naît-elle de la vulnérabilité des cultures? Il est sûr que cette vulnérabilité et le profond sentiment de l'évanescence de l'écriture, déjà happée par le silence, hantent l'histoire de la littérature franco-ontarienne: fragilité de la parole elle-même, qui n'est jamais évidente dans l'indifférence hégémonique du Canada anglais et, plus récemment, du Québec; et surtout fragilité encore plus extrême du «discours social commun» où doit se loger forcément la littérature[4]. Les cultures minoritaires, surtout les plus démunies institutionnellement, se rabattent ainsi sur la fragmentation, préférant beaucoup de petits écrits brefs à une grande œuvre de longue haleine, espérant sans doute tirer de cette fragmentation une totalité supérieure à l'ensemble des parties, comme l'avait si doucement avoué Gabrielle Roy à l'équipe de *Québec français* qui l'interrogeait sur ses nouvelles[5].

Mais il y a plus. Les conditions matérielles de la diffusion de l'écrit en milieu minoritaire militent en faveur de la brièveté des formes littéraires. C'est que ces sociétés, et l'Ontario français en particulier, dépendent en tout temps de l'écrit journalistique ponctuel pour assurer la diffusion au moins embryonnaire du produit littéraire. Un très grand nombre des écrivains, dont je faisais la liste un peu plus tôt, ont œuvré dans le journalisme. En Ontario français, sauf pour de brèves périodes absolument exceptionnelles, il n'existait jusqu'à 1973 aucun débouché local qui aurait permis un contrôle immédiat sur la diffusion des œuvres. Les Éditions Prise de Parole, les premières en date, n'existent que depuis le début des années soixante-dix, et se sont montrées peu disposées jusqu'à maintenant à la publication de la nouvelle.

On ne peut donc qu'admirer, dans ce sens au moins, le travail acharné d'un certain nombre d'écrivains périphériques (écrivaines surtout) qui ont réussi à partir de 1920 à faire paraître leurs recueils de nouvelles dans des maisons québécoises reconnues. C'est le cas de Marie-Rose Turcot, évidemment, mais aussi d'Emma-Adèle Lacerte et de Michelle Le Normand. Née au Québec, Marie-Rose Turcot vient à Ottawa pour y faire ses études universitaires. Elle y restera pendant la plus grande partie de sa vie et y situera un grand nombre de ses récits. Marie-Rose Turcot est certes l'écrivaine dont la renommée est la plus étendue entre 1930 et 1950 dans le

---

4. L'expression est de Micheline Cambron dans *Une société, un récit: discours culturel au Québec (1967-1976)*, essai, Montréal, l'Hexagone, coll. « Essais littéraires », n° 6, 1989.
5. Gilles Dorion et Maurice Émond, « Entrevue avec Gabrielle Roy », *Québec français*, n° 36, décembre 1979, p. 34 .

monde littéraire franco-ontarien. Son premier recueil, *L'Homme du jour*[6], et deux romans subséquents, surtout *Nicolette Auclair* (1930)[7], ont fait l'objet de nombreuses rééditions jusque durant les premières années de la Révolution tranquille. Marie-Rose Turcot pratique deux sortes de nouvelles, l'une qu'on pourrait appeler « romanesque », dans la mesure où les formes narratives du roman s'y trouvent cultivées (c'est le cas des nouvelles de *L'Homme du jour*); l'autre que l'on appellerait « nostalgique », prenant la forme de la vignette autobiographique, si populaire dans le Canada français de l'entre-deux-guerres. Cette vignette autobiographique, qui échappe encore à l'étude sérieuse, constitue un courant extrêmement tenace de l'écrit bref dans notre culture. Pour l'écriture féminine, qu'on ne peut manquer d'évoquer ici, cette seconde forme de l'écrit bref a permis l'affirmation de la subjectivité et l'évocation de rébellions adolescentes, vite réprimées bien sûr, mais marquées par la liberté.

Chez Marie-Rose Turcot, c'est sans doute la parution en 1928 du recueil intitulé *Le Carrousel* qui marque l'entrée du discours autobiographique dans une esthétique claire du récit bref[8]. Les nouvelles de ce recueil font appel à une intertextualité très complexe; Marie-Rose Turcot reste toujours éminemment consciente dans chacune des œuvres de s'inscrire dans une tradition littéraire diversifiée. Dans *Le Carrousel*, nombreuses sont les références à *Ali Baba*, à *Bécassine*, à la comtesse de Ségur, à Louis Fréchette, à Paul Bourget et d'autres. De ces lectures, Turcot retient le goût du rêve: c'est dans cet intertexte, dans le récit de ces lectures, que se trouvent projetées les conditions de la liberté. Bon nombre de phrases au romantisme évident se font l'écho de cette intertextualité, productrice d'un fort sentiment de liberté, autant chez les lecteurs et lectrices que chez l'écrivaine elle-même :

> Alexandre dompta Bucéphale en le faisant galoper contre le soleil pour combattre sa peur de l'ombre. J'ai tâché moi aussi de galoper contre le soleil, à la conquête de l'azur où s'allume le rêve et scintille l'étoile. En fuyant l'ombre, j'ai puisé l'enivrement de la vie au grand jour, les songes lumineux qui éclairent tous les recours de l'existence. (*Le Carrousel*, p. 14)

Derrière le lexique très baudelairien de cette longue citation de la nouvelle « Les petits chevaux de bois », se dessine une critique acerbe du catholicisme ultramontain, dont le renversement final n'est possible que dans le rêve. *Le Carrousel* met en scène, comme seul vrai personnage de ces contes, une population obsédée par l'ordre et par la pureté jugée fausse des rituels et des comportements moraux. Pénétrant dans l'église de son enfance pour y faire sa première communion, la narratrice n'y va pas par quatre chemins : « Les chaises étaient alignées pour les paroissiens qui

---

6. Marie-Rose Turcot, *L'Homme du jour*, Montréal, Beauchemin, 1924.

7. *Id.*, *Nicolette Auclair*, roman, Montréal, Louis Carrier, 1930.

8. *Id.*, *Le Carrousel*, Montréal, Beauchemin, 1928.

se frappaient la poitrine et faisaient mille simagrées en lisant dans les prétendus missels» (*Le Carrousel*, p. 31). Nous sommes en 1928, faut-il le rappeler.

L'Homme du jour, inspiré par le monde politique de la capitale, présente des récits de structure plus traditionnelle. Au début, les personnages se trouvent le plus souvent confrontés à une situation de désordre social, ce qui entraîne chez eux le désir du changement et l'inquiétude. Tout le travail de la nouvelliste consiste à mettre en œuvre ce désir, tout en le transmettant par mimétisme à ses lecteurs et lectrices, pour ensuite le réprimer par une remise en ordre finale. La nouvelle intitulée «L'homme du jour» raconte ainsi l'histoire du couple Duprévert, lui candidat électoral désertant trop souvent le foyer conjugal, brutal et insensible à l'endroit de sa femme; elle, «meurtrie» et déçue, infantilisée par la situation, attirée par un ami d'enfance qui s'appliquera à rendre le mari politique intensément jaloux. «L'homme du jour» se termine sur la victoire de Lucien Duprévert aux élections et sur la redécouverte des valeurs du couple par les deux époux repentants. Cette nouvelle au dénouement décevant pour un lecteur et surtout une lectrice moderne articule néanmoins fort efficacement les données de la lutte et de la quête du pouvoir politique, l'utilisation hégémonique du langage par les hommes et l'infantilisation babillarde des femmes, séduites irrésistiblement par un pouvoir libérateur qui les condamne à ne jamais être aimées.

Chez Marie-Rose Turcot, la présence de référents extra-textuels (personnages politiques, rues d'Ottawa, monuments) reste toujours extrêmement rare, la fiction prenant par là toute la place discursive possible. Chacune des nouvelles semble se construire à partir d'une logique expansive purement interne, indifférente au réel et à la réverbération du récit dans l'univers social. C'est cette fermeture absolue du récit qui condamne le personnage à l'ultime programme narratif auquel il était destiné depuis le début, la seule logique interne pouvant résoudre les dilemmes et combler les carences qui l'assaillent. Notre déception à la lecture du dénouement de nombre de nouvelles de Marie-Rose Turcot (notre sentiment de retomber à plat) provient, non pas de la cohérence défectueuse de l'intrigue, mais plutôt du déni de cette extériorité vivante que nous représentons en tant que lecteurs et lectrices, du refus de voir se réaliser à travers nous une vision de l'hétérogène. Au contraire, Turcot ne permet ni au personnage ni au programme narratif de se résoudre dans l'ambiguïté.

Cette question de l'hétérogénéité est ce qui m'amène maintenant à parler d'Adrien Thério. Lui aussi d'origine québécoise, et acadienne par ses ancêtres, professeur à l'Université d'Ottawa, fondateur de *Livres et Auteurs canadiens* et de *Lettres québécoises*, Thério est l'un des hommes de lettres les plus marquants et les plus prolifiques de l'Ontario français. Il est l'auteur de recueils de contes traditionnels, inspirés de la tradition narrative du XIXe

siècle (*Ceux du Chemin-Taché*[9]) et de nouvelles (*Mes beaux meurtres*[10], *La Tête en fête*[11]). Thério s'intéresse, comme Turcot, à la logique du programme narratif; et c'est dans les recueils de récits brefs, sans doute plus appropriés à ces manipulations, qu'il met en œuvre ce que, dans un texte théorique sur le fantastique, Christine Brooke-Rose appelle si justement le « vacillement du récit », son inachèvement, son refus de l'homogénéité. Dans *Mes beaux meurtres* et plus tard dans *La Tête en fête*, c'est souvent le personnage lui-même, glissant lentement vers la démence, qui déstabilise le programme narratif dont dépend sa survie comme personnage.

Dans « La joie dans le bocal », par exemple, Pierre se fait prendre au piège d'une déraison qu'il a lui-même conçue et qu'il joue à plaisir. Confronté à une série d'interlocuteurs à qui il doit expliquer son comportement étrange, Pierre finit par croire à son propre théâtre, devenu pour lui l'expression de sa vérité (ou plutôt de son absence de vérité) la plus douloureuse. Il sera éventuellement mis à l'asile où, incapable de persuader le directeur de l'établissement de sa santé mentale, il finit par ressortir à la violence, tuant d'un coup de patère celui qui tentait de l'enfermer. Condamné pour meurtre, il finira par croupir en prison. Cette nouvelle, que je me suis permis de raconter assez longuement, est exemplaire à plus d'un égard. Elle illustre bien la logique de l'hétérogène, de l'*étrangeté* (pour reprendre le mot de Thério) qui anime d'abord le récit. Cette étrangeté constitue ici une dramatisation que le héros souhaite jouer dans la plus stricte conscience: ne voulait-il pas seulement, au début de sa vie adulte et sociale, se voir comme étranger et étrange à lui-même? Mais la logique de l'hétérogène, bien qu'elle crée dans le texte de nombreux vacillements, finit par se clore tragiquement, comme si le héros n'avait su qu'œuvrer, dans ce récit si bref qui était le sien, à son enfermement final.

On a souvent associé l'œuvre d'Adrien Thério au fantastique, auquel elle semble emprunter nombre de caractéristiques. Ce n'est là qu'une partie de la question. Car le fantastique chez Thério ne saurait déboucher sur la fête (malgré le titre paradoxal du second recueil), sur une joie découlant de la maîtrise par les personnages de leur destin individuel. L'illogique, qui investit les personnages, n'est qu'une imposture: l'illogique n'est qu'une autre manifestation de la logique. Le récit en sera tôt ou tard la preuve incontestée.

L'œuvre de Thério est traversée par la folie et la violence, la folie étant la face civilisée, raisonnable, de la violence. En fait, déraison et violence sont les résultats logiques de la pénétration constante de l'illogique dans le réel. De cela, précisément, la fiction rend compte. Ce recours à la violence, visant à tuer en soi les forces de l'étrangeté et à mettre fin au théâtre fulgurant de l'aliénation, font d'Adrien Thério un écrivain majeur du corpus

---

9. Adrien Thério, *Ceux du Chemin-Taché*, contes, Montréal, Éditions de L'Homme, 1963.
10. *Id.*, *Mes beaux meurtres*, nouvelles, Montréal, Le Cercle du Livre de France, 1961.
11. *Id.*, *La Tête en fête (et autres histoires étranges)*, Montréal, Éditions Jumonville, 1975.

franco-ontarien moderne. Il ne fait aucun doute, tant chez Turcot que chez Thério, que la question de l'hétérogène, la présence obsessive de l'autre en soi, la fatigue endémique du personnage, l'aliénation, la marginalité douloureuse s'inscrivent dans une problématique de l'identité individuelle et collective qui oriente, depuis les années cinquante et peut-être bien avant cette période, le discours culturel en Ontario français.

C'est d'ailleurs cette conscience identitaire qui détermine l'œuvre d'un troisième écrivain, Daniel Poliquin, surtout dans les *Nouvelles de la capitale*, parues en 1987 [12]. Contrairement à Turcot et Thério, Poliquin est un pur produit de la nouvelle institution littéraire franco-ontarienne, née au tournant des années soixante-dix en réaction profonde au nouveau nationalisme québécois. Les récits de Poliquin mettent en scène un sujet narrateur aux prises avec l'héritage ambigu de sa culture minoritaire, se percevant lui-même dans son originalité absolue par rapport à cette collectivité, présente dans le texte et hors du texte. Le sujet-narrateur de Poliquin écrit. Des nouvelles justement. « Moi, j'écris encore des nouvelles qui ne seront jamais lues dans les écoles franco-ontariennes trop bien pensantes » (*Nouvelles de la capitale*, p. 30). Or, la place du sujet minoritaire, dont nous parle le narrateur des *Nouvelles…*, n'est jamais assurée dans cette fausse capitale qu'est Ottawa, puisque la collectivité franco-ontarienne à laquelle il appartient indistinctement ne se définit que par l'appel à la conscience de sa contrepartie québécoise, objet d'émerveillement, dont elle est exclue pour toujours. Montréal, ville du refus et du malaise perpétuel, est pourtant la seule vraie capitale des Franco-Ontariens. « Je me demande aujourd'hui, écrit Poliquin, comment nous aurions pu endurer la platitude de nos dimanches francoontariens sans ces discussions sur la genèse du Québec… » (*Nouvelles de la capitale*, p. 21). Or, cette destinée collective est, pour le narrateur des *Nouvelles…*, résolument et douloureusement individuelle. En ce sens, le récit bref, s'il doit devenir un instrument de libération collective, doit être autobiographique. La fragmentation des récits, leur incapacité à se réaliser autrement que dans le sporadique, atteste mieux que jamais de la conscience morcelée, parcellaire, du sujet minoritaire, condamné qu'il est, chez Poliquin, à faire œuvre dans les abords de la rédemption.

Pour Poliquin, plus que chez tout autre, la collectivité s'investit dans le récit sous forme de portraits, fort nombreux; c'est ainsi tout le paysage humain des lieux de transit (bars, restaurants, maisons de chambres, université d'Ottawa) qui fondent l'existence excédentaire du narrateur, sa marginalité au sein de l'univers social. Ce narrateur désespère de voir changer, quoi qu'il fasse, les conditions d'aliénation qui rongent les personnages. Et les portraits que nous lisons dans les *Nouvelles de la capitale* appartiennent déjà à tous ceux qui vont disparaître, emportant avec eux leur

---

12. Daniel Poliquin, *Nouvelles de la capitale*, Montréal, Québec / Amérique, coll. « Littérature d'Amérique », 1989.

collectivité tout entière. Cette pénétration du destin collectif et du malheur catastrophique qu'il entraîne immanquablement distingue une bonne partie des œuvres franco-ontariennes récentes : de *L'Homme invisible / The Invisible Man* de Patrice Desbiens au *Dernier des Franco-Ontariens* de Pierre Albert, en passant par les *Nouvelles de la capitale* de Poliquin [13].

Il m'est assez difficile de conclure un exposé schématique comme celui-ci. Turcot, Thério et Poliquin ont, au fond, bien peu de chose en commun; et en même temps ils semblent partager, par l'utilisation même des formes brèves, une profonde expérience de l'«enfermement et de la clôture et surtout le sentiment aigu de la pertinence de ces formes brèves comme métaphores de la fragmentation du sujet minoritaire. Et dans plusieurs de ces textes, chez Adrien Thério notamment, la folie brille toujours à l'horizon comme une apothéose de l'affirmation de soi. C'est ainsi que, dans le court instant d'une nouvelle, comme une flambée destructrice, la marginalité s'illumine pour un instant, acquiert une plus grande densité du sens. Ce n'est qu'après, surtout chez Turcot et Thério, que tout rentre dans l'ordre, absorbé par l'horizon désolant du silence, par le déni de la continuité que les formes brèves semblent si bien représenter. « La vie, écrivait Marie-Rose Turcot dans *L'Homme du jour*, est une grande recommenceuse » (p. 37).

Bibliographie

ALBERT, Pierre, *Le Dernier des Franco-Ontariens*, Sudbury, Prise de Parole, 1992, 96 p.

CAMBRON, Micheline, *Une société, un récit: discours culturel au Québec (1967-1976)*, essai, Montréal, l'Hexagone, coll. « Essais littéraires », n° 6, 1989, 201 p.

DAVIAU, Diane-Monique, « Pour en finir avec l'hiver », *Lettres québécoises*, n° 61, printemps 1991, p. 25-26.

DESBIENS, Patrice, *L'Homme invisible, un récit / The Invisible Man, A Story*, Sudbury, Éd. Prise de Parole / Moonbeam, Penumbra Press, 1982, 46 p.

DORION, Gilles et Maurice Émond, «Entrevue avec Gabrielle Roy», *Québec français*, n° 36, décembre 1979, p. 33-35.

POLIQUIN, Daniel, *Nouvelles de la capitale*, Montréal, Québec / Amérique, coll. « Littérature d'Amérique », 1989, 135 p.

THÉRIO, Adrien, *Mes beaux meurtres*, nouvelles, Montréal, Cercle du Livre de France, 1961, 185 p.

————, *Ceux du Chemin-Taché*, contes, Montréal, Éditions de l'Homme, 1963.

————, *La Tête en fête (et autres histoires étranges)*, Montréal, Jumonville, 1975, 142 p.

---

13. Patrice Desbiens, *L'Homme invisible, un récit/The Invisible Man, A Story*, Sudbury / Moonbeam, Prise de Parole / Penumbra Press, 1982; Pierre Albert, *Le Dernier des Franco-Ontariens*, Sudbury, Prise de Parole, 1992.

Tʀᴇᴍʙʟᴀʏ, Gaston, « Genèse d'éditions francophones en Ontario », *Revue du Nouvel-Ontario*, n° 4, 1982, p. 1-20.

Tᴜʀᴄᴏᴛ, Marie-Rose, *L'Homme du jour*, Montréal, Beauchemin, 1924, 206 p.

———, *Le Carrousel*, Montréal, Beauchemin, 1928, 120 p.

———, *Nicolette Auclair*, roman, Montréal, Louis Carrier, 1930, 179 p.

La nouvelle dans la littérature acadienne d'aujourd'hui

Évelyne Foëx,

Université de Moncton

Alors que la nouvelle apparaît comme un genre florissant au Québec, comme l'attestent le grand nombre de recueils publiés chaque année et les multiples prix qui la couronnent, ainsi qu'en France où un prix Goncourt lui est décerné, cet engouement (pour employer le terme d'une journaliste de *La Presse*, Lucie Côté [1]) ne semble pas encore s'imposer en Acadie. La nouvelle tente, néanmoins, une percée dans la littérature d'expression française des provinces maritimes. Un bref rappel de l'histoire littéraire acadienne permettra d'éclairer le développement récent de ce genre, que l'on voit émerger dans l'œuvre de Louis Haché, romancier et nouvelliste, à partir du récit traditionnel axé sur le passé.

La littérature acadienne s'est développée un peu suivant les mêmes tendances que la littérature canadienne-française dans son ensemble, mais en affichant sur celle-ci un retard d'un demi-siècle ou plus, jusqu'à ces dernières années; ce qui fait dire à Melvin Gallant, écrivain et spécialiste de la littérature acadienne, que « le romantisme français battait son plein en Acadie au milieu du XXe siècle alors qu'il était mort depuis longtemps en France et même au Québec [2] ». On ne peut donc vraiment parler de littérature acadienne qu'au début des années soixante-dix, marquées par l'impressionnante production d'Antonine Maillet (plus de quinze œuvres paraissent entre 1971 et 1979, année où *Pélagie-la-Charrette* est couronné du prix Goncourt), ainsi que par la création des Éditions d'Acadie en 1972. L'essor de la littérature acadienne a été freiné par la dispersion du peuple acadien après la déportation de 1755 et par le dénuement économique et culturel qui s'est ensuivi.

Une seconde raison permet d'éclairer la percée tardive de la nouvelle: c'est la place prépondérante occupée dans la littérature acadienne contemporaine par la poésie. Ce genre apparaît comme étant le plus cultivé, ainsi qu'en témoignent le nombre de recueils publiés annuellement dans trois maisons d'édition, la multiplication des anthologies de poésie et le nombre

---

1. Lucie Côté, « L'engouement pour la nouvelle », *La Presse*, 5 mai 1990.
2. Melvin Gallant, «Du mythe à la réalité: évolution de la littérature acadienne», *Les Acadiens. État de la recherche*, Québec, Conseil de la vie française en Amérique, 1987, p. 117.

des poètes reconnus nationalement et même internationalement. La production romanesque a connu un développement moins florissant que la poésie et elle est restée imprégnée longtemps des valeurs ancestrales. Ce n'est que récemment que le roman s'ouvre sur la société actuelle, ses préoccupations, ses valeurs. On peut dès lors s'attendre à ce que le texte court reflète les tendances de ce genre: attachement aux traditions et au passé jusqu'à une époque très récente, timide ouverture sur le monde moderne; et à ce que la nouvelle contemporaine ne prenne le pas sur d'autres formes brèves traditionnelles comme le conte ou le récit, que depuis une douzaine d'années.

L'écrivain Louis Haché illustre la tendance du conteur et chroniqueur attaché à faire revivre le passé, qui s'ouvre à la modernité. Il publie en 1974 un premier recueil de neuf récits, *Charmante Miscou*, brossant une série de tableaux animés des îles Miscou dans le nord-est du Nouveau-Brunswick. Ces récits font revivre le passé de l'île et observent son état présent. Deux romans sont publiés par la suite, dont *Adieu p'tit Chipagan*, en 1978, couronné du prix France-Acadie. En 1980, Louis Haché revient au texte court avec *Toubes jersiaises*, puis en 1991 avec *Le Guetteur*. Ces derniers recueils offrent-ils, à l'instar du premier, *Charmante Miscou*, des récits ou a-t-on ici des nouvelles? *Toubes jersiaises* est présenté lors de sa parution comme un recueil de nouvelles; plus récemment, *Le Guetteur* est publié par la même maison d'édition [3] sous l'étiquette «récits». Pourtant, les textes des deux recueils sont de même inspiration et de même facture; on retrouve même dans le plus récent quelques textes parus dans le précédent et remaniés. Cette hésitation dans l'identification des genres me paraît significative de l'évolution du texte court telle qu'elle est reflétée en particulier par l'œuvre de Louis Haché. Même si les deux recueils puisent à une même source d'inspiration, l'écrivain y passe insensiblement du récit traditionnel de *Toubes jersiaises* à la nouvelle dans *Le Guetteur*... et non l'inverse! Une brève comparaison de deux des textes de Louis Haché, parus une première fois en 1980 et repris en 1991 me permettra d'illustrer cette évolution.

Établissons en premier lieu une distinction entre ces genres. Le récit apparaît comme un genre assez flou, difficile à définir. Le *Dictionnaire des littératures*, paru chez Larousse, le distingue de la nouvelle «par l'absence de règles conventionnelles comme l'effet de chute [4]». Si le récit se caractérise par l'absence de règles, quelles sont celles qui permettent d'identifier la nouvelle? D'après le même dictionnaire, ce genre «réclame idéalement l'unité de la narration et l'unité de l'effet, l'unicité de l'épisode et l'enchaînement mécanique de ses éléments [5]».

---

3. Les Éditions d'Acadie, Moncton.
4. Jacques Demougin (dir.), «Récit», *Dictionnaire des littératures française et étrangères*, Paris, Larousse, 1986, p. 1344.
5. Jacques Demougin (dir.), «Nouvelle», *ibid.*, p. 1145. Ces caractéristiques de la nouvelle s'appliquent à la forme traditionnelle du genre, florissant dans la littérature française du

Le recueil *Toubes jersiaises* comprend cinq récits qui composent une fresque vivante des activités de la péninsule acadienne sous le régime des commerçants jersiais qui s'y sont installés vers 1830[6]. Les récits comportent une intrigue, souvent mince, qui semble être le plus souvent prétexte à décrire la vie des pêcheurs, à témoigner des difficultés économiques des entreprises et à observer les mœurs et valeurs de l'époque. Trois des récits parus dans ce recueil sont repris dans *Le Guetteur* et remaniés. Dans «Du sirop de p'tit violon» (reparu sous le titre «Le commis Richard Lebas»), l'auteur met en scène les problèmes d'une société commerciale de pêche jersiaise face à la concurrence née de la modernisation de l'économie. En filigrane, une intrigue sentimentale, qui apparaît diluée dans l'observation économique et sociale du milieu aussi bien que dans divers autres éléments. On est loin ici de «l'unité de l'effet» et de «l'enchaînement mécanique» des éléments de l'épisode proposés comme caractéristiques de la nouvelle. Dans le texte remanié, l'auteur semble vouloir accorder plus de place à l'intrigue amoureuse. Certaines séquences du récit sont déplacées pour la mettre en valeur; d'autres éléments de l'épisode, d'abord juxtaposés à l'intrigue, sont intégrés à celle-ci de façon à renforcer l'unité de la narration. L'intrigue demeure toutefois d'un intérêt secondaire et le ressort dramatique absent.

Autre texte remanié, «La fille du vieux Méjim», noue aussi une intrigue amoureuse tout en peignant les mœurs de la société[7]. L'intolérance religieuse ou la vie risquée des pêcheurs en mer, plutôt que d'être utilisées comme ressorts dramatiques, composent avec les autres éléments de l'épisode, dans la première version, un tableau animé. Ainsi la fin (où le jeune homme se noie au cours d'une tempête) apparaît plus comme une illustration du sort tragique qui est le lot de nombreux pêcheurs, que comme le dénouement d'une action. Dans le texte de 1991, l'intégration à l'intrigue d'éléments auparavant détachés permet la constitution du ressort qui précipite l'épisode vers son dénouement tragique: c'est Alice qui, par jalousie, pousse Octave à prendre la mer par mauvais temps et cause invo-lontairement sa mort.

«La fille du vieux Méjim» illustre plus nettement que la nouvelle «Du sirop de p'tit violon» l'évolution de Louis Haché vers un genre privilégiant l'unité de l'action et l'effet de chute. Mais l'évolution de l'écrivain se fait aussi sentir dans la modernisation de l'écriture et de la thématique.

La «modernisation» de l'écriture de Louis Haché tend à gommer un certain nombre de caractéristiques régionales de la langue. On note d'abord

---

xixᵉ siècle. On ne sera pas surpris que le texte court, chez Louis Haché, évolue vers une forme plus contemporaine en se rapprochant de ces règles conventionnelles.

6. Le mot «toubes» désigne «un gros tonneau en sapin [...] dans lequel on pouvait presser quatre quintaux de morue séchée, c'est-à-dire quatre cent quarante-huit livres.» (Mᵍʳ Donat Robichaud, cité dans *Toubes jersiaises*, Moncton, Éditions d'Acadie, 1980, p. 5.)
7. Titre orthographié «La fille du vieux Mé-Jim», *Le Guetteur*, récits, Moncton, Éditions d'Acadie, 1991.

que le glossaire de quatre pages figurant dans *Toubes jersiaises* a disparu dans le dernier recueil; ensuite que la transcription du parler régional est standardisée dans les dialogues de *Le Guetteur*. Ainsi, les premières répliques de « La fille du vieux Méjim » : « Viens ouère, Alice, les gros houmards ! [...] L'eau bouille ; j'vas les faire cuire tout suite pour not'e dîner [8]. » sont retranscrites en français standard dans la deuxième version : « Viens voir, Alice, les gros homards ! [...] L'eau bouille ; je vais les faire cuire tout de suite pour notre dîner [9]. » Faut-il regretter cette concession à la langue internationale ? Louis Haché ne renonce pas pour autant à l'emploi de termes régionaux pittoresques ; mais le dialogue auquel il fait régulièrement appel devient plus accessible pour le lecteur moyen. Ce remaniement linguistique contribue à l'unité de l'effet en sollicitant moins l'attention au niveau de l'écriture ; en cela il apparaît cohérent avec les modifications dramatiques.

Dans la nouvelle « La forêt recule », parue dans *Le Guetteur*, l'écrivain exprime ses préoccupations face à cette question de l'usage des régionalismes.

[U]ne discussion éclata entre Monique et Rose-Anna au sujet de l'emploi des régionalismes.

— Quant à moi, des mots comme « bolée de thé », « cuissières de culottes » et autres vieilleries, je balancerais ça dans les archives, commença Monique qui n'y voyait que des cicatrices honteuses d'un passé linguistique à ne pas étaler.

Le père avait une bonne raison de les employer.

— Me semble que les vieux mots en disent plus. Pis je n'en connais pas d'autres.

— Vous l'avez dit, papa ! intervint Rose-Anna. Pour bien décrire la vie quotidienne d'autrefois, il faut les vieilles expressions acadiennes. Ces mots ont une grande originalité ; il n'y en a pas de pareils ailleurs. Sans cela, la couleur locale disparaît [10].

Le père de Monique et de Rose-Anna se consacre à la rédaction de son autobiographie, par laquelle il désire témoigner de sa vie bien remplie et des événements de son temps. Ce désir fait écho à celui de Louis Haché d'arracher à l'oubli de la mémoire les faits quotidiens de la vie d'autrefois en leur redonnant vie dans son œuvre. La nouvelle « La forêt recule » qui exprime ses préoccupations littéraires à la fois linguistiques et thématiques, et qui est nourrie de ses expériences d'écrivain, illustre aussi l'ouverture de Louis Haché à des thèmes nouveaux, contemporains, relevant de la société d'aujourd'hui et du vécu de l'auteur.

---

8. Louis Haché, « La fille du vieux Méjim », *Toubes jersiaises, op. cit.*, p. 65.
9. *Id.*, « La fille du vieux Mé-Jim », *Le Guetteur, op. cit.*, p. 27.
10. *Id.*, « La forêt recule », *ibid.*, p. 64.

Cette évolution de Louis Haché, à trois niveaux — dramatique, linguistique, thématique — reste encore discrète dans l'ensemble, mais elle me paraît éloquente: elle va en effet dans le sens d'un courant moderniste qui touche tous les genres de la littérature acadienne. Au cours de la même période, de 1980 à aujourd'hui, la nouvelle en général s'inscrit dans cette tendance. En 1986, Christiane St-Pierre fait paraître *Sur les pas de la mer*, recueil de contes et nouvelles couronné du prix littéraire France-Acadie et les Éditions d'Acadie lancent un concours de nouvelles qui aboutit en 1989 à la publication de *Concerto pour huit voix*, un recueil collectif regroupant huit textes de différents auteurs.

Les dix textes du recueil de Christiane St-Pierre sont majoritairement des nouvelles. La mer y est omniprésente et l'écriture poétique et symboliste de l'auteure l'assimile volontiers à la femme, à la maternité notamment. Dans «Complicité», la mer, complice de la femme sur le point d'accoucher en même temps qu'elle-même, se dégage des glaces, la libère aussi de l'homme violent, agresseur. Le thème de la femme (de la fillette à la vieille femme) présent dans neuf textes sur dix est un thème contemporain. Mais les nouvelles de Christiane St-Pierre illustrent aussi l'évolution des valeurs sociales dans l'Acadie qu'elle peint — une Acadie côtière qui s'ouvre lentement, parfois difficilement, aux valeurs d'aujourd'hui. C'est ainsi que l'auteure nous fait entendre une voix revendicatrice de liberté pour la femme dans «La corde à linge», «Hermance ou l'île de la tendresse», «Après l'exil». Souvent cette voix revendicatrice se teinte d'humour ou d'ironie. La mise en question de certaines valeurs par Christiane St-Pierre témoigne de l'ouverture de l'Acadie au monde moderne; ouverture qui ne peut que favoriser l'évolution thématique littéraire du passé vers le présent.

Concerto pour huit voix, recueil collectif de textes divers (aucun thème n'a été imposé aux auteurs lors du concours) présente des nouvelles d'auteurs reconnus, comme les poètes Georges Bourgeois, Pol Chantraine, Martine Jacquot et Henri-Dominique Paratte, et de nouveaux auteurs. Parmi les huit voix du concerto (titre que le recueil doit au texte d'Irène Sinclair) se trouvent cinq voix féminines. Malgré la diversité des auteurs et des textes, l'écriture révèle une constante intéressante: dans la majorité des nouvelles, la parole est confiée au «je» narratif. Ce mode personnel du récit permet-il aux auteurs d'investir davantage leur vécu dans la fiction? La plupart tirent parti de leur vie quotidienne et situent leur récit dans un cadre régional contemporain. On y trouve de nombreuses mentions de lieux géographiques empruntés aux trois principales provinces maritimes. Ces références géographiques encadrent un thème abordé dans nombre des nouvelles du recueil: le voyage. Que ce soit au niveau du rêve ou sur un mode fantastique, ou, le plus souvent, sur un mode réaliste, le voyage est présent dans six des huit textes.

Traité sur un mode réaliste, le voyage peut donner lieu à une anecdote, comme c'est le cas dans «Sur le pouce» de Pol Chantraine. Il peut être (en auto-stop aussi) le voyage de retour au pays après dix ans d'absence, qui se dénoue tragiquement dans «Feuilles mortes» de Murielle Duguay-Cyr. Dans «Concerto» d'Irène Sinclair, le voyage constitue pour la narratrice une fuite du souvenir maternel, obsédant. Enfin, chez Carmen Dubrûle-Mahaux, il est source de rencontres et de tentations pour la femme mariée. Deux auteurs ont abordé le thème du voyage à un autre niveau : fantaisiste chez Henri-Dominique Paratte où le double du narrateur s'échappe la nuit en rêve, pour un voyage d'aventures; et fantastique dans «Voyage au fond d'un puits», dont je suis l'auteure. Pour un recueil dont les textes ne répondaient à aucune contrainte, les constantes d'une écriture personnelle usant volontiers du «je» narratif et d'un thème commun offrent beaucoup d'intérêt. D'autant plus que le voyage, abordé sur un mode réaliste, apparaît dans la totalité des cas comme dangereux : qu'il s'agisse du danger de la tentation amoureuse et sexuelle; d'une rencontre effrayante dans le bois pour l'homme de la mer en randonnée de «Sur le pouce»; de la fuite vers le suicide ou du tragique voyage de retour au pays natal.

Peut-on y voir (dans certains des textes tout au moins) un désir de découvrir le monde au-delà des frontières connues, et la crainte des dangers que peut rencontrer le voyageur qui s'y aventure? C'est une hypothèse tentante, car elle rejoint l'ouverture au monde moderne qui se manifeste chez Christiane St-Pierre et l'évolution littéraire qui se dessine chez Louis Haché.

Avant de conclure ce survol de la nouvelle en Acadie, il nous reste à jeter un coup d'œil sur la production de la revue de création littéraire *Éloizes*. Celle-ci, depuis sa création en 1980, a fait paraître une vingtaine de numéros. Quelle place y tient la nouvelle? Avec une moyenne de près de deux textes par numéro, la nouvelle apparaît largement distancée par le texte poétique. Cette situation n'a rien d'étonnant si l'on se rappelle que la poésie est le genre privilégié dans la littérature acadienne et que la moitié des auteurs de *Concerto pour huit voix* sont des poètes reconnus. Parmi les numéros de la revue *Éloizes*, les plus intéressants au chapitre de la nouvelle, signalons le numéro «Spécial femmes [11]» qui publie en 1986 cinq textes (dont quatre d'auteures acadiennes) et le numéro «Nuit de ventôse [12]» en 1991, qui présente quatre textes. Une question se pose : qui sont les auteures et auteurs de ces nouvelles? Plusieurs textes sont signés de noms d'écrivains reconnus, en particulier poètes et romanciers, dont France Daigle, Léonard Forest, Melvin Gallant, Jeanine Landry-Thériault, Henri-Dominique Paratte, Robert Pichette, Christiane St-Pierre, pour ne pas nommer Antonine Maillet... Peu d'auteurs, cependant, publient plusieurs textes : on compte presque autant d'auteurs que de nouvelles! Il apparaît que nombreux sont ceux et celles qui «s'essaient» plutôt au genre.

---

11. «Spécial femmes», numéro thématique d'*Éloizes*, Moncton, revue de l'Association des écrivains acadiens, vol. VII, nº 1, 1986.
12. «Nuit de ventôse», numéro spécial d'*Éloizes*, nº 16, 1991. Signalons que le nº 18 (printemps 1992) publiait également quatre nouvelles.

C'est la caractéristique que je retiens comme la plus intéressante de cette rapide recension de la revue *Éloizes*: la curiosité manifestée à l'égard de ce genre littéraire, ailleurs en plein essor, par une grande diversité d'écrivains et d'écrivaines. Cet intérêt me semble prometteur [13].

La nouvelle acadienne est jeune; née du récit traditionnel et de la chronique du passé chez Louis Haché, elle témoigne de l'évolution des mœurs chez Christiane St-Pierre. L'ouverture de l'Acadie à la modernité ne va pas sans heurts comme le suggèrent St-Pierre et les auteurs de *Concerto pour huit voix*. Mais elle s'inscrit dans une tendance irréversible que reflète la littérature contemporaine et qui porte celle-ci, en retour. L'éclosion de la nouvelle ne peut être que favorisée par ce courant moderniste.

Bibliographie

ASSOCIATION DES ÉCRIVAINS ACADIENS, *Éloizes* (140, rue Botsford, Moncton), vol. I, nᵒˢ 1 à 12 (1980 à 1986); *Le Nouvel Éloizes*, vol. VII, nᵒˢ 1 et 2 (1986), nᵒˢ 16 à 18 (1991 et 1992).

BEAUMARCHAIS, Jean-Pierre de, Daniel COUTY, Daniel Alain et REY, *Dictionnaire des littératures de langue française*, Paris, Bordas, 1987, 3 vol.

BELLEFLEUR, Gérald, «Louis Haché, *Charmante Miscou*», *La Revue de l'Université de Moncton*, vol. VIII, nᵒ 2, mai 1975, p. 166-167.

BOLDUC, Yves, «La poésie acadienne», *Langues et Littératures au Nouveau-Brunswick*, Moncton, Éditions d'Acadie, 1986, p. 137-162.

BOURGEOIS, GEORGES *ET AL.*, *Concerto pour huit voix*, nouvelles et récits, Moncton, Éd. d'Acadie, 1989, 98 p.

CÔTÉ, Lucie, «L'engouement pour la nouvelle», *La Presse*, 5 mai 1990.

DEMOUGIN, Jacques (dir.), *Dictionnaire des littératures française et étrangères*, Paris, Larousse, 1992, xii-1861 p.

CALLICRITURE (Université de Moncton), nᵒˢ 1 à 3, 1989 et 1990.

GADBOIS, Vital, Michel PAQUIN et Roger RENY, «Introduction», *Vingt Grands Auteurs pour découvrir la nouvelle*, Belœil (Québec), La Lignée, 1990, 315 p.

GALLANT, Melvin, «Louis Haché, *Adieu P'tit Chipagan*», *Si que* (Université de Moncton, Département des études françaises), nᵒ 4, automne 1979, p. 193-199.

————, «Du mythe à la réalité: évolution de la littérature acadienne», *Les Acadiens. État de la recherche*, Québec, Conseil de la vie française en Amérique, 1987, p. 114-129.

————, «Les nouveaux romanciers acadiens et le retour aux sources», *Revue d'histoire littéraire du Québec et du Canada français*, Montréal, Bellarmin, nᵒ 3, 1982, p. 106-111.

---

13. Cet intérêt s'est aussi manifesté dans la réponse positive reçue par les Éditions d'Acadie au lancement du concours qui a été à l'origine de la publication de *Concerto pour huit voix*.

GALLANT, Melvin et Ginette GOULD, *Portraits d'écrivains: dictionnaire des écrivains acadiens*, Moncton, Éditions Perce-Neige et Éditions d'Acadie, 1982, 178 p.

HACHÉ, Louis, *Charmante Miscou*, Moncton, Éditions d'Acadie, [1974], 115 p.

————, *Toubes jersiaises*, nouvelles, Moncton, Éditions d'Acadie, [1980], 182 p.

————, *Le Guetteur*, récits, Moncton, Éditions d'Acadie, [1991], 129 p.

HAMEL, Réginald, John HARE, et Paul WYCZYNSKI, *Dictionnaire des auteurs de langue française en Amérique du Nord*, Montréal, Fides, 1989, xxvi-1364 p.

MAILLET, Marguerite, *Histoire de la littérature acadienne*, Moncton, Éditions d'Acadie, [1983], 262 p.

————, *Bibliographie des publications d'Acadie (1609-1990), sources premières et sources secondes*, Moncton, Université de Moncton, Chaire d'études acadiennes, 1992, 389 p.

PÂQUETTE, Denise, « Sur les pas de la mer de Christiane St-Pierre », *Le Nouvel Éloizes* (Moncton), vol. VII, n° 1, [1986], p. 116-118.

RUNTE, Hans R., « Du roman d'hier au roman de demain », *Langues et Littératures au Nouveau-Brunswick*, Moncton, Éditions d'Acadie, 1986, p. 311-325.

SCHAEFFER, Jean-Marie, *Qu'est-ce qu'un genre littéraire ?*, Paris, Seuil, 1989, 185 p.

ST-PIERRE, Christiane, *Sur les pas de la mer*, contes et nouvelles, Moncton, Éditions d'Acadie, [1986].

La nouvelle dans les programmes de français: une approche didactique

Jane Koustas,

Brock University

Dans un article récent, André Berthiaume signale la contribution importante de la nouvelle à la littérature québécoise ainsi que sa légitimité en tant que genre littéraire. « Au Québec, constate-t-il, la plupart des observateurs de la scène littéraire en conviennent, le genre de la nouvelle connaît un essor notable depuis une quinzaine d'années [...] on peut parler d'une véritable entreprise de légitimation du genre [1]. » Le conte aussi a beaucoup contribué à la littérature québécoise, surtout aux débuts de celle-ci, comme en témoignent les 1138 titres inclus dans *Le Conte littéraire québécois du XIXe siècle* d'Aurélien Boivin [2]. Pourtant, une analyse des répertoires et manuels universitaires traditionnels révèle qu'à ce niveau l'étude de la nouvelle et du conte est souvent négligée.

L'objectif de cette analyse est double. Il s'agit d'abord de dégager l'apport de la nouvelle et du conte à la littérature québécoise, et ensuite de cerner la place qu'ils mériteraient, tant dans les cours de français langue seconde qui visent à développer chez l'étudiant une pratique systématique de lecture que dans les programmes de littérature qui proposent l'analyse des thèmes, des procédés et des mouvements littéraires.

Avant d'aborder l'analyse de la place du récit narratif bref dans les programmes de littérature, quelques précisions s'imposent sur la définition et le choix du terme « récit narratif bref ». Par cette expression générale, nous désignons aussi bien les légendes et les contes que les récits brefs réalistes ou fantastiques et les récits de science-fiction. Très large, cette acception du terme nous permet à la fois d'éviter les malentendus qui caractérisent trop souvent l'utilisation de désignations plus spécifiques, et de faire remonter notre étude à une époque plus lointaine où les distinctions entre conte, légende et nouvelle semblent avoir été encore plus floues [3]. Se limiter à l'étude de la nouvelle proprement dite, ce serait, en

---

1. André Berthiaume, « À propos de la nouvelle ou les enjeux de la brièveté », *Écrits du Canada français*, no 74, 1992, p. 77.
2. Voir Aurélien Boivin, *Le Conte littéraire québécois au XIXe siècle*, Montréal, Fides, 1975.
3. John Hare précise: « Qu'est-ce qu'un conte et en quoi celui-ci diffère-t-il de la nouvelle ou roman ? La longueur du récit importe peu, puisque la différence spécifique réside dans la façon de développer le sujet. Cependant, nos premiers prosateurs ne semblent pas préoccupés par la nécessité de bien caractériser leurs œuvres. » (*Contes et Nouvelles du Canada français (1778-1859)*, Ottawa, Les Presses de l'Université d'Ottawa, 1971, p. 14.)

effet, négliger toute une multitude de récits qui, de nos jours, pourraient très bien se ranger parmi les nouvelles. Il nous semble ainsi préférable d'étudier l'importance du récit bref dans l'évolution de la littérature plutôt que d'insister sur un système de classification plus rigoureux, mais trop contraignant.

Dans son introduction au recueil *De Québec à Saint-Boniface: récits et nouvelles du Canada français*, Gérard Bessette précise que son livre s'adresse « à tout lecteur qui aime les belles histoires et désire se faire une idée de la production littéraire du Canada français [4] ». En plus de signaler la valeur artistique de ces récits et leur rôle dans les mouvements littéraires de leur époque, il insiste sur leur fonction sociale. À cet égard, deux orientations lui semblent possibles: le récit narratif bref ou bien propose une réflexion sur les événements et un jugement sur leur signification, ou bien en présente un traitement satirique ou ironique [5]. Il importe de retenir ces deux orientations du genre, car, tout en se conformant aux critères officiels quant au style, au sujet et au ton, le récit narratif bref sait souvent proposer une version non officielle de la réalité qu'il décrit. En fait, la survie ou la prolifération du genre pendant les périodes de censure s'explique non pas par son absence de contestation ou d'intérêt social, mais plutôt par la marginalité du récit bref par rapport au genre dit *maudit*, le roman.

Perçu comme une continuation de la tradition orale (et donc populaire), le conte fut dédaigné par la classe intellectuelle au XIXe siècle, même si, en raison de son aspect moralisateur, on le considérait plutôt comme un divertissement sain, sans danger pour l'âme et pour l'esprit [6]. Mais la quantité de récits publiés ainsi que la renommée des auteurs tels que Pamphile Le May, Édouard-Zotique Massicotte, William Chapman, Georges de Boucherville, Eugène Dick, Honoré Beaugrand, Philippe-Ignace-François Aubert de Gaspé (fils), Philippe-Joseph Aubert de Gaspé (père) et Albert Laberge nous indiquent que ce dédain ne fut pas unanime et surtout qu'en tant qu'universitaires, nous ne pouvons pas nous permettre une telle exclusion. L'intérêt du récit bref de cette époque s'avère encore plus incontournable quand on considère l'ensemble de la production littéraire du XIXe siècle, qui ne comptait « guère de chefs-d'œuvre [7] ». En fait, si on exclut les nombreux

---

4. Gérard Bessette, *De Québec à Saint-Boniface: récits et nouvelles du Canada français*, Toronto, Macmillan, 1979, p. ix.
5. Bessette précise: « Si je n'avais pas été convaincu qu'elle ne cède rien sur le plan littéraire aux ouvrages de même nature, je ne l'aurais pas publiée. C'est dire que ce sont, en premier lieu, des considérations littéraires qui ont présidé mon choix de textes. [...] les seize écrivains qui y figurent, en plus de conter une histoire, semblent éprouver le besoin de réfléchir sur les événements qu'ils racontent, de porter souvent un jugement sur leur signification ou de s'en dissocier par une attitude ironique pour mieux se situer par rapport à des expériences passées, donc historiques, et par un rapport à un milieu en révolution tranquille qui caractérise bien le peuple canadien-français. » (*ibid.*, p. x.)
6. Aurélien Boivin, *Le Conte fantastique québécois au XIXe siècle*, Montréal, Fides, 1987, p. 6.
7. Maurice Lemire (dir.), *Dictionnaire des œuvres littéraires du Québec*, t. I. *Des origines à 1900*, Montréal, Fides, 1978, p. x.

récits publiés dans des journaux et des revues, la production littéraire d'avant 1860 se limite à quatre romans publiés en volume, quatre recueils de poésie et un seul recueil de nouvelles [8]. Comme le précise Boivin : « C'est donc par le conte publié dans quelque journal quotidien ou hebdomadaire que plusieurs de nos auteurs abordent la littérature [9]. »

Mais l'importance du récit bref au XIXe siècle ne tient pas uniquement à sa popularité ; elle s'explique aussi par le fait qu'il « convenait mieux à une société encore largement analphabétisée [10] » et que « les rédacteurs de journaux sans accès aux agences de nouvelles avaient souvent recours aux feuilletons pour remplir leurs colonnes [11] ». Pour nous, ces récits constituent, comme l'affirme Lemire, une source précieuse d'informations sociales et historiques : « Les historiens et les sociologues autant que les littéraires et les ethnologues pourront y puiser des renseignements de première qualité [12]. » Le recueil de Bessette comprend ainsi des récits de Louis Fréchette, de Faucher de Saint-Maurice et d'Albert Laberge. Certains de ces récits mettent en évidence un autre aspect intéressant du genre. Si le récit bref était souvent conforme aux critères d'évaluation officiels et étroits de l'époque, il lui arrivait également, grâce à sa marginalisation, de représenter un portrait humoristique, une version non officielle, voire contestataire, de la réalité. L'étude du récit bref offre donc aux étudiants l'occasion d'explorer différentes visions de la société, possibilité que n'offre pas l'examen du roman de la même période.

Le corpus de la période 1900-1940, « l'âge d'or du conte » selon Lemire, présente ces mêmes avantages [13]. Tout comme le récit bref du XIXe siècle, il propose, lui aussi, une interprétation officielle et non officielle de la société, en plus d'offrir une introduction aux « grands écrivains » de l'époque et une diversité de style, de ton et de sujet absente du roman. Grâce encore à sa marginalité, le récit bref permettait aux écrivains « empêchés », tels que Louis Dantin et Marie Le Franc, de s'exercer, de se libérer complètement des entraves du passé et d'entrer de plain-pied dans l'époque contemporaine [14]. Quant à sa valeur littéraire, constatant la faible production romanesque de cette période, Thério en conclut que « [l]a lecture des contes québécois de la période 1900-1940 est beaucoup plus intéressante [...] que celle des romanciers de cette période [15] » et que « le conte et le court récit

8. John Hare, *op. cit.*, p. 11.
9. Aurélien Boivin, *op. cit.*, p. 6.
10. Maurice Lemire, *op. cit.*, p. xxxix.
11. Maurice Lemire, « Préface », dans Aurélien Boivin, *op. cit.*, p. x.
12. *Id.*, « Préface », *Dictionnaire...*, *op. cit.*, p. x. Hare note aussi que ces informations ont leur importance « non seulement du point de vue strictement littéraire, mais aussi comme témoins de leur temps » (John Hare, *op. cit.*, p. 21).
13. *Id.* (dir.), *Dictionnaire des œuvres littéraires du Québec, t. II*, Montréal, Fides, 1980, p. xxvii.
14. Adrien Thério, *Conteurs québécois (1900-1940)*, Ottawa, Les Presses de l'Université d'Ottawa, 1988, p. 8.
15. *Ibid.*, p. 8.

sont des genres littéraires qui se sont développés avec beaucoup plus d'aise que le roman [16]».

En effet, la renommée des auteurs compris dans le recueil de Thério en fait foi. Outre des récits de Lionel Groulx, de Léo-Paul Desrosiers, de Louis Dantin et de Marie Le Franc, on y trouve un texte de Claude-Henri Grignon, «Le dernier lot», qui rappelle bien les valeurs traditionnelles et patriotiques de l'époque, aussi bien qu'un texte de Marie Le Franc, «Katherine», qui annonce la mise en question de ces valeurs et l'évolution de la littérature vers la modernité. D'ailleurs, cette diversité ne se limite pas aux dimensions idéologiques des œuvres, car même les auteurs moralisateurs ont su mettre de la vie, de l'humour et souvent une juste émotion dans leurs récits, pour «découvrir des aspects drolatiques et s'amuser un peu [17]».

Dans l'introduction de son étude, *Le Roman québécois de 1944 à 1965*, Maurice Arguin signale l'importance des changements sociaux intervenus au cours de cette période ainsi que leurs répercussions sur l'évolution de la littérature québécoise [18]. On ne devrait pas s'étonner de trouver ce même renouveau, cette «effervescence littéraire» dont parle Arguin, dans le récit bref. Lemire précise: «Avec la guerre de 1939, le conte populaire disparaît presque de la littérature [...]. Ainsi la nouvelle tend à se substituer au conte et la majorité des récits narratifs brefs n'ont rien d'emprunté au peuple [19].»

Il existe quand même, ajoute le même critique, des œuvres de transition, comme *Adagio* (1943) et *Allegro* (1944) de Félix Leclerc, dont on ne peut nier la dimension poétique, alors que *Marie de l'Hospice*, de Madeleine Grandbois, tout en étant situé à la campagne, rappelle, par son ton ironique et satirique, la contestation caractéristique des romans de cette période. Ce sont, toutefois, des recueils tels que *Contes pour un homme seul*, d'Yves Thériault, *Nézon*, de Réal Benoît et *Avant le chaos*, d'Alain Grandbois qui annoncent le renouveau du genre. Quant aux œuvres de Viau et de Grandbois, Lemire précise qu'elles «manifestent une volonté moderne d'écriture, une écriture libérée des contraintes d'une intrigue à sauvegarder, s'accordant plus de fantaisie et de gratuité [20]».

L'année 1950 marque un tournant dans l'histoire du récit narratif bref avec la publication du *Torrent* d'Anne Hébert. Tout comme le roman qui

---

16. *Ibid.*, p. 2.
17. *Ibid.*, p. 3.
18. Il précise: «Le choc de la modernité a ébranlé la société et les idéologies. Le passage d'une société traditionnelle à une société moderne, par la voie de l'urbanisation et de l'industrialisation a provoqué le déracinement, l'éclatement des institutions, le conflit des valeurs et l'isolement. "Au pays du Québec" tout a subitement changé. Les bouleversements idéologiques et socio-économiques devaient s'accompagner d'une effervescence littéraire.» (Maurice Arguin, *Le Roman québécois de 1944 à 1965*, Montréal, l'Hexagone, 1989, p. 11.)
19. Maurice Lemire (dir.), *Dictionnaire des œuvres littéraires du Québec*, t. III, *1940-1959*, Montréal, Fides, 1982, p. xxvi.
20. *Ibid.*, p. xxix.

s'intériorise, la nouvelle, dès lors, se dote d'une perspective psychologique. C'est également pendant cette période que Gabrielle Roy se fait une réputation de «bonne conteuse» avec la publication de *Rue Deschambault*, «un des sommets de la littérature canadienne-française[21]». En somme, le récit narratif bref des années 1940-1960, loin de tarder par rapport au roman, évolue au même rythme sinon plus vite que celui-ci, tout en manifestant, comme dans les périodes précédentes, une plus grande diversité (pensons, entre autres, à l'exotisme que nous propose Grandbois).

Impressionnantes tant par leur diversité que par leur contemporanéité, les nombreuses anthologies parues depuis 1960 attestent de l'importance du genre au cours des trois dernières décennies. Si nous trouvons toujours des contes traditionnels (comme ceux du *Sorcier d'Anticoste et autres légendes canadiennes*) ou d'autres (quelques contes de Jacques Ferron par exemple) qui rappellent, par leur thématique politique, certains textes patriotiques plus anciens, la diversité de thèmes, de tons et de styles est telle que tout essai de classification risque d'être ou bien trop général, ou bien trop limitatif, aux dépens de textes importants. Comme le constate Thério :

> Il serait assez téméraire de vouloir faire une classification et de déterminer dans quelle mesure ces écrivains se rapprochent par les thèmes ou les procédés d'écriture. C'est plutôt des différences qui éclatent à première vue [...]. Et c'est peut-être par leur diversité qu'ils expriment le mieux, dans une certaine mesure, la mentalité canadienne-française[22].

En dépit de cette riche diversité, le récit bref reste fidèle à sa vocation sociale, phénomène que Jean-Marc Gouanvic explique ainsi : «machine à évoquer les possibles imaginaires, la SF est dotée par là même d'un fort potentiel de critique sociale et de remise en questions des valeurs canoniques[23]».

D'une valeur littéraire et d'une importance sociale et historique incontestables, le récit narratif bref mérite une plus grande place dans l'étude de la littérature de la période moderne. «Si le roman canadien-français se porte assez bien, signale Thério, le conte se porte peut-être mieux[24].» Les limites de cet article ne permettent pas d'approfondir davantage l'étude du récit bref dans toutes ses manifestations contemporaines. Signalons quand même le nombre d'anthologies publiées et la légitimité nouvelle du genre, grâce aux revues qui lui sont consacrées et aux prix littéraires qui le couronnent.

Lacunaire, certes, ce bref survol du récit narratif bref au fil des époques suffit néanmoins pour démontrer l'importance du genre et la place qui devrait lui revenir dans les cours de littérature, surtout s'ils abordent l'évolution

21. Gérard Bessette, *op. cit.*, p. 195.
22. Adrien Thério, *Conteurs canadiens-français : époque contemporaine*, Montréal, Librairie Déom, 1965, p. 11.
23. Jean-Marc Gouanvic, *Les Années-lumière*, Montréal, VLB éditeur, 1983, p. 13.
24. Adrien Thério, *op. cit.*, p. 10.

de la littérature ou considèrent les œuvres littéraires comme une représentation de la société. « La nouvelle est une façon d'intégrer à la fois les codes sociaux et littéraires [25] », affirme justement Berthiaume.

Grâce aux qualités reconnues habituellement à une bonne nouvelle, à savoir la rigueur, l'intensité et la densité [26], le récit narratif bref se prête très bien aussi aux cours, dont ceux destinés aux non-francophones et aux francophones peu initiés à l'analyse littéraire, qui visent à développer chez l'étudiant une pratique systématique de lecture et un sens de jugement critique. Il importe de signaler que nos propos s'adressent aux deux groupes linguistiques, car le lecteur se sert des mêmes stratégies dans sa langue maternelle que dans une langue seconde [27]. En raison de sa brièveté, le genre offre par surcroît, comme le note Carpentier, mais du point de vue de l'auteur, la possibilité de « recommencer » souvent : « Je suis de ceux qui préfèrent que le motif principal qu'ils ont d'écrire des nouvelles tient à la possibilité de commencer et de finir souvent [28]. »

Or, si l'idée de recommencer enchante peut-être moins nos étudiants, la possibilité d'en finir plus vite les intéresse sûrement ! De toute évidence, l'étude du récit bref offre aux professeurs et aux étudiants l'occasion d'aborder un plus grand nombre d'auteurs ainsi qu'une plus grande variété de styles, et ce parfois chez un même auteur. Comme le signale encore Carpentier : « La nouvelle permet de renouveler souvent les sujets et les thèmes, la matière mais aussi les motifs et les styles donc la manière [29]. » Par ailleurs, l'étude d'une anthologie permet à l'étudiant non seulement d'explorer plusieurs styles et sujets selon ses intérêts personnels, mais aussi de placer chaque nouvelle par rapport à un ensemble [30]. Dans une étude récente, Corbeil et Thérien identifient et justifient, comme premier critère de la sélection des textes, « l'intérêt que ceux-ci peuvent susciter [31] ». Genre « contemporain [32] » et très diversifié, le récit narratif bref offre ainsi toute une gamme de possibilités susceptibles d'intéresser nos étudiants.

Mais ce n'est pas simplement par paresse d'esprit que l'étudiant accueille favorablement la possibilité d'arriver plus vite à la fin du texte. Des

---

25. André Berthiaume, *loc. cit.*, p. 88.
26. *Ibid.*, p. 84.
27. Marva Barnett, *More than Meets the Eye: Foreign Language Reading*, Englewood Cliffs (New Jersey), Prentice-Hall, 1989, p. 48-51.
28. André Carpentier, « Réflexions sur la nouvelle », *Québec français*, n° 66, mai 1987, p. 37.
29. *Ibid.*, p. 37.
30. Pour Carpentier, par exemple, chaque nouvelle est un « objet singulier appartenant à un ensemble de textes qui établissent entre eux des rapports de transfert et de déplacement, de rupture et de renouement. Chaque nouvelle met en question ou en péril non seulement l'ensemble de l'œuvre nouvellesque mais la matière et la manière des textes environnants. » (*ibid.*, p. 68.)
31. Renée Corbeil et Christiane Thérien, « Une expérience d'élaboration », R. J. Courchêne *et al.* (dir.), *L'Enseignement des langues secondes axé sur la compréhension*, Ottawa, Les Presses de l'Université d'Ottawa, 1992, p. 262.
32. Lise Gauvin, « Le charme fugitif de la nouvelle », *Le Devoir*, 29 décembre 1984, p. 19.

recherches sur le processus de lecture révèlent que l'activité de lire comprend plusieurs opérations qui s'effectuent à différents niveaux. Le modèle interactif, qui s'oppose à d'autres modèles unilinéaires, suggère que le lecteur, tout en essayant de comprendre le mot dans la phrase, la phrase dans le paragraphe, etc., essaie toujours d'anticiper sur l'organisation et l'idée globales du texte. Le lecteur cherche donc à comprendre la microstructure et la macrostructure du texte, c'est-à-dire à lire à la fois d'une façon intensive et extensive. « *Reading is an active skill*, explique Françoise Grellet, *it constantly involves guessing, predicting, checking and asking oneself questions*[33]. » La frustration de nos étudiants résulte souvent de leur incapacité de saisir la structure et l'idée globales du texte, ce qui empêche en même temps une bonne compréhension de la microstructure. Or, le texte bref permet un apprentissage plus efficace des stratégies d'anticipation qui comprennent le balayage et le repérage[34]. Ayant saisi la macrostructure d'un texte, l'étudiant peut plus facilement deviner le sens, le rôle et l'importance des divers éléments de la microstructure. Comme l'explique Barnett, cette capacité d'anticiper sur la suite d'un texte ne devrait pas être sous-estimée:

> Prediction requires regarding a text as a whole rather than as individual words and sentences [...]. Teachers need to encourage learners to predict text content and direction; otherwise readers can rise neither to efficient reading defined by models of interactive text processing nor to cultural and literary analysis[35].

De toute évidence, le récit bref offre au lecteur la possibilité de saisir plus rapidement la macrostructure du texte. Pourtant, ce n'est pas simplement grâce à sa brièveté que la nouvelle dévoile plus facilement sa structure, mais aussi parce que le nouvelliste se trouve obligé de présenter cette structure plus tôt dans le texte et plus clairement. Daniel Gagnon explique: « Il faut que tout se passe très vite. L'action ou l'absence d'action doit être donnée dès le début. On doit entrer dans le vif du sujet dès les premiers mots[36]. »

Howard Sage, qui encourage l'emploi du récit bref dans les classes de langue seconde, insiste aussi sur cette même qualité: « *Short story writers aim to make a strong, an immediate impact, a single impression, and involve the reader as rapidly as possible*[37]. » La brièveté du genre exige donc que l'orientation et l'organisation, c'est-à-dire la macrostructure du texte se présente plus rapidement, ce qui aide le lecteur à comprendre d'autres

---

33. Françoise Grellet, *Developing Reading Skills*, Cambridge, Cambridge University Press, 1991, p. 8.
34. Voir R. Corbeil et C. Thérien, *loc. cit.*, p. 261.
35. Marva Barnett, *op. cit.*, p. 130.
36. Daniel Gagnon, « Les auteurs réfléchissent sur la nouvelle », *Québec français*, n° 66, mai 1987, p. 66.
37. Howard Sage, *Incorporating Literature in ESL Instruction*, Englewood Cliffs (New Jersey), Prentice-Hall, 1987, p. 43.

éléments textuels tels que le vocabulaire, la syntaxe, la sémantique et la cohésion.

Il importe de signaler que le genre doit sa brièveté, non pas à une pénurie de matériel à traiter («En peu de mots, signale Gagnon, tout un univers naît[38]»), mais à une autre caractéristique qui rend la macrostructure à la fois plus visible et plus prévisible, à savoir son resserrement. Décrit de façon très imagée par Monique LaRue comme «une écriture athlétique sans graisse[39]», le récit narratif bref se caractérise par l'absence du superflu et du creux[40] et par «l'intensité de l'idée fixe[41]». Il s'oppose donc au roman où «le scripteur a du terrain devant lui, il peut s'enfoncer temporairement dans les voies sans avenue[42]». Ce sont «ces voies sans avenue» qui déroutent, peut-être intentionnellement, le lecteur et qui cachent en quelque sorte la macrostructure du texte. Grâce à «l'économie des moyens[43]», à l'intensité et à la singularité du récit bref, le lecteur entre vite dans la voie singulière de la matière et de la manière, c'est-à-dire dans la macrostructure, pour en effectuer par la suite une lecture plus efficace.

Nous ne suggérons point que la nouvelle est simpliste, car son effet d'intensité implique une rigueur qui exige de la part du public une lecture, à son tour, «athlétique», efficace et attentive, d'où justement l'intérêt du récit bref pour l'étude de la théorie du texte. Discutant des qualités d'une bonne nouvelle, Aude insiste aussi sur la précision de la micro-structure, d'une micro-écriture: «Je veux dire le souci du détail, une grande précision linguistique, et en même temps un regard synthétique capable de résumer une situation en quelques traits[44].» Grâce à l'absence du superflu, ainsi qu'à cette précision et à cette cohérence signalées par les auteurs même, le récit narratif bref se prête bien à tout cours qui vise à étudier la structure du texte et la façon dont les structures sociales, l'histoire, l'autobiographie de l'auteur, l'intertextualité et certains symboles et images s'inscrivent dans le récit et l'influencent. Car l'économie exige que chaque mot, que chaque phrase, que chaque paragraphe se justifie selon l'organisation et l'idée globale du texte et que le lecteur, tout comme l'écrivain, «vise l'essentiel[45]». En somme, puisque «faire court, c'est faire autrement», selon la

---

38. Daniel Gagnon, *loc. cit.*, p. 64.
39. Monique Larue, «Les auteurs réfléchissent sur la nouvelle», *Québec français*, n° 66, mai 1987, p. 65.
40. Aude, «Les auteurs réfléchissent sur la nouvelle», *Québec français*, n° 66, mai 1987, p. 66.
41. André Carpentier, *loc. cit.*, p. 38.
42. *Ibid.*, p. 36.
43. Noël Audet, «Les auteurs réfléchissent sur la nouvelle», *Québec français*, n° 66, mai 1987, p. 66.
44. Aude, *loc. cit.*, p. 62.
45. Berthiaume parle ainsi de l'écriture de la nouvelle: «Tout se passe comme si elle compensait verticalement ce qu'elle perd horizontalement. Ce contre-balancement implique un intense travail de l'écriture (chaque mot, dans une nouvelle, prend un relief particulier) ou mieux une écriture travaillée, surveillée, précise, mise à nu [...] une sélection stricte

tournure de Carpentier[46], il est sans doute vrai que «lire court», c'est aussi «lire autrement». Espérons, en tout cas, que cette lecture nouvelle se fonde sur une meilleure compréhension de tous les aspects du récit, y compris son importance littéraire et sociale, et surtout, que le tout soit fait avec plaisir[47].

Bibliographie

ARGUIN, Maurice, *Le Roman québécois de 1944 à 1965*, Montréal, l'Hexagone, 1989, 230 p.

AUDE, «Les auteurs réfléchissent sur la nouvelle», *Québec français*, n° 66, mai 1987, p. 60-69.

BARNETT, Marva, *More than Meets the Eye. Foreign Language Reading: Theory and Practice*, Englewood Cliffs (New Jersey), Prentice-Hall, 1989, 230 p.

BERTHIAUME, André, «À propos de la nouvelle ou les enjeux de la brièveté», *Écrits du Canada français*, n° 74, 1992, p. 77-90.

BESSETTE, Gérard, *De Québec à Saint-Boniface: récits et nouvelles du Canada français*, Toronto, Macmillan, 1979, 285 p.

BOIVIN, Aurélien, *Le Conte littéraire québécois au XIXe siècle*, Montréal, Fides, 1975, 385 p.

————, *Le Conte fantastique québécois au XIXe siècle*, Montréal, Fides, 1987, 440 p.

CARPENTIER, André, «Réflexions sur la nouvelle», *Québec français*, n° 66, mai 1987, p. 36-38.

CORBEIL, Renée et Christiane THÉRIEN, «Une expérience d'élaboration», dans *L'Enseignement des langues secondes axé sur la compréhension* (sous la direction de R. J. Courchêne *et al.*), Ottawa, Les Presses de l'Université d'Ottawa, 1992, p. 259-281.

GAGNON, Daniel, «Les auteurs réfléchissent sur la nouvelle», *Québec français*, n° 66, mai 1987, p. 62.

GAUVIN, Lise, «Le charme fugitif de la nouvelle», *Le Devoir*, 29 décembre 1984, p. 19.

GRELLET, Françoise, *Developing Reading Skills*, Cambridge, Cambridge University Press, 1991, 252 p.

---

des composantes narratives, stylistiques, sémantiques. Une écriture qui n'en dit jamais trop, d'autant que les enjeux de la brièveté rejoignent ici ceux de la cohérence, notion capitale dans le cas de la nouvelle puisque la fin n'est jamais loin du commencement». (*loc. cit.*, p. 84.)

46. André Carpentier, *loc. cit.*, p. 38.
47. Les limites de cette étude ne nous permettent pas d'aborder les différentes stratégies, approches et exercices dont le professseur peut se servir afin de développer chez l'étudiant une pratique systématique de lecture. Voir à ce sujet l'article de Rosanna Furgiuele dans cet ouvrage, ainsi que les travaux de Sophie Moirand (*Situations d'écrit*, Paris, Éditions Clé, 1980) et de Françoise Grellet (*Developing Reading Skills*, Cambridge, Cambridge University Press, 1981).

GOUANVIC, Jean-Marc, *Les Années-lumière*, Montréal, VLB éditeur, 1983, ix-193 p.

HARE, John, *Contes et Nouvelles du Canada français (1778-1859)*, Ottawa, Les Presses de l'Université d'Ottawa, 1971, 196 p.

LARUE, Monique, « Les auteurs réfléchissent sur la nouvelle », *Québec français*, n° 66, mai 1987, p. 65.

LEMIRE, Maurice, « Préface », dans Aurélien Boivin, *Le Conte littéraire québécois*, Montréal, Fides, 1975, p. ix-xi.

———— (dir.), *Dictionnaire des œuvres littéraires du Québec, t. I. Des origines à 1900*, Montréal, Fides, 1978, ix-918 p.

——— (dir.), *Dictionnaire des œuvres littéraires du Québec, t. II.* Montréal, Fides, 1980, p. xi-1362 p.

—— (dir.), *Dictionnaire des œuvres littéraires du Québec, t. III. (1940-1959)*, Montréal, Fides, 1982, xi-1252 p.

MOIRAND, Sophie, *Situations d'écrit*, Paris, Éditions Clé, 1980, 175 p.

SAGE, Howard, *Incorporating Literature in ESL Instruction*, Englewood Cliffs (New Jersey), Prentice-Hall, 1987, 92 p.

THÉRIO, Adrien, *Conteurs canadiens-français: époque contemporaine*, Montréal, Librairie Déom, 1965, 229 p.

————, *Conteurs québécois (1900-1940)*, Ottawa, Les Presses de l'Université d'Ottawa, 1988, 322 p.

La nouvelle dans l'enseignement du français langue seconde

Rosanna Furgiuele,

Collège universitaire Glendon,
Université York, Toronto

On ne saurait nier l'importance de la lecture dans l'apprentissage d'une langue. Comme l'affirme Roland Barthes: «Lire [...] est un travail de langage. Lire, c'est trouver des sens et trouver des sens, c'est les nommer[1].» Nous apprenons à nos étudiants à lire en les aidant à nommer progressivement ce qu'ils découvrent au fil de la lecture. Sans aucun doute, une partie essentielle de l'acquisition du français passe par l'étude de la langue écrite.

Pourquoi la nouvelle dans les cours de langue?

Une véritable pédagogie de la lecture n'est possible qu'en recourant à des textes complets. Alors que le roman s'avère parfois un trop grand défi pour les étudiants dont le français n'est pas la première langue, la nouvelle, texte bref et donc plus facilement saisissable par les étudiants, est le genre idéal. En fait, pouvoir lire une nouvelle donne aux étudiants confiance en eux-mêmes et en leurs propres capacités. L'étude de la nouvelle dans les cours de langue est aussi un moyen de stimuler et de développer le goût de la lecture en initiant les apprenants à la lecture littéraire. Puisque l'apprentissage efficace de la langue se fait dans un contexte culturel, la nouvelle permet en outre de discuter d'un certain nombre de questions non seulement d'ordre linguistique mais aussi d'ordre culturel.

Ce bref article porte sur l'usage didactique de la nouvelle dans l'enseignement du français langue seconde au niveau universitaire. Mes propos découlent surtout d'une expérience personnelle menée auprès d'étudiants de première et de deuxième années, se spécialisant en français. Mon objectif n'est pas théorique, mais pédagogique. J'aimerais proposer quelques activités qui favorisent l'apprentissage de la langue, écrite et orale, par le truchement de la lecture. La nouvelle constitue effectivement un bon point de départ pour enseigner les stratégies de lecture ainsi que les techniques d'écriture et pour faire l'exploitation systématique du vocabulaire et des structures grammaticales, toutes ces opérations se révélant indispensables à une lecture approfondie.

---

1. Roland Barthes, *S/Z*, Paris, Seuil, 1970, p. 17.

Les activités que je propose visent à rendre la lecture plus active, plus consciente, plus créatrice, afin de permettre aux étudiants d'acquérir une plus grande autonomie en tant que lecteurs ainsi qu'une plus grande facilité d'expression.

Il va sans dire que le choix de stratégies de lecture est déterminé par les objectifs particuliers qu'on veut atteindre. Comme l'explique Sophie Moirand: «Seuls des objectifs de lecture bien définis pourront déterminer *comment lire*[2].» Il convient toutefois de préciser que lire, ce n'est pas seulement comprendre des phrases, mais comprendre un texte. Il faut amener les étudiants à prendre conscience du texte comme ensemble cohérent. Puisqu'il ne suffit pas de pratiquer une lecture linéaire reposant sur le déchiffrage de chaque mot, il est important d'inciter les étudiants à pratiquer une lecture très active, qui consiste à saisir et à mettre en rapport les différents éléments d'un texte. Ce faisant, on leur signale que le lecteur joue un rôle actif dans la mesure où il collabore à la construction du sens d'un texte. De cette manière, nous devrions aider les étudiants à comprendre que la lecture est un processus d'élaboration, un travail progressif d'organisation et de construction.

En proposant la lecture d'une nouvelle, nous pouvons sensibiliser les étudiants aux techniques de l'approche globale. Il s'agit de faire prendre conscience des limites de la lecture linéaire, de surface, et d'amener les étudiants à porter leur attention sur les indices textuels, leur permettant ainsi de faire des prévisions sur l'architecture du texte et de formuler des hypothèses sur son sens, ce que le parcours du texte vérifiera par la suite.

Afin de permettre aux étudiants de comprendre à quel point ils sont actifs en lisant, on peut leur proposer une activité qui a pour but l'élaboration d'hypothèses sur la structure narrative du texte. Le principe est élémentaire. On choisit une nouvelle, par exemple «Françoise Simard et l'Homme d'action» de Claude Jasmin[3], dont la lecture se fait en classe. Il s'agit de lire la nouvelle en s'interrompant au moment du récit où plusieurs choix narratifs sont possibles. Les étudiants sont invités à trouver une suite à ce qui précède. L'important est de provoquer une réflexion, de demander aux étudiants d'exprimer leur réaction au texte. Ils continuent à lire et ils sont tenus de vérifier les hypothèses qu'ils ont proposées — de les confirmer ou de les rejeter — en se référant au texte. Cette lecture par anticipation a d'ailleurs l'avantage de stimuler la motivation des étudiants et de les encourager à lire dans un but précis, d'où l'intérêt de cette activité dans l'apprentissage des stratégies de lecture.

---

2. Sophie Moirand, *Situations d'écrit: compréhension, production en français langue étrangère*, Paris, CLE International, 1979, p. 19.
3. Claude Jasmin, « Françoise Simard et l'Homme d'action », *Nouvelles du Québec*, Scarborough, Prentice-Hall, 1982, p. 65-72.

Dégager l'architecture du texte est aussi un exercice utile. Il s'agit de repérer ce que Barthes nomme «les noyaux[4]» du récit. On demande aux étudiants de relever les phrases clés qui expriment les fonctions principales de chaque séquence et de donner un titre à chacune de ces séries séquentielles. Ce procédé a pour objet de faire mieux comprendre la charpente du texte, son architecture, les diverses méthodes utilisées par l'auteur pour assurer la cohésion entre les paragraphes ainsi que la cohérence interne. Il est également utile de faire remarquer les mots connecteurs qui relient les paragraphes, véritables poteaux indicateurs qui jalonnent le déroulement du récit. Étant venus à bout de cet exercice qui vise à mettre en évidence la progression du texte, les étudiants pourront entreprendre le résumé de la nouvelle.

Résumer peut consister à repérer les noyaux actionnels sans aller plus loin. Le résumé permet alors d'approfondir à la fois les stratégies de lecture, puisqu'il s'agit d'appréhender les éléments essentiels de la nouvelle, et celles de l'écriture, puisqu'il faut reconstituer ces éléments dans le but de composer une version plus concise, dépouillée de tous les détails textuels pourtant nécessaires à la compréhension, à la «préhension» du récit. Ce qui est indispensable à la technique du résumé, c'est la capacité de distinguer l'histoire proprement dite du récit qu'on peut en faire. L'élaboration du résumé de la nouvelle exige de la part des étudiants une lecture active qui leur permet de dégager avec netteté les données essentielles, les événements conséquents, qui sont les articulations logiques de l'histoire.

Puisque la nouvelle en tant que récit «possède en commun avec d'autres récits une structure accessible à l'analyse[5]», elle offre un champ d'étude privilégié en ce qui concerne les techniques de l'analyse du récit et des schémas narratifs. Initier les étudiants à pareille analyse structurale signifie voir avec eux en quoi consiste un récit, comment il est construit et quelle est la cohérence structurale de la nouvelle.

J'ai soumis à mes étudiants une nouvelle de Gaétan Brulotte, «Le rêve de tomates[6]». Ils avaient pour consigne d'interpréter l'intrigue au moyen du schéma suivant: situation initiale — action proprement dite — situation finale. Il a fallu, bien entendu, les préparer à ce travail en leur expliquant qu'un récit raconte le passage d'un état initial à un état terminal et que l'action proprement dite est constituée par la transformation qui permet de passer du point de départ au point d'aboutissement. Il faut, tout d'abord, qu'un événement déclenche l'action, qu'une série d'événements ou d'aventures s'enchaînent pour composer cette action et que celle-ci se développe à travers diverses péripéties ou obstacles à surmonter. Enfin, l'action se dénoue, c'est-à-dire qu'elle s'achève. Bref, nous sommes partis du schéma suivant:

---

4. Roland Barthes, «Introduction à l'analyse structurale des récits», *Poétique du récit*, Paris, Seuil, 1977, p. 21.
5. *Ibid.*, p. 9.
6. Gaétan Brulotte, «Le rêve de tomates», dans André Carpentier (dir.), *L'Aventure, la mésaventure*, Montréal, Les Quinze, 1987, p. 47-60.

situation initiale	action proprement dite divisée en trois parties	situation finale
	1. l'action se déclenche	
	2. l'action se développe	
	3. l'action se dénoue	

Le triple but de cet exercice est d'amener les étudiants 1) à s'efforcer de comprendre ce qu'ils font quand ils lisent, 2) à réfléchir à l'organisation du texte et 3) à découvrir comment le texte fonctionne. Le schéma narratif devient aussi un instrument d'interprétation permettant à chaque étudiant d'exprimer sa conception de l'histoire. Certains ont choisi de présenter l'intrigue de façon succincte alors que d'autres, en rendant compte des événements, ont manifesté un plus grand souci pour les détails. En général, de par les interprétations qu'ils ont proposées, les étudiants ont fait la preuve qu'ils pouvaient lire de manière perspicace une nouvelle.

Les schémas narratifs, tout en aidant à mieux lire, sont des auxiliaires précieux dans la pédagogie de l'écriture. Dans un cours de langue, tout travail de lecture peut et doit aboutir à un travail d'écriture. En effet, la lecture constitue un tremplin pour la rédaction. L'étude des textes est inséparable de l'apprentissage de l'écriture, non seulement par l'imitation de modèles, mais aussi par la perception de ce qu'est l'acte d'écrire. Ainsi, lorsque les étudiants écrivent, ils ne le font pas dans le vide, mais en se laissant guider par des règles bien précises.

L'étude structurale de la nouvelle peut être suivie de diverses activités de rédaction. On passe alors d'une lecture guidée à une écriture guidée. Voici une série d'activités, fruits de quelques expériences pédagogiques que je mène auprès de mes étudiants depuis plusieurs années et qui donnent des résultats assez satisfaisants.

Activités de rédaction

1) On propose aux étudiants le début d'une nouvelle qui correspond à une situation initiale. On leur demande de fournir en quelques paragraphes l'action proprement dite et la situation finale. Ainsi, on leur fait découvrir les contraintes et les libertés du système narratif. J'ai choisi la nouvelle « Le temps mort » de Marcel Aymé [7], parce que la situation initiale y est clairement présentée, ce qui aide les étudiants à donner libre cours à leur imagination.

2) Une variante de cet exercice serait d'indiquer le début et la fin de la nouvelle et de proposer aux étudiants d'imaginer une action qui permette

---

7. Marcel Aymé, « Le temps mort », *Derrière chez Martin*, Paris, Gallimard, 1938, p. 77-94.

de passer de l'un à l'autre et de la résumer en quelques paragraphes. On voit que l'histoire peut logiquement se poursuivre dans de multiples directions, qu'il y a un éventail de possibilités, mais aussi quelques contraintes. La nouvelle de Gabrielle Roy, « L'enfant morte », commence par une allusion au souvenir d'une enfant morte : « Pourquoi donc le souvenir de l'enfant morte, tout à coup est-il venu me rejoindre en plein milieu de l'été qui chante[8]? » et se termine en réitérant la même idée :

> Mais pourquoi, pourquoi donc ce souvenir de l'enfant morte est-il venu m'assaillir aujourd'hui en plein milieu de l'été qui chante? Est-ce le parfum des roses, tout à l'heure, sur le vent, qui me l'a apporté? Parfum que je n'aime plus guère depuis ce juin lointain où j'allai dans le plus pauvre des villages acquérir, comme on dit, de l'expérience[9]!

C'est aux étudiants de fournir les données qui manquent : qui était cette enfant? Comment a-t-elle vécu? Comment est-elle morte?

3) En supprimant la conclusion de la nouvelle, on offre la possibilité aux étudiants de trouver une situation finale. Cette activité, qui combine le travail de lecture et celui d'écriture, est susceptible de donner des résultats assez intéressants. «La dernière cigarette ou la tentation du désert », nouvelle d'André Major[10], convient bien à cet exercice, car le lecteur se demande, tout au long de l'histoire, si le personnage principal recommencera à fumer. La réponse ne se trouve que dans le dernier paragraphe.

4) Dans un même ordre d'idée, on peut demander aux étudiants de changer la fin du récit, en les obligeant à tenir compte de ce qui précède. Cet exercice est d'autant plus intéressant que les étudiants ont lu l'ouvrage et doivent s'écarter des choix narratifs faits par l'auteur. Après avoir étudié la nouvelle de Michel Tremblay, « Le fantôme de Don Carlos[11] », mes étudiants ont proposé toute une gamme de dénouements possibles, faisant ainsi valoir leur capacité créatrice.

5) Lorsque la nouvelle présente une fin ouverte (« Les escaliers d'Érika » de Michel Tremblay[12], par exemple), on peut proposer une autre tâche : élaborer une suite à l'histoire qui soit vraisemblable et logique. Dans le cas de cette nouvelle de Tremblay, je leur ai demandé d'imaginer ce qui se passerait quatre ans après la fin du récit.

---

8. Gabrielle Roy, « L'enfant morte », *Cet été qui chantait*, Ottawa, Les Éditions françaises, 1972, p. 179.
9. Gabrielle Roy, *ibid.*, p. 189.
10. André Major, « La dernière cigarette ou la tentation du désert », dans Michel Parmentier et Jacqueline d'Amboise (dir.), *Nouvelles Nouvelles*, Don Mills (Ontario), Harcourt Brace Jovanovich, 1987, p. 143-150.
11. Michel Tremblay, « Le fantôme de Don Carlos », *Contes pour buveurs attardés*, Montréal, Les Éditions du Jour, 1966, p. 35-46.
12. Michel Tremblay, « Les escaliers d'Érika », *Contes pour buveurs attardés*, p. 101-107.

6) Dans un de mes cours, nous avons étudié trois nouvelles fantastiques, « Le fantôme de Don Carlos » et « Les escaliers d'Érika » de Michel Tremblay et « La bague » de Pierre Karch [13]. Nous avons dégagé ensemble une intrigue type et, partant de ce modèle, les étudiants, travaillant en groupes, ont composé un texte original. Ils ont réussi, en général, à créer ce dernier en s'inspirant des structures des nouvelles étudiées et en respectant les composantes essentielles de la syntaxe narrative. Ce travail de rédaction aide à faire découvrir quelques caractéristiques de la nouvelle fantastique (ou celles de la nouvelle policière ou de la nouvelle de science-fiction, si on reprend ce genre de texte) et les procédés d'écriture qui s'y rattachent.

Quelles que soient les activités exploitées, il importe toujours de relier les exercices de rédaction à la lecture active de la nouvelle. Il s'agit de partir de la production des étudiants pour les amener à faire quelques réflexions générales sur les rapports entre écriture et lecture. Il est primordial que les étudiants perçoivent la nouvelle comme un ensemble bien structuré. Aussi peuvent-ils se convaincre, petit à petit, de la nécessité d'ordonner leurs propres compositions. On peut ainsi espérer qu'ils finiront par transférer à l'écrit les connaissances qu'ils ont acquises en lisant.

Exploitation grammaticale, syntaxique et lexicale

Une fois que les étudiants ont saisi le sens global du texte ainsi que sa structure narrative et mené à bonne fin des activités de compréhension et de rédaction, on peut passer à une autre étape. L'étude de la nouvelle peut amener les étudiants à mieux comprendre la structure de la langue écrite. L'avantage d'une étude détaillée de certains passages est qu'elle permet aux étudiants de voir le fonctionnement de la langue en contexte. Il ne s'agit pas d'examiner quelques phrases détachées ni de comprendre le sens de quelques mots isolés, mais plutôt d'approfondir l'analyse des structures syntaxiques, grammaticales et lexicales d'un texte dont ils connaissent déjà le contenu et dont ils ont saisi la configuration globale.

On peut tirer parti de la nouvelle pour aider les étudiants à comprendre que la phrase est une unité sémantique qui obéit à un schéma précis et que les mots ne sont rien, pris isolément; chaque mot implique les autres, de sorte que leur sens dépend de leur corrélation. À cette fin, on choisit un extrait d'une nouvelle qui se prête bien à l'analyse grammaticale et à l'analyse logique, comme, par exemple, un passage tiré de la nouvelle « Les grilles », de Jean Hamelin [14]. L'exploitation du passage se fait en deux étapes. Dans un premier temps, on retrouve les constituants fondamentaux

---

13. Pierre Karch, « La bague », *Nuits blanches*, Ottawa, Prise de Parole, 1981, p. 27-39.
14. Jean Hamelin, « Les grilles », *Nouvelles singulières*, Montréal, HMH, 1964, p. 144. Il s'agit du passage suivant: « Un quart d'heure passa, puis un autre, du moins je l'imaginais car je ne possédais pas de montre et cette pièce n'avait pas d'horloge. Pour essayer un peu de marquer le temps, je comptais jusqu'à cent, puis je recommençais. Je n'étais pas

de la phrase: groupe-sujet, groupe-verbe, groupe complément d'objet direct, groupe complément d'objet indirect, complément circonstanciel (de lieu, de temps, etc.). Dans un deuxième temps, on analyse les différents types de propositions: propositions indépendantes, propositions coordonnées, propositions principales, propositions subordonnées relatives, propositions subordonnées conjonctives. Ensuite, on repère les expressions qui traduisent une relation logique de but, de concession, d'hypothèse, etc.

Un autre genre d'exercice, dont l'objectif est une révision du système verbal, consiste à demander aux étudiants de lire attentivement l'extrait de la nouvelle qui leur est soumis, d'indiquer tout d'abord le temps ainsi que le mode des verbes et d'expliquer par la suite les raisons de leur emploi [15].

Comme la ponctuation est un instrument syntaxique indispensable à la structuration du texte, il convient de faire remarquer son importance aux étudiants, surtout quand l'usage français diffère de l'usage anglais comme dans le cas des dialogues. En analysant la nouvelle de Jean-Paul Sartre, « La chambre [16] », les étudiants ont pu constater que, dans un dialogue, le tiret marque un changement d'interlocuteur, ce qui n'est pas le cas en anglais. De la même manière, ils ont repéré les fonctions spécifiques des différents signes de ponctuation qui se trouvaient dans le passage à l'étude.

---

impatient, seulement indifférent à ce qui pouvait m'arriver. Je n'étais, bien que je ne le sentisse que confusément encore, qu'un corps dans l'attente, rien qu'un corps assis sur une chaise, avec pour unique compagnon un esprit engourdi qui se refusait à enregistrer des réflexes. Un moment, je connus l'affolement. Ce ne fut que l'espace de quelques secondes. Si on allait m'oublier là? Dans ce bureau dont je n'essayais même pas de sortir? Mais non, mais non. Ce n'est pas dans leurs habitudes. Ils ne laissent pas moisir les gens sur des chaises pendant des semaines? Ils finissent bien par s'occuper d'eux, autrement quelle serait leur raison d'être?»

15. L'extrait suivant d'une nouvelle de Claire Martin, «Le visage clos» (*Avec ou sans amour*, Montréal, Le Cercle du livre de France, 1959, p. 58-59), se prête bien à une révision systématique des formes verbales: «Plus de morphine! Elle n'avait pas prévu ça. Ils vont la laisser seule avec son supplice jusqu'à la fin. Tant pis! Pour ce qu'ils lui en donnaient! Ils savent depuis longtemps qu'elle va mourir et ils la lui ont quand même disputée goutte à goutte. Cette espèce de mépris, de suspicion dans leurs regards quand elle en demandait. Qu'est-ce qu'ils craignaient? Qu'elle ne devienne morphinomane? qu'elle ne s'y habitue? Les habitudes qu'elle pouvait prendre maintenant, vraiment! C'est comme si on refusait un dernier verre d'alcool à l'assassin de peur qu'il ne devienne alcoolique. Qu'elle reste bien consciente, et le plus longtemps possible, c'est à cela qu'on s'était efforcé. Ces gens-là ne savent pas ce que c'est que de souffrir. Et ils lui disent d'offrir ça. Ils choisissent pour elle ce qu'elle doit offrir. Toujours cette façon de décider pour les autres. Est-ce que ce n'était pas à elle d'offrir ou de refuser, de décider ce qu'elle acceptait et ce qu'elle ne pouvait supporter? Ce qu'on offre de force, est-ce que ça compte? Tout ce zèle qui vous pousserait plutôt à la révolte, si la révolte était encore possible.»
«L'infirmière entra de nouveau, lui lava le visage, les mains et, avant de partir emplit machinalement le verre d'eau comme tous les soirs. Voilà! Elle avait maintenant le visage de la mort. Le prochain maquillage ne viendrait qu'après. D'autres s'en chargeront. Et il sera raté, naturellement. Ces messieurs des pompes funèbres ne comprennent jamais rien au visage des morts. »
16. Jean-Paul Sartre, «La chambre», *Le Mur*, Paris, Gallimard, 1939, p. 37-74.

191

En plus de nous permettre de faire de la grammaire en contexte, la nouvelle offre aux étudiants un moyen efficace d'approfondir leurs connaissances lexicales. Stephen Krashen a raison d'insister sur la nécessité de lire pour enrichir son vocabulaire [17]. De toute évidence, la plupart des étudiants ont tendance à vouloir chercher chaque mot dans le dictionnaire. Afin de les transformer en lecteurs autonomes, il faut les encourager à ne pas être les esclaves du dictionnaire, mais plutôt à lire comme ils lisent dans leur langue maternelle. Il est essentiel d'amener les étudiants à se situer au niveau du texte, dans son ensemble, au lieu de se limiter aux expressions ou aux mots isolés.

Signaler l'utilité des préfixes, des suffixes, des mots de la même famille, des synonymes, des dérivés et des mots apparentés facilite également le déchiffrage du sens des mots. À l'aide d'un passage convenable tiré d'une nouvelle, on peut encourager les étudiants à deviner le sens des mots en tenant compte du contexte et des préfixes, des suffixes, des mots de la même famille, ainsi de suite, plutôt qu'à avoir recours au dictionnaire. Une fois que les étudiants se rendent compte qu'ils peuvent lire un texte sans se précipiter sur le dictionnaire, ils auront davantage confiance en eux-mêmes et ils prendront un plus grand plaisir à lire.

Si, d'une part, il faut dissuader les étudiants de trop dépendre du dictionnaire, d'autre part, il importe de les initier à une utilisation judicieuse de celui-ci, surtout quand il leur est indispensable pour comprendre certaines expressions qui changent de sens selon le contexte. Une activité qui intègre l'apprentissage du sens des mots à l'étude du contexte consiste à proposer des énoncés et à demander aux étudiants d'expliquer la signification des mots choisis. Voici, à titre d'exemples, quelques phrases qui ont fait l'objet d'une étude lexicale :

Il revenait agressif, ne souffrant ni un reproche, ni une mine désolée [18].

Elle joignit les mains et se laissa doucement investir par ce brouillard [19].

Monsieur Darbédat sentit la moutarde lui monter au nez [20].

Tu n'as pas besoin de te faire du mauvais sang [21].

Ils aiment bien à chercher la petite bête [22].

Dédé se fit longtemps tirer l'oreille et finit par accepter [23].

---

17. Stephen Krashen, «We Acquire Vocabulary and Spelling by Reading: Additional Evidence for the Input Hypothesis», *The Modern Language Journal*, vol. LXXIII, n° 4, 1989, p. 440-464.
18. Claire Martin, *loc. cit.*, p. 53.
19. *Ibid.*, p. 60.
20. Jean-Paul Sartre, *loc. cit.*, p. 51.
21. *Ibid.*, p. 73.
22. Marcel Aymé, *loc. cit.*, p. 85-86.
23. *Ibid.*, p. 92.

Le repérage des mots clés liés à un thème particulier constitue une autre façon de développer le vocabulaire des étudiants, tout en permettant d'introduire le concept de champ sémantique. Dans ce but, on peut faire remarquer aux étudiants le nombre de fois qu'une même notion est reprise par des expressions synonymes. Une nouvelle qui se prête bien à ce genre d'exercice est « La peur », de Guy de Maupassant[24], où l'auteur emploie une douzaine d'expressions différentes pour se référer à la peur : terreur, panique, épouvante, épouvantable, affolement, effrayant... De façon analogue, les étudiants pourraient relever, dans « Les grilles » de Jean Hamelin, les expressions qui contribuent à la création de l'atmosphère kafkaïenne qui caractérise la nouvelle : sombre, étroit, gris, terne, indéfinissable, silencieux... Ensuite, pour renforcer l'acquisition du vocabulaire, on peut recourir à la composition écrite. Les étudiants sont invités à relater une expérience personnelle reliée au thème de la nouvelle en réutilisant les expressions rencontrées dans le texte. Par exemple, à la suite de l'étude de « La peur », les étudiants pourraient raconter une expérience effrayante qu'ils ont vécue.

L'étude de la nouvelle peut également déboucher sur la production orale. Les textes peuvent être exploités en classe sous la forme d'une discussion animée par le professeur. Quoique traditionnelle, la pratique de poser des questions clés n'en reste pas moins un moyen efficace de faire paraphraser le contenu d'une nouvelle et de vérifier la compétence des étudiants en matière de lecture. Si la nouvelle est provocatrice, elle peut servir de point de départ à un débat oral ou à une table ronde. Les étudiants peuvent aussi jouer des rôles ou transformer la narration en dialogue.

À la suite de ces constatations, il ressort que la nouvelle, en raison de son intérêt pédagogique indéniable, a une place légitime dans un cours de langue. En effet, la nouvelle est un instrument utile, qui permet de passer d'une lecture de surface à une lecture analytique. Grâce à sa structure et à sa cohérence interne, le récit bref s'adapte tout particulièrement à une lecture globale et à une analyse des schémas narratifs. En utilisant la nouvelle pour mettre en valeur des structures grammaticales et lexicales, on offre aux étudiants la possibilité de saisir le fonctionnement de la langue en contexte. Étant donné que la pédagogie de la lecture est étroitement liée à l'apprentissage de l'écriture, une lecture approfondie de la nouvelle est susceptible de servir de point de départ à la rédaction et s'avère également un moyen efficace d'améliorer la qualité de la production écrite des étudiants.

À en juger par ma propre pratique, je suis convaincue qu'il est possible d'exploiter la nouvelle à des fins pédagogiques bien précises. C'est dans la perspective de l'enseignement de la langue que j'ai présenté ces quelques

---

24. Guy de Maupassant, « La Peur », *Contes et Nouvelles*, t. II, Paris, Larousse, 1989, p. 66-72.

activités qui ont pour objet principal de faire acquérir aux apprenants les stratégies de lecture nécessaires à la compréhension de tout texte écrit. Si nous arrivons à inculquer à nos étudiants le goût de lire, ils prendront plaisir à la lecture et elle deviendra pour eux un instrument indispensable d'acquisition et de perfectionnement de la langue.

Bibliographie

AYMÉ, Marcel, «Le temps mort», *Derrière chez Martin*, Paris, Gallimard, 1938, p. 77-94.

BARTHES, Roland, *S / Z*, Paris, Seuil, 1970, 278 p.

————, «Introduction à l'analyse structurale des récits», *Poétique du récit*, Paris, Seuil, 1977, p. 7-57.

BRULOTTE, Gaétan, «Le rêve de tomates», *L'Aventure, la mésaventure* (sous la direction d'André Carpentier), Montréal, Les Quinze, 1987, p. 47-60.

HAMELIN, Jean, «Les grilles», *Nouvelles singulières*, Montréal, HMH, 1964, p. 141-156.

JASMIN, Claude, «Françoise Simard et l'Homme d'action», *Nouvelles du Québec* (sous la direction de Katherine Brearley et Rose-Blanche McBride) Scarborough (Ontario), Prentice-Hall, 1982, p. 65-72.

KARCH, Pierre, «La bague», *Nuits blanches*, Ottawa, Prise de Parole, 1981, p. 27-39.

KRASHEN, Stephen, «We Acquire Vocabulary and Spelling by Reading: Additional Evidence for the Input Hypothesis», *The Modern Language Journal*, vol. LXXIII, n° 4, 1989, p. 440-464.

MAJOR, André, «La dernière cigarette ou la tentation du désert», *Nouvelles Nouvelles* (sous la direction de Michel Parmentier et Jacqueline d'Amboise), Don Mills, Ontario, Harcourt Brace Jovanovich, 1987, p. 143-150.

MARTIN, Claire, «Le visage clos», *Avec ou sans amour*, Montréal, CLF, 1959, p. 53-60.

MAUPASSANT, Guy de, «La peur», *Contes et Nouvelles*, t. II, Paris, Larousse, 1989, p. 66-72.

MOIRAND, Sophie, *Situations d'écrit: compréhension, production en français langue étrangère*, Paris, CLE International, 1979, 175 p.

ROY, Gabrielle, «L'enfant morte», *Cet été qui chantait*, Ottawa, Les Éditions françaises, 1972, p. 177-189.

SARTRE, Jean-Paul, «La chambre», *Le Mur*, Paris, Gallimard, 1939, p. 37-74.

TREMBLAY, Michel, «Le fantôme de Don Carlos» et «Les escaliers d'Érika», *Contes pour buveurs attardés*, Montréal, Éditions du Jour, 1966, p. 35-46, 101-107.

I. Bibliographie sélective de la nouvelle

Bibliographie sélective de la nouvelle

Michel Lord et Camille Pagee,

Collège universitaire Glendon,
Université York, Toronto

En établissant cette bibliographie, nous nous sommes donné comme objectif premier d'ouvrir des pistes de lecture et de recherche. L'exhaustivité n'était donc pas de mise ici, puisque c'est un livre complet qu'il aurait fallu rédiger. Quelques ouvrages de référence, comme des bibliographies, le *Dictionnaire des œuvres littéraires du Québec* et un choix d'anthologies permettent déjà de toucher à une plus vaste production. Pour le reste (théorie, histoire et critique, entrevues et recueils de nouvelles), nous nous en sommes tenus, à quelques exceptions près, à la production publiée depuis 1980. C'est ainsi que, du côté de la critique, les revues *Lettres québécoises*, *Liaison*, *Voix et Images* et *XYZ. La revue de la nouvelle* ont été dépouillées. Quant à la production fictionnelle, nous avons essayé de rendre compte de la variété des pratiques scripturaires et esthétiques récentes. Étant donné que, depuis cinquante ans, plus de cinq cents recueils de contes et de nouvelles ont paru au Québec et au Canada français (dont la moitié dans les quinze dernières années), on comprendra les raisons de la sélectivité. Nous avons néanmoins essayé de faire concorder le plus possible les entrées des sections «histoire et critique» et «recueils de nouvelles», de sorte que les utilisateurs puissent eux-mêmes établir certains ponts critiques, pédagogiques ou simplement ludiques.

I. Bibliographies

BENSON, Marc, «Répertoire des thèses et des mémoires canadiens portant sur le conte et la nouvelle», *XYZ. La revue de la nouvelle*, n° 27, août 1991, p. 75-78.

BOIVIN, Aurélien, *Le Conte littéraire québécois au XIXᵉ siècle, essai de bibliographie critique et analytique*, préface de Maurice Lemire, Montréal, Fides, 1975, 385 p.

BOIVIN, Aurélien, Maurice ÉMOND et Michel LORD, *Bibliographie analytique de la science-fiction et du fantastique québécois (1960-1985)*, Québec, Nuit blanche, coll. «CRELIQ (Centre de recherche en littérature québécoise, Université Laval)», 1992, 579 p.

GODENNE, René, *Bibliographie critique de la nouvelle de langue française (1940-1985)*, Genève, Librairie Droz, coll. «Histoire des idées et critique littéraire», n° 269, 1989, 392 p.

HÉBERT, Pierre et Bill WINDER, *Voix et Images Index-Thesaurus (1967-1987)*, Montréal, Université du Québec à Montréal, 1987, 226 p.

LEMIRE, Maurice (dir.), *Dictionnaire des œuvres littéraires du Québec*, Montréal, Fides: t. I. *Des origines à 1900*, 1978, lxvi-918 p.; t. II. *1900-1939*, 1980, xcvi-1363 p.; t. III. *1940-1959*, 1982, xcii-1252 p.; t. IV. *1960-1969*, 1984, lxiii-1123 p.; t. V. *1970-1975*, 1987, lxxxvii-1133 p.

ROY, Zo-Ann, *Bibliographie des contes, récits et légendes du Canada français*, Boucherville, Éditions Proteau, 1983, 325 p.

II. Théorie

ADORNO, Theodor W., *Théorie esthétique*, Paris, Klincksieck, coll. «Esthétique», traduit de l'allemand par Marc Jimenez, 1982, 347 p.

ALLUIN, Bernard et Françoise SUARD (dir.). *La Nouvelle: définitions, transformations*, Lille, Presses universitaires de Lille, coll. «Travaux et recherches», UL3, 1990, 225 p.

AUDET, Noël, «Les genres littéraires», *Écrire de la fiction au Québec*, essai, Montréal, Québec / Amérique, 1990, p. 72-78.

BAKHTINE, Mikhaïl, *Esthétique de la création verbale*, Paris, Gallimard, coll. «Bibliothèque des idées, 1984 [1979]), 402 p.

BARTHES, Roland, *Roland Barthes par Roland Barthes*, Paris, Seuil, coll. «Écrivains de toujours», 1975, 191 p.

————, *L'Aventure sémiologique*, Paris, Seuil, coll. Points, n° 219, 1985, 258 p.

BEAUDOIN, Daniel et Francis FAVREAU, «La nouvelle? Qu'est-ce que c'est?», *XYZ. La revue de la nouvelle*, n° 22, mai 1990, p. 77-83.

BÉLISLE, Jacques, «La nouvelle, genre sans règles fixes?», *XYZ. La revue de la nouvelle*, vol. I, n° 2, été 1985, p. 71-73.

BELLEAU, André, «Pour la nouvelle», *Surprendre les voix*, essais, Montréal, Boréal, coll. «Papiers collés», 1986, p. 65-68.

BENSON, Marc, «La nouvelle dans le milieu universitaire», *XYZ. La revue de la nouvelle*, n° 23, août 1990, p. 69-75.

BERTHIAUME, André, «Notes sur un genre mineur», *La Nouvelle Barre du jour*, n° 74, janv. 1979, p. 39-50.

————, «À propos de la nouvelle ou les enjeux de la brièveté», *Écrits du Canada français*, n° 74, 1992, p. 77-90.

BLIN, Jean-Pierre, «Nouvelle et narration au XXe siècle. La nouvelle raconte-t-elle toujours une histoire?», *La Nouvelle: définitions, transformations*, textes recueillis par Bernard Alluin et François Suard, Lille, Presses universitaires de Lille, coll. «Travaux et recherche», 1991, p. 115-123.

BOUCHARD, Christian. «Le conte et la nouvelle dans le *Dictionnaire des œuvres littéraires du Québec*», *XYZ. La revue de la nouvelle*, n° 15, août 1988, p. 70-73.

BOUCHER, Jean-Pierre, *Le Recueil de nouvelles: études sur un genre littéraire dit mineur*, Montréal, Fides, 1992, 217 p.

BOULANGER, Daniel, «De la nouvelle», *XYZ. La revue de la nouvelle*, vol. I, n° 3, automne 1985, p. 54-61.

BRULOTTE, Gaétan, «Formes de la nouvelle québécoise contemporaine», dans Lise Gauvin et Franca Marcato-Falzoni (dir.), *L'Âge de la prose. Romans et récits québécois des années 80*, Montréal, VLB éditeur / Rome, Bulzoni editore, 1992, p. 67-91.

CARPENTIER, André, «Réflexions sur la nouvelle», *Québec français*, n° 66, mai 1987, p. 36-38.

————, «XYZ, une introduction sans effraction», *Québec français*, n° 66, mai 1987, p. 40-41.

CHKLOVSKI, V, «La construction de la nouvelle et du roman», dans *Théorie de la littérature*, textes des formalistes russes réunis, présentés et traduits par Tzvetan Todorov, Paris, Seuil, coll. «Tel quel», 1965, p. 170-196.

COLEMAN, Patrick, «L'évolution de la nouvelle au Québec», *XYZ. La revue de la nouvelle*, n° 10, été 1987, p. 61-69.

COLLECTIF, *Aspects de la nouvelle (Théorie du genre, traductions inédites et analyses textuelles)*, Perpignan, Université de Perpignan, 1988, 133 p.

DELOFFRE, Frédéric, *La Nouvelle en France à l'Âge classique*, Paris, Didier, coll. «Orientations», 1968, 130 p.

————, «La nouvelle», dans *Littérature et Genres littéraires*, Paris, Larousse, 1978, p. 77-85.

DEMERS, Jeanne, «Forme brève et conception du monde ou De la forme brève à la brièveté littéraire», *La Licorne* (Poitiers), numéro thématique intitulé *Brièveté / écriture*, 1991, p. 263-272.

DEMERS, Jeanne et Lise GAUVIN, «Contes — et nouvelles — du Québec», *Stanford French Review*, printemps-automne 1980, p. 223-241.

————, «Frontières du conte écrit: quelques loups-garous québécois», *Littérature*, n° 45, février 1982, p. 5-23.

GAGNON, Lucie, «La nouvelle à travers les siècles», *XYZ. La revue de la nouvelle*, n° 26, mai 1991, p. 58-67.

GIARD, Anne, *Le Conte d'auteur*, Paris, CLO, n° 8, 1980.

Godenne, René, *Histoire de la nouvelle française aux XVIIe et XVIIIe siècles*, Genève, Librairie Droz, coll. Publications romanes et françaises n° 108, 1970, 354 p.

————, *La Nouvelle française*, Paris, Presses universitaires de France, coll. «SUP», 1974, 176 p.

————, «La nouvelle française», *Études françaises*, vol. XII, n° 1-2, avril 1976, p. 103-111.

HAMON, Philippe. *Introduction à l'analyse du descriptif*, Paris, Classiques Hachette, coll. «Langue, linguistique, communication», 1981, 268 p.

HEYNDELS, Ralph, *La Pensée fragmentée: discontinuité formelle et question de sens (Pascal, Diderot, Hölderlin et la modernité)*, Bruxelles, Pierre Madaga, coll. «Philosophie et langage», [s. d.], 208 p.

JOLLES, André, *Formes simples*, traduit de l'allemand par Antoine Marie Buguet, Paris, Seuil, coll. «Poétique», 1972, 214 p.

LORD, Michel, «Les genres narratifs brefs: fragments d'univers», *Québec français*, n° 66, mai 1987, p. 30-34.

——, «Fantasmes étranges et figures épiques dans le récit fantastique bref», *Recherches sociographiques*, vol. XXXIII, n° 2, mai-août 1992, p. 299-321.

MONTFORT, Bruno. «La nouvelle et son mode de publication», *Poétique*, n° 90, avril 1992, p. 153-171.

OUELLET, Pierre, «Vie et mort du genre. Autopsie d'une survivance», dans *La Mort du genre*, actes du colloque tenu à Montréal en octobre 1987, Montréal, NBJ, 1987, p. 17-33.

PARÉ, François, *Les Littératures de l'exiguïté*, Hearst (Ontario), Le Nordir, 1992, 176 p.

PICONE, Michelangelo, Giuseppe DI STEFANO et Pamela D. Stewart (dir.), *La Nouvelle: formation, codification et rayonnement d'un genre médieval*, actes du colloque international de Montréal, Université McGill, 14-16 octobre 1982), Montréal, Plato Academic Press, 1983, 241 p.

QUIGNARD, Pascal, *Une gêne technique à l'égard des fragments*, [s.l.], Éditions Fata morgana, 1986, 71 p.

RICARD, François, «Le recueil», *Études françaises*, vol. XII, n° 1-2, avril 1976, p. 113-133.

SEMPOUX, A, *La Nouvelle*, Louvain, Breplos Turnhout, Typologie des sources du Moyen Âge, fascicule 9, 1973, 36 p.

SGARD, Jean, «Marmontel et la forme du conte, conte moral» dans *De l'Encyclopédie à la contre révolution: Marmontel*, études réunies et présentées par Jean Ehrard, Clermont-Ferrand, G. de Bussac, coll. «Écrivains d'Auvergne», n° 8, 1970, 231 p.

SHAW, Valerie, *The Short Story. A Critical Introduction*, Londres / New York, Longman, 1983, ix-294 p.

ZUMTHOR, Paul, *Essai de poétique médiévale*, Paris, Seuil, 1972, 517 p.

III. Histoire et critique

BABBY, Ellen Reisman, «À la recherche du sens. *De quoi t'ennuies-tu, Éveline?*», *Voix et Images*, n° 42, printemps 1989, p. 414-422.

BEAUDOIN, Réjean, «Trois nouvellistes», *Liberté*, n° 178, août 1988, p. 84-89. [*La Mémoire à deux faces* d'Esther Croft, *Un singulier amour* de Madeleine Ferron, *Les Montréalais* d'Andrée Maillet.]

BEAULÉ, Sophie, «*Dix nouvelles de science-fiction québécoise*», *XYZ. La revue de la nouvelle*, n° 8, hiver 1986, p. 62-66.

BÉLISLE, Jacques, « Le Péril amoureux de Daniel Gagnon », XYZ. *La revue de la nouvelle*, n° 8, hiv. 1986, p. 51-54.

BERTHIAUME, André, « *La Route d'Altamont* », *XYZ. La revue de la nouvelle*, n° 8, hiver 1986, p. 76-77.

BOURAOUI, Hédi, « Fantaisie, humour et suspense », *Liaison*, n° 47, juin 1988, p. 13.

BOURBONNAIS, Nicole, « Gabrielle Roy : de la redondance à l'ellipse ou du corps à la voix », *Voix et Images*, n° 46, automne 1990, p. 95-109.

————, « La symbolique de l'espace dans les récits de Gabrielle Roy », *Voix et Images*, vol. VII, n° 2, hiver 1982, p. 367-384.

BRAULT, Jacques, « Tonalités lointaines (sur l'écriture intimiste de Gabrielle Roy) », *Voix et Images*, n° 42, printemps 1989, p. 387-398.

CALLOU, Jean, et Louis PANIER, « Au sujet de l'écriture : analyse sémiotique de deux nouvelles de Gabrielle Roy », *Protée*, vol. XI, n° 3, automne 1983, p. 58-70.

COSSETTE, Gilles, « Le froid et les flammes », *Lettres québécoises*, n° 25, printemps 1982, p. 30-35. [*Nuits blanches* de Pierre Karch.]

————, « Fascismes. 1. *Le Surveillant* de Gaétan Brulotte [...] 2. *Le Soleil des morts* de Louise Darios », *Lettres québécoises*, n° 29, printemps 1983, p. 30-32.

————, « I. *Sans cœur et sans reproche* de Monique Proulx [...] II. *Racontages* de Louis Caron », *Lettres québécoises*, n° 33, printemps 1984, p. 45-47.

————, « Points critiques. *Incidents de frontière* d'André Berthiaume [et] *De l'autre côté de la clôture* de Huguette Côté », *Lettres québécoises*, n° 38, été 1985, p. 25-26.

CÔTÉ, Suzanne, « Les tableaux. Marguerite Andersen, *Courts métrages et instantanés* », *XYZ. La revue de la nouvelle*, n° 32, hiver 1992, p. 83-84.

DANSEREAU, Estelle, « La séduction du lecteur dans les contes québécois des années 1970 », *Études canadiennes / Canadian Studies*, n° 28, juin 1990, p. 25-36.

————, « L'immigrant au risque de la perte de soi dans la nouvelle " Où iras-tu Sam Lee Wong ? " de Gabrielle Roy », *Études canadiennes / Canadian Studies*, n° 127, hiver 1990, p. 94-109.

DAVIAU, Diane-Monique, « De deux sortes de vertiges », *Lettres québécoises*, n° 52, hiver 1988-1989, p. 36-37. [*Vertige chez les anges* de Marc Sévigny et *Le Totem* de Marguerite-A. Primeau.]

————, « Les grandes et les petites ambiguïtés de la vie », *Lettres québécoises*, n° 57, printemps 1990, p. 28-29. [*L'Homme qui peignait Staline* de France Théoret et *Le Grand Théâtre* de Madeleine Ferron.]

————, « Pour en finir avec l'hiver », *Lettres québécoises*, n° 61, printemps 1991, p. 25-26. [*Portraits d'Elsa...* de Marie José Thériault et *La Théorie des trois ponts* d'Émile Martel.]

————, « Le droit d'être unique », *Lettres québécoises*, n° 62, été 1991, p. 21-22. [*Quoi mettre dans sa valise ?* d'Alain Roy et *Les Virages d'Émir* de Louis Jolicœur.]

————, « Quelque chose comme les antipodes », *Lettres québécoises*, n° 63, automne 1991, p. 32-33. [*Principe d'extorsion* de Gilles Pellerin et *L'endroit où se trouve ton âme* de Carole David.]

DES RIVIÈRES, Marie-José, « L'émergence des écrits des femmes dans les *Écrits du Canada français* 1954-1973 », *Voix et Images*, n° 44, hiver 1990, p. 269-277.

———, *Châtelaine et la littérature (1960-1975)*, préface de Micheline Lachance, Montréal, l'Hexagone, 1992, 378 p.

ÉMOND, Maurice, « Yves Thériault, conteur et nouvelliste », *XYZ. La revue de la nouvelle*, vol. I, n° 3, automne 1985, p. 62-66.

———, « Nouvelle [...] Pierre Karch, *Jeux de patience* », *Liaison*, n° 67, mai 1992, p. 43.

FISHER, Claudine (dir.), *Gaétan Brulotte. Une nouvelle écriture*, Lewiston, Queenston, Edwin Mellen Press, 1992, 240 p.

FOUILLADE, Claude, « Gaétan Brulotte ou l'exploration de la nouvelle », dans Irene Oore et Betty Bednarski (dir.), *Le Récit québécois depuis 1980, Dalhousie French Studies*, vol. XXIII, automne-hiver 1992, p. 35-42.

FRATTA, Carla, « Techniques narratives au service de la mémoire dans *La Chambre à mourir* de Maurice Henrie », dans Lise Gauvin et Franca Marcato-Falzoni (dir.), *L'Âge de la prose. Romans et récits québécois des années 80*, Montréal, VLB éditeur / Rome, Bulzoni editore, 1992, 229 p. 179-197.

GAGNON, Lucie, « La mort pour seule destination. Hugues Corriveau, *Autour des gares* », *XYZ. La revue de la nouvelle*, n° 28, novembre 1991, p. 87-89.

———, « L'originalité à tout prix ! Collectif, *Complicités* », *XYZ. La revue de la nouvelle*, n° 32, hiver 1992, p. 89-90.

GAMACHE, Chantal, « André Carpentier : écrivain ou nouvelliste ? », *XYZ. La revue de la nouvelle*, n° 8, hiver 1986, p. 55-60.

———, « Nouvelles nouvelles d'ici », *XYZ. La revue de la nouvelle*, n° 10, été 1987, p. 70-73. [*Aimer, Plages*, collectifs, *Le Fils d'Ariane* de Micheline La France, *L'Envoleur de chevaux* de Marie José Thériault, *L'Homme de Hong Kong* de Hélène Rioux.]

GARAND, Dominique, « Des contes et des nouvelles pour rêver », *Voix et Images*, vol. XII, n° 3, printemps 1987, p. 551-555. [*Aimer*, Collectif, *L'Envoleur de chevaux et autres contes* de Marie José Thériault, *Après l'Éden* de Marcel Godin.]

GRÉGOIRE, Claude, « Les deux côtés de la médaille. Annick Perrot-Bishop, *Les Maisons de cristal* [et] Marc-André Paré, *Éclipses* », *XYZ. La revue de la nouvelle*, n° 29, printemps 1992, p. 86-87.

———, « Avec ou sans appel(s). Jean-Pierre Boucher, *Coups de fil* », *XYZ. La revue de la nouvelle*, n° 33, printemps 1993, p. 88-89.

HÉBERT, Pierre, « Plus ou moins », *Canadian Literature*, n° 117, été 1988, p. 136-137. [*L'Ouest en nouvelles*, Collectif, et *Avec plus ou moins de rire* de Maurice Constantin-Weyer.]

HESBOIS, Laure, « Schéma actantiel d'un pseudo-récit : *Le Torrent* d'Anne Hébert », *Voix et Images*, n° 37, automne 1987, p. 104-114.

LAROCQUE, François, « Bêtes et bêtises. Jean-François Somain, *Vivre en beauté* », *XYZ. La revue de la nouvelle*, n° 24, novembre 1990, p. 87-89.

————, « Cinq visions du futur. Collectif, *C.I.N.Q.* », *XYZ. La revue de la nouvelle*, n° 24, novembre 1990, p. 84-86.

LE GRAND, Éva, « *Anthologie de la science-fiction québécoise contemporaine* [par Michel Lord] », *XYZ. La revue de la nouvelle*, n° 19, août 1989, p. 81-88.

LORD, Michel, « Entre la vie et la mort ou une délicate écriture de l'ombre et de la lumière. *Incidents de frontière* d'André Berthiaume », *XYZ. La revue de la nouvelle*, vol. I, n° 1, printemps 1985, p. 59-66.

————, « Bernard Noël, de la nouvelle au conte », *XYZ. La revue de la nouvelle*, n° 3, automne 1985, p. 67-71. [*Contes pour un autre œil.*]

————, « L'essor de la nouvelle fantastique québécoise (1960-1985) », *Nuit blanche*, n° 24, juillet-septembre 1986, p. 35-37.

————, « Parcours improbables de Bertrand Bergeron », *XYZ. La revue de la nouvelle*, n° 10, été 1987, p. 76-78.

————, « Nouvelle. Marguerite Andersen, *Courts Métrages et Instantanés* », *Liaison*, n° 67, mai 1992, p. 42-43.

MARCATO-FALZONI, Franca, « C'est la vie ! nous dit Monique Proulx dans *Sans cœur et sans reproche* », dans Lise Gauvin et Franca Marcato-Falzoni (dir.), *L'Âge de la prose. Romans et Récits québécois des années 80*, Montréal, VLB éditeur / Rome, Bulzoni editore, 1992, p. 117-141.

MAY, Cedric, « Form and Structure in *Les Îles de la nuit* by Alain Grandbois », dans Robert Kroetsch et Reingard M. Mischick (dir.), *Gaining Ground: European Critics on Canadian Literature*, Edmonton, NeWest Press, 1985.

MESAVAGE, Ruth Mathilde, « Conceptual Rhetoric and Poetic Language in *Le Surveillant* by Gaétan Brulotte », *Quebec Studies*, n° 3, 1985, p. 184-202.

MICHON, Jacques, « Des nouvelles », *Voix et Images*, vol. XII, n° 1, automne 1986, p. 142-144. [*Le Péril amoureux* de Daniel Gagnon, *Les Petits Cris* de J. Gagnon, *La Cruauté des faibles* de Marcel Godin, *Miami Trip* de Marilú Mallet.]

MARINEAU, Line, et Gille de LAFONTAINE, *Adrienne Choquette, nouvelliste de l'émancipation*, Charlesbourg (Québec), Les Presses laurentiennes, 1984, 72 p.

MONETTE, Guy, « À propos de "Bêtes et Mari" de Jacques Ferron », *Voix et Images*, n° 46, automne 1990, p. 122-127.

MORIN, Denis, « *La Reprise* de Naïm Kattan », *XYZ. La revue de la nouvelle*, n° 9, printemps 1987, p. 64-66.

MOSSETTO, Anna Paola, « Le voyage à Paris : un mythe dérisoire », dans Lise Gauvin et Franca Marcato-Falzoni (dir.), *L'Âge de la prose. Romans et récits québécois des années 80*, Montréal, VLB éditeur / Rome, Bulzoni editore, 1992, p. 143-160.

NORMANDEAU, Régis, « Différents parcours de la nouvelle », *Voix et Images*, vol. XV, n° 3, printemps 1990, p. 456-458. [*Le Grand Théâtre* de Madeleine Ferron, *L'Homme qui peignait Staline* de France Théoret, *Aérographies*, Collectif.]

PARADIS, Suzanne, *Adrienne Choquette lue par Suzanne Paradis. Une analyse de l'œuvre littéraire d'Adrienne Choquette*, Notre-Dame-des-Laurentides (Québec), Les Presses laurentiennes, 1978, 220 p.

————, « Des "petits cris" qu'on entend de loin », *XYZ. La revue de la nouvelle*, n° 6, été 1986, p. 77-80. [*Les Petits Cris* de J. Gagnon.]

PARÉ, François, « Cahiers bleus : voyage dans les Îles », *Liaison*, n° 42, printemps 1987, p. 45.

PELLETIER, Francine, « L'univers du carnaval. Daniel Sernine, *Boulevard des Étoiles*», *XYZ. La revue de la nouvelle*, n° 29, printemps 1992, p. 88-89.

RICHARD, Eugène, « Prétentions d'écrivains. François Piazza, *Cocus & Co.*», *XYZ. La revue de la nouvelle*, n° 24, novembre 1990, p. 86-87.

SABOURIN, Claude, « Réservé aux inconditionnels. Esther Rochon, *Le Piège à souvenirs*», *XYZ. La revue de la nouvelle*, n° 33, printemps 1993, p. 92-94.

SALDUCCI, Pierre, « Claude Mathieu en réédition. […] *La Mort exquise*», *XYZ. La revue de la nouvelle*, n° 25, février 1991, p. 71-73.

————, « Étrange malaise. Collectif, *Nouvelles fraîches 7*», *XYZ. La revue de la nouvelle*, n° 27, août 1991, p. 87-88.

SALESSE, Michèle, « Des nouvelles de l'Ouest canadien », *XYZ. La revue de la nouvelle*, n° 18, mai 1989, p. 71-73. [*Le Totem* de Marguerite A. Primeau.]

SÉVIGNY, Marc, « *Ni le lieu ni l'heure*. L'art de la brève signé Gilles Pellerin », *XYZ. La revue de la nouvelle*, n° 10, été 1987, p. 79.

STRATFORD, Philip, « Short Stories in French », *The Oxford Companion to Canadian Literature*, Toronto, Oxford University Press, 1983, p. 756-757.

SYLVESTRE, Paul-François, « *Le Désert blanc*: multiples espaces, multiples vécus », *Liaison*, n° 43, été 1987, p. 47. [Jean Éthier-Blais.]

THÉRIAULT, Marie José, « La blanche figure de la mort », *Lettres québécoises*, n° 43, automne 1986, p. 29-30. [*Le Péril amoureux* de Daniel Gagnon.]

————, « D'un bol à soupe, de quelques épluchures et même d'un kangourou », *Lettres québécoises*, n° 51, automne 1988, p. 26-27. [*La Mémoire à deux faces* d'Esther Croft, *Maisons pour touristes* de Bertrand Bergeron et *Ce qui nous tient* de Gaétan Brulotte.]

————, « Les vertus de la retenue et du silence », *Lettres québécoises*, n° 46, été 1987, p. 30-32. [*Ni le lieu ni l'heure* de Gilles Pellerin, *Le Fils d'Ariane* de Micheline LaFrance, *L'Hiver au cœur* d'André Major et *Saint Cooperblack* de Roger Magini.]

————, « Pique et pique et colégram », *Lettres québécoises*, n° 48, hiver 1987, p. 27-28. [*L'Atelier imaginaire*, Collectif.]

————, « Elles et eux », *Lettres québécoises*, n° 49, printemps 1988, p. 38-40. [*L'Autre, l'Une* de Suzanne Robert et Diane-Monique Daviau, *L'Araignée du silence* de Louis Jolicœur et *Nouvelles de la capitale* de Daniel Poliquin.]

THÉRIO, Adrien, « L'essor de la nouvelle au Québec », *Lettres québécoises*, n° 43, automne 1986, p. 28.

THISDALE, Martin, « Le péril amoureux », *XYZ. La revue de la nouvelle*, n° 23, août 1990, p. 80-82. [*Destins* de Dominique Blondeau.]

————, « La complexité des rapports humains. France Théoret, *L'homme qui peignait Staline* », *XYZ. La revue de la nouvelle*, n° 24, novembre 1990, p. 90-91.

————, « Jean-Yves Soucy : les ramifications du désir », *XYZ. La revue de la nouvelle*, n° 25, février 1991, p. 79-84.

————, « Nouvelles insolites. Michel Dufour, *Circuit fermé* », *XYZ. La revue de la nouvelle*, n° 25, février 1991, p. 87-88.

————, « Qu'est-ce que la mort ? Denis Bélanger, *La Vie en fuite* », *XYZ. La revue de la nouvelle*, n° 28, novembre 1991, p. 84-84.

————, « Qu'est-ce que l'autre ? Jean Pelchat, *Le Lever du corps* », *XYZ. La revue de la nouvelle*, n° 31, automne 1992, p. 96-97.

————, « Regards et jeux dans l'espace. Jean Pierre Girard, *Espaces à occuper* », *XYZ. La revue de la nouvelle*, n° 33, printemps 1993, p. 94-96.

VAILLANCOURT, Pierre-Louis, « Sémiologie d'un ange. Étude de *L'Ange de Dominique* d'Anne Hébert », *Voix et Images*, vol. V, n° 2, hiver 1980, p. 353-363.

VUILLEMIN-SALDUCCI, Pierre, « Les chemins de traverse du prix Adrienne-Choquette », XYZ. La revue de la nouvelle, n° 21, février 1990, p. 83-84. [*Ce que disait Alice* de Normand de Bellefeuille.]

————, « L'avis réel de Gilles Marcotte. Gilles Marcotte, *La Vie réelle* », *XYZ. La revue de la nouvelle*, n° 25, février 1991, p. 88-90.

V[UILLEMIN]-S[ALDUCCI], P[ierre], « Ailleurs l'herbe est plus verte », *XYZ. La revue de la nouvelle*, n° 23, août 1990, p. 76-78. [*L'Espace du diable* de Jacques Renaud.]

IV. Entrevues

AUDE, « Claude-Emmanuelle Yance. D'ici et d'ailleurs », *XYZ. La revue de la nouvelle*, n° 20, novembre 1989, p. 74-80.

————, « Louis Jolicœur. Dire le silence », *XYZ. La revue de la nouvelle*, n° 14, été 1988, p. 64-69.

BÉLISLE, Jacques, « Daniel Gagnon. Tout raconter en peu de mots », *XYZ. La revue de la nouvelle*, n° 8, hiver 1986, p. 3-7.

BÉRARD, Sylvie, « Risquer le bref. Entretien avec Jean Pierre Girard », *XYZ. La revue de la nouvelle*, n° 33, printemps 1993, p. 71-86.

BERTHIAUME, André, « Entrevue avec André Berthiaume, Grand Prix de la science-fiction québécoise », *Imagine…*, n° 28, juin 1985, p. 62-66.

DÉSY, Jean, «L'aventure dans l'écriture. Entretien avec André Berthiaume », *XYZ. La revue de la nouvelle*, n° 28, novembre 1991, p. 75-81.

DUBEAU, Yvon, « Noël Audet. Entre l'imaginaire et le réel », *XYZ. La revue de la nouvelle*, n° 4, hiver 1985-1986, p. 3-13.

GAGNON, Daniel, « Je suis écrivain avant tout », *Voix et Images*, n° 52, automne 1992, p. 62-66.

GAUDET, Gérald, « Micheline La France. Dire que j'existe », *XYZ. La revue de la nouvelle*, n° 10, été 1987, p. 3-8.

————, «Réjean Bonenfant. L'extase poétique», *XYZ. La revue de la nouvelle*, n° 15, août 1988, p. 63-69.

————, «Gaétan Brulotte: "J'œuvre à décalquer les impressions pour te les diffracter en passion"», *XYZ. La revue de la nouvelle*, n° 24, novembre 1990, p. 74-83.

LÉVESQUE, Gaëtan, «Rompre le silence», *XYZ. La revue de la nouvelle*, vol. I, n° 1, printemps 1985, p. 5-11. [Entretien avec Claire Martin.]

————, «Pierre Goulet. À propos de *Contes de feu*», *XYZ. La revue de la nouvelle*, n° 5, printemps 1986, p. 15-19.

PELLETIER, Francine, «Du fantastique et de la SF. Entrevue avec Daniel Sernine», *XYZ. La revue de la nouvelle*, n° 29, printemps 1992, p. 73-84.

RINFRET, Marie-Josée, «Marc Sévigny. Du fantastique, de la science-fiction et de l'anticipation», *XYZ. La revue de la nouvelle*, n° 19, août 1989, p. 77-80.

ROBERT, Suzanne. «André Major, nouvelliste», *XYZ. La revue de la nouvelle*, n° 2, été 1985, p. 3-11.

————, «Diane-Monique Daviau et l'humour tendre», *XYZ. La revue de la nouvelle*, n° 5, printemps 1986, p. 3-14.

ROGER, Danielle, «Marilú Mallet. Autour du monde imaginaire», *XYZ. La revue de la nouvelle*, n° 6, été 1986, p. 1-6.

————, «René Godenne, le virus de la nouvelle», *XYZ. La revue de la nouvelle*, n° 12, hiver 1987, p. 48-52.

SÉVIGNY, Marc, «Simone Bussières et le prix Adrienne-Choquette...», *XYZ. La revue de la nouvelle*, n° 3, automne 1985, p. 5-10

————, «Hélène Rioux. Du récit à la nouvelle», *XYZ. La revue de la nouvelle*, n° 9, printemps 1987, p. 3-10.

————, «Gilles Pellerin. Humour, quotidien et fantastique», *XYZ. La revue de la nouvelle*, n° 10, été 1987, p. 9-15.

V. Anthologies

BESSETTE, Gérard (dir.), *De Québec à Saint-Boniface. Récits et nouvelles du Canada français*, Toronto, Macmillan, 1968, x-286 p.

BOIVIN, Aurélien (dir.), *Le Conte fantastique québécois au XXe siècle*, Montréal, Fides, coll. «Bibliothèque québécoise», 1987, 440 p.

BREARLEY, Katherine T. et Rose-Blanche MCBRIDE (dir.), *Nouvelles du Québec*, Scarborough (Ontario), Prentice-Hall, 1988, XIII-240 p.

COHEN, Matt et Wayne GRADY (dir.), *Intimate Strangers. New Stories from Quebec*, Toronto, Penguin Books, 1986, 204 p.

COLOMBO, John Robert (dir.), *Other Canadas. An Anthology of Science Fiction and Fantasy*, Toronto, McGraw-Hill Ryerson, 1979, VIII-360 p.

COPPENS, Patrick (dir.), *Anthologie des écrivains lavallois d'aujourd'hui*, Laval, Société littéraire de Laval, [s.é.], 1988, 284 p.

ÉMOND, Maurice (dir.), *Anthologie de la nouvelle et du conte fantastiques québécois au XXe siècle*, Montréal, Fides, coll. «Bibliothèque québécoise», 1987, 278 p.

GALLAYS, François (dir.), *Anthologie de la nouvelle au Québec*, Saint-Laurent, Fides, 1993, 429 p.

GOUANVIC, Jean-Marc (dir.), *Les Années-lumière, dix nouvelles de science-fiction*, Montréal, VLB éditeur, 1983, 234 p.

―――, *SF. Dix Années de science-fiction québécoise*, Montréal, Éditions Logiques, coll. «Autres mers, autres mondes», 1988, 305 p.

HANCOCK, Geoff (dir.), *Magic Realism*, Toronto, Aya Press, 1980, 206 p.

―――, *Invisible Fictions. Contemporary Stories from Quebec*, Toronto, Anansi Press, 1987, 438 p.

HARE, John, *Contes et Nouvelles du Canada français (1778-1859)*, t. I, Ottawa, Éditions de l'Université d'Ottawa, Cahiers du Centre de recherche en civilisation canadienne-française, n° 4, 1971, 194 p.

LORD, Michel (dir.), *Anthologie de la science-fiction québécoise contemporaine*, Montréal, Éditions BQ, coll. «Bibliothèque québécoise: Littérature», 1988, 268 p.

MOLLICA, Anthony, Donna STEFOFF, Donna et Elizabeth MOLLICA (dir.), *Fleur de lis. Anthologie d'écrits du Canada français*, Toronto, Copp Clark Pitman, 1973, xi-194 p.

PARMENTIER, Michel A., et Jacqueline R. D'AMBOISE, (dir.), *Nouvelles Nouvelles. Fictions du Québec contemporain*, Toronto, Harcourt Brace Jovanovich, 1987, ix-212 p.

SPEHNER, Norbert (dir.), *Aurores boréales 1. Dix récits de science-fiction parus dans la revue Solaris*, Longueuil, Le Préambule, coll. «Chroniques du futur», n° 7, 1983, 234 p.

TELEKY, Richard (dir.), *The Oxford Book of French-Canadian Short Stories*, préface de Marie-Claire Blais, New York, Oxford University Press, 1983, xvii-268 p.

THÉRIO, Adrien (dir.), *Conteurs canadiens-français. Époque contemporaine*, Montréal, Librairie Déom, 1965, 322 p.

―――, *L'Humour au Canada français*, anthologie, Montréal, Le Cercle du livre de France, 1968, 290 p.

―――, *Conteurs québécois 1900-1940*, Ottawa, Les Presses de l'Université d'Ottawa, Cahiers du CRCCF n° 26, 1988, 230 p.

VI. Collectifs

Accostages, récits et nouvelles (sous la direction d'Ingrid Joubert), Saint-Boniface (Manitoba), Éditions du Blé, 1992, xvii-158 p.

Aérographies, illustré par Jean-Pierre Neveu, Montréal, XYZ, coll. «Pictographe», 1989, 80 p.

Aimer. 10 nouvelles par 10 auteurs québécois (sous la direction d'André Carpentier), Montréal, Les Quinze, 1986, 188 p.

Archipel, t. I, préface de Laurent Laplante, Québec, Le Griffon d'argile, 1989, 254 p.

L'Atelier imaginaire, Québec / Lausanne, L'instant même / L'Âge d'homme, coll. « L'Atelier imaginaire », 1987, 224 p.

Aurores boréales 2. Dix récits de science-fiction (sous la direction de Daniel Sernine, Longueuil, Éd. Le Préambule, coll. « Chroniques du futur », n° 9, 1985, 290 p.

L'Aventure, la Mésaventure : dix nouvelles par dix auteurs québécois (sous la direction d'André Carpentier), Montréal, Éd. Les Quinze, 1987, 162 p.

C.I.N.Q., anthologie (sous la direction de Jean-Marc Gouanvic), Montréal, Éditions Logiques, coll. « Autres mers, autres mondes », n° 4, 1989, 228 p.

Complément d'objets, Montréal, XYZ, coll. « L'ère nouvelle », n° 5, 1990, 112 p.

Complicités, Montréal, Paje, 1991, 140 p.

Concerto pour huit voix, nouvelles et récits, Moncton, Éditions d'Acadie, 1989, 98 p.

Contes et Récits d'aujourd'hui, Montréal, XYZ / Québec, Musée de la civilisation, 1987, 70 p.

Contes, Nouvelles et Légendes... de quelques pays français, Commission permanente interrégionale de l'enseignement du français langue maternelle (Belgique, France, Québec, Suisse), Québec, Fédération internationale des professeurs de français, 1984, 150 p.

Crever l'écran. Le cinéma à travers dix nouvelles (sous la direction de Marcel Jean), Montréal, Les Quinze, 1986, 208 p.

Criss d'octobre ! Nouvelles noires (sous la direction de Richard Poulin), Ottawa, Éditions du Vermillon, coll. « Rampol », n° 1, 1990, 194 p.

Des nouvelles du Québec, Montréal, XYZ éditeur, 1986, 136 p.

Désespoir d'amour, nouvelles noires (sous la direction Richard Poulin), Ottawa, Éditions du Vermillon, 1993, 216 p.

Dix Contes et Nouvelles fantastiques par dix auteurs québécois, Montréal, Les Quinze, 1983, 204 p.

Dix Nouvelles de science-fiction, avant-propos d'André Carpentier, Montréal, Les Quinze, 1985, 238 p.

Dix Nouvelles humoristiques par dix auteurs québécois (sous la direction d'André Carpentier), Montréal, Les Quinze, 1984, 222 p.

Éclats (sous la direction de Michel Lord), Toronto, Collège universitaire Glendon, Université York, [s.é.], 1993, x-112 p.

En une ville ouverte, nouvelles, Québec / Villelongue d'Aude, L'instant même / Atelier du Gué, 1990, 204 p.

Enfances et Jeunesses, préface de Claude Godin, Montréal, Les entreprises Radio-Canada, 1988, 254 p.

Espaces imaginaires I, anthologie de nouvelles de science-fiction (sous la direction de Jean-Marc Gouanvic et Stéphane Nicot), Montréal, Les Imaginoïdes, 1983, 164 p.

Le Fantastique, numéro spécial de *La Nouvelle Barre du jour*, n° 89, avril 1980, 92 p.

Fuites et Poursuites, Montréal, Les Quinze, 1982, 200 p.

Îles de langue française en Amérique du Nord, Cahiers bleus, Troyes (France), n°s 36-37, 1986.

La Maison d'éclats, Montréal, Triptyque, 1989, 116 p.

Lettres de survie, Concours Pauline-Cadieux 1992, Salon du livre de la Gaspésie et des Îles, Montréal, Humanitas Nouvelle Optique, 1992, 86 p.

Meilleur avant: 31/12/99. Variations sur le désintéressement collectif, Québec, Éditions Le Palindrome, 1987, 286 p.

L'Ouest en nouvelles, Saint-Boniface (Manitoba), Éditions des Plaines, 1986, 134 p.

Nouvelles de Montréal (sous la direction de Micheline La France), Montréal, l'Hexagone, coll. « Typo », n° 68, 1992, 250 p.

Nouvelles du Nord, Regroupement des écrivains de l'Abitibi-Témiscamingue, Val d'Or, Éditions D'ici et d'ailleurs, 1990, 162 p.

Nouvelles fraîches, 1 [à] 9, Montréal, Université du Québec à Montréal, Module d'études littéraires, 1985 à 1993.

Outre ciels, illustré par Gilles Beauregard, Montréal, XYZ, coll. « Pictographe », n° 2, 1990, 84 p.

Petits et Grands Nocturnes, illustré par Danyelle Morin, Montréal, XYZ, coll. « Pictographe », 1993, 92 p.

Plages (sous la direction de Madeleine Monette), Montréal, Québec / Amérique, coll. « Littérature d'Amérique », 1986, 130 p.

Pour changer d'aires. Récits de la Belgique romane, de la France, du Québec et de la Suisse romande, Sainte-Foy, Commission du français langue maternelle et Fédération internationale des professeurs de français, 1987, xiii-254 p.

Qui a peur de ?, Montréal, VLB éditeur, 1987, 144 p.

Rendez-vous, place de l'horloge, nouvelles, L'Atelier de création littéraire de l'Outaouais (sous la direction de Gabrielle Poulin), Sudbury, Prise de parole, 1993, 120 p.

Rêves d'aînés, nouvelles, Beauceville, Québec agenda, 1988, 256 p.

Saignant ou Beurre noir?, 13 nouvelles policières, Québec, L'instant même, 1992, 174 p.

Science-fiction, numéro spécial de *La Nouvelle Barre du jour,* n°s 79-80, juin 1979, 164 p.

Secrets..., recueil de nouvelles, Hélène Rioux, Diane-Monique Daviau et Jean-Pierre April, textes lus par Catherine Bégin, Montréal, La Littérature de l'oreille, 1987, 36 p. [Trousse audio comprenant une cassette de 60 minutes et le texte des nouvelles.]

Silences improvisés, illustré par Johanne Berthiaume, Montréal, XYZ, coll. « Pictographe », 1991, 78 p.

Sous le soleil de l'Ouest, Saint-Boniface (Manitoba), Éditions des Plaines, 1988, 208 p.

Tesseracts (sous la direction de Judith Merril), Victoria / Toronto, Porcépic, coll. « Canadian Science Fiction », 1985, ix-292 p.

Textes et Contextes 3, 1re partie (sous la direction de Cécile Dubé, avec la collaboration de Marie-Noël Lefebvre), Laval, Mondia, 1984, 190 p.

Traces, nouvelles. Un recueil de treize auteur(e)s du Saguenay-Lac-Saint-Jean, Jonquière, Éditions Sagamie / Québec, 1984, 174 p.

Un baluchon d'aventures, Saint-Boniface (Manitoba), Éditions des Plaines, 1987, 182 p.

Une douzaine de treize, nouvelles, Montréal, Humanitas / Nouvelle optique, 1991, 138 p.

VII. Recueils de nouvelles

ANDERSEN, Marguerite, *Courts Métrages et Instantanés*, nouvelles, Sudbury, Prise de parole, 1991, 120 p.

APRIL, Jean-Pierre, *Chocs baroques*, anthologie de nouvelles de science-fiction. Préf. de Michel Lord, Montréal, BQ, coll. «Bibliothèque québécoise: Littérature», 1991, 340 p.

ARCHAMBAULT, Gilles, *Enfances lointaines*, nouvelles, Montréal, Le Cercle du livre de France, 1972, 122 p.; Montréal, Boréal, 1992.

AUDE (pseudonyme de Claudette Charbonneau-Tissot), *Banc de brume ou les aventures de la petite fille que l'on croyait partie avec l'eau du bain*, avec quatre dessins de François Massé, Montréal, Éditions du Roseau, coll. «Garamond», 1987, 144 p.

BARCELO, François, *Longues Histoires courtes*, Montréal, Libre expression, 1992, 198 p.

BEAUMIER, Jean-Paul, *L'Air libre*, nouvelles, Québec, L'instant même, 1988, 163 p.

BÉLANGER, Denis, *La Vie en fuite*, Montréal, Québec / Amérique, coll. «Littérature d'Amérique», 1991, 148 p.

BÉLIL, Michel, *Le Mangeur de livres. Contes terre-neuviens*, Montréal, Pierre Tisseyre, 1978, 214 p.

BELLEFEUILLE, Normand de, *Ce que disait Alice*, Québec, L'instant même, 1989, 174 p.

BERGERON, Bertrand, *Parcours improbables*, nouvelles, Québec, L'instant même, 1986, 109 p.

———, *Maisons pour touristes*, nouvelles, Québec, L'instant même, 1988, 134 p.

———, *Transits*, nouvelles, Québec, L'instant même, 1990, 130 p.

———, *Visa pour le réel*, nouvelles, Québec, L'instant même, 1993, 122 p.

BERTHIAUME, André, *Incidents de frontière*, Montréal, Leméac, coll. «Roman québécois», n° 82, 1984, 144 p.

———, *Presqu'îles dans la ville*, Montréal, XYZ, coll. «L'ère nouvelle», 1991, 160 p.

BESSETTE, Gérard, *La Garden-party de Christophine*, nouvelles, Montréal, Québec / Amérique, coll. «Littérature d'Amérique», 1980, 124 p.

BLONDEAU, Dominique, *Destins*, nouvelles, Montréal, VLB éditeur, 1989, 130 p.

BOULAIS, Stéphane-Albert, *Contes et Nouvelles de l'Outaouais québécois*, Ottawa, Éditions du Vermillon, coll. «Les cahiers du Vermillon», n° 3, 1991, 174 p.

BONENFANT, Réjean, *La Part de l'abîme*, nouvelles, Montréal, VLB éditeur, 1987, 157 p.

BOSCO, Monique, *Remémoration*, nouvelles, Montréal, Hurtubise HMH, coll. «L'arbre», 1991, 92 p.

BOUCHER, Jean-Pierre, *Coups de fil*, Montréal, Libre expression, 1991, 187 p.

BOURNEUF, Roland, *Passage de l'ombre*, récits, Éditions Parallèles, 1978, 61 p.

————, *Mémoires du demi-jour*, Québec, L'instant même, 1990, 152 p.

BROCHU, André, *La Croix du Nord*, Montréal, XYZ, coll. «Novella», 1991, 112 p.

BROSSARD, Jacques, *Le Métamorfaux*, nouvelles, Montréal, Hurtubise HMH, coll. «L'arbre», 1974, 206 p.; préface de Michel Lord, Montréal, BQ, coll. «Bibliothèque québécoise: Littérature», 1988, 310 p.

BRULOTTE, Gaétan, *Le Surveillant*, Montréal, Les Quinze, coll. «Prose entière», 1982, 122 p.

————, *Ce qui nous tient. Nouvelles en trois mouvements obstinés, avec une ouverture, une clôture et quatre intervalles, où l'on raconte l'universel entêtement à être et à devenir*, Montréal, Leméac, coll. «Roman québécois», n° 112, 1988, 147 p.

CARPENTIER, André, *Du pain des oiseaux*, récits, Montréal, VLB éditeur, 1982, 150 p.

————, *De ma blessure atteint, et autres détresses*, Montréal, XYZ, coll. «L'ère nouvelle», 1990, 156 p.

————, *Carnet sur la fin possible d'un monde*, Montréal, XYZ, coll. «L'ère nouvelle», 1992, 144 p.

CHARBONNEAU-TISSOT, Claudette, *Contes pour hydrocéphales adultes*, Montréal, Le Cercle du livre de France, 1974, 148 p.

————, *La Contrainte*, nouvelles, Montréal, Pierre Tisseyre, 1976, 142 p.

CHOQUETTE, Adrienne, *Gerbes liées (1933-1963)*, présentation par Marie Naudin, Montréal, Guérin, 1990, 462 p.

CORRIVEAU, Hugues, *Autour des gares*, nouvelles, Québec, L'instant même, 1991, 228 p.

CROFT, Esther, *La Mémoire à deux faces*, quinze nouvelles, Montréal, Boréal, 1988, 132 p.

DANDURAND, Anne, *Petites Âmes sous ultimatum*, Montréal, XYZ, coll. «L'ère nouvelle», 1991, 108 p.

DAVIAULT, Diane-Monique, *Dernier Accrochage*, Montréal, Éd. XYZ, coll. L'ère nouvelle, 1990, 170 p.

DAVIAULT, Diane-Monique et Suzanne ROBERT, *L'Autre, l'Une*, Montréal, Éditions du Roseau, coll. «Garamond», 1987, 224 p.

Dé, Claire, *Chiens divers (et autres faits écrasés)*, Montréal, XYZ, coll. « L'ère nouvelle », 1991, 120 p.

Dufour, Michel, *Circuit fermé*, nouvelles, Québec, L'instant même, 1989, 106 p.

————, *Passé la frontière*, nouvelles, Québec, L'instant même, 1991, 102 p.

Éthier-Blais, Jean, *Le Désert blanc*, nouvelles, Montréal, Leméac, coll. « Roman québécois », 1986, 106 p.

————, *Le Christ de Brioude*, nouvelles, Montréal, Leméac, coll. « Nouvelles », 1990, 190 p.

Ferron, Madeleine, *Le Grand Théâtre et autres nouvelles*, Montréal, Boréal, 1989, 152 p.

Gagnon, Daniel, *Le Péril amoureux*, Montréal, VLB éditeur, 1986, 140 p.

————, *Circumnavigatrice*, Montréal, XYZ, coll. « L'ère nouvelle », 1990, 96 p.

Gagnon, J[ocelyn], *Les Petits Cris*, nouvelles, Montréal, Québec / Amérique, coll. « Littérature d'Amérique », 1985, 170 p.

Gauvin, Lise, *Fugitives*, nouvelles, Montréal, Boréal, 1991, 138 p.

Girard, Jean Pierre, *Silences*, nouvelles, Québec, L'instant même, 1990, 146 p.

Godin, Marcel, *Après l'Éden*, nouvelles, Montréal, l'Hexagone, coll. « Fictions », 1986, 96 p.

Gurik, Robert, *Être ou ne pas être*, Montréal, XYZ, coll. « L'ère nouvelle », 1991, 174 p.

Hébert, Louis-Philippe, *Manuscrit trouvé dans une valise. Cinéma*, illustrations de Martin Vaughn-James, Montréal, Les Quinze, coll. « Prose entière », 1979, 176 p.

Henrie, Maurice, *La Chambre à mourir*, Québec, L'instant même, 1988, 196 p.

————, *Le Pont sur le temps*, nouvelles, Sudbury, Prise de parole, 1992, 152 p.

Jacob, Suzanne, *La Survie*, Montréal, Le Biocreux, 1979, 140 p.; préface de Guy Cloutier, Montréal, BQ, coll. « Bibliothèque québécoise : Littérature », 1989, 112 p.

Jolicœur, Louis, *L'Araignée du silence*, Québec, L'instant même, 1987, 128 p.

————, *Les Virages d'Émir*, nouvelles, Québec, L'instant même, 1990, 124 p.

Karch, Pierre Paul, *Nuits blanches*, Sudbury, Prise de parole, 1981, 96 p.

————, *Jeux de patience*, Montréal, XYZ, coll. « L'ère nouvelle », 1991, 156 p.

Kattan, Naïm, *La Traversée*, nouvelles, Montréal, Hurturbise HMH, coll. « L'arbre », 1981, 222 p.

La France, Micheline, *Vol de vie*, nouvelles, Montréal, l'Hexagone, 1992, 102 p.

Maillet, Andrée, *Les Montréalais*, Montréal, Éditions du Jour, 1962, 145 p.; l'Hexagone, coll. « Typo », 1987, 338 p.

Maillet, Antonine, *Par derrière chez mon père*, recueil de contes, illustré par Rita Scalabrini, Montréal, Leméac, 1972, 92 p.

MAJOR, André, *La Folle d'Elvis*, nouvelles, Montréal, Québec / Amérique, coll. « Littérature d'Amérique », 1981, 138 p.

————, *L'Hiver au cœur*, Montréal, XYZ, coll. « Novella », 1987, 78 p.

MARCOTTE, Gilles, *La Vie réelle*, histoires, Montréal, Boréal, 1989, 236 p.

MARTEL, Émile, *La Théorie des trois points*, récit, Montréal, l'Hexagone, 1990, 70 p.

MATHIEU, Claude, *La Mort exquise et autres nouvelles*, Montréal, Le Cercle du livre de France, 1965, 144 p.; Québec, L'instant même, 1989, 112 p.

NOËL, Bernard, *Contes pour un autre œil*, Longueuil, Le Préambule, coll. « Murmures du temps », 1985, 154 p.

PELCHAT, Jean, *Le Lever du corps*, Québec, L'instant même, 1991, 126 p.

PELLERIN, Gilles, *Les Sporadiques Aventures de Guillaume Untel*, Hull, Asticou, coll. « Nouvelles nouvelles, 1982, 172 p.; 1989.

————, *Ni le lieu ni l'heure*, nouvelles, Québec, L'instant même, 1987, 172 p.

————, *Principe d'extorsion*, nouvelles, Québec, L'instant même, 1991, 180 p.

————, *Je reviens avec la nuit*, nouvelles, Québec, L'instant même, 1992, 163 p.

PIAZZA, François, *Cocus & Co.*, nouvelles, Montréal, VLB éditeur, 1989, 98 p.

POLIQUIN, Daniel, *Nouvelles de la capitale*, Montréal, Québec / Amérique, coll. « Littérature d'Amérique », 1987, 136 p.

PRIMEAU, Marguerite-A., *Le Totem*, Saint-Boniface (Manitoba), Éditions des Plaines, 1988, 154 p.

PROULX, Monique, *Sans cœur et sans reproche*, nouvelles, Montréal, Québec / Amérique, coll. « Littérature d'Amérique », 1983, 248 p.

RENAUD, Jacques, *L'Espace du diable*, nouvelles, Montréal, Guérin, 1989, 264 p.

RIOUX, Hélène, *L'Homme de Hong Kong*, Montréal, Québec / Amérique, coll. « Littérature d'Amérique », 1986, 130 p.

ROCHON, Esther, *Le Piège à souvenirs*, nouvelles, Montréal, La Pleine Lune, coll. « Nouvelles », 1991, 144 p.

ROY, Alain, *Quoi mettre dans sa valise ?*, nouvelles, Montréal, Boréal, 1990, 146 p.

ROY, Gabrielle, *De quoi t'ennuies-tu Éveline ?* suivi de *Ély ! Ély ! Ély !*, récits, Montréal, Boréal, coll. « Boréal compact », n° 8, 1988, 122 p.

SAINT-MARTIN, Lori, *Lettre imaginaire à la femme de mon amant*, nouvelles, Montréal, l'Hexagone, coll. « Fictions », 1991, 134 p.

S[AIN]T-PIERRE, Christiane, *Sur les pas de la mer*, contes et nouvelles, Moncton, Éditions d'Acadie, 1986, 104 p.

SAVOIE, Paul, *Contes statiques et névrotiques*, nouvelles, Montréal, Guérin, 1991, 246 p.

SERNINE, Daniel, *Nuits blêmes*, Montréal, XYZ, coll. « L'ère nouvelle », 1990, 126 p.

————, *Boulevard des Étoiles*, nouvelles de science-fiction, Montréal, Ianus, 1991, 214 p.

SÉVIGNY, Marc, *Vertige chez les anges*, Montréal, VLB éditeur, 1988, 154 p.

SOMAIN, Jean-François, *Vivre en beauté*, nouvelles, Montréal, Logiques, 1989, 274 p.

SOMCYNSKY, Jean-François, *J'ai entendu parler d'amour*, nouvelles, Hull, Asticou, coll. « Nouvelles Nouvelles », 1984, 175 p.

SOUCY, Jean-Yves, *Les Esclaves*, nouvelle, Les Herbes rouges, n° 158, 3ᵉ trimestre 1987, 50 p.

SYLVESTRE, Paul-François, *Une jeunesse envolée*, vingt nouvelles, illustrations de Marc Bélanger, Ottawa, L'Interligne, 1987, 128 p.

THÉORET, France, *L'Homme qui peignait Staline*, récits, Montréal, Les Herbes rouges, 1989, 174 p.

THÉRIAULT, Marie José, *La Cérémonie*, contes, Montréal, La Presse, 1978, 140 p.; *The Ceremony*, trad. par David Lobdell, [s. l.], Oberon Press, 1980, 106 p.

———, *L'Envoleur de chevaux et autres contes*, Montréal, Boréal, 1986, 174 p.

———, *Portraits d'Elsa et autres histoires*, Montréal, Les Quinze, 1990, 174 p.

THÉRIO, Adrien, *La Tête en fête (et autres histoires étranges)*, Montréal, Jumonville, 1975, 142 p.

TREMBLAY, Sylvaine, *Nécessaires*, Québec, L'instant même, 1992, 86 p.

VAC, Bertrand, *Rue de Bullion*, nouvelles, Montréal, Leméac, coll. « Nouvelles », 1991, 142 p.

VIDAL, Jean-Pierre, *Histoires cruelles et lamentables*, nouvelles, Montréal, Logiques, coll. « Litt. », 1991, 232 p.

VILLENEUVE, Jocelyne, *Le Coffre*, Sudbury, Prise de parole, 1979, 66 p.

VONARBURG, Élisabeth, *Ailleurs et au Japon*, nouvelles, Montréal, Québec / Amérique, coll. « Littérature d'Amérique », série SF, 1991, 220 p.

YANCE, Claude-Emmanuelle, *Mourir comme un chat*, nouvelles, Québec, L'instant même, 1987, 118 p.

Index des noms

Tous les noms propres dont il est fait mention dans les textes qui précèdent, à l'exception des noms de personnages, sont répertoriés ici.

A. DE P.: 106
A. L., voir LABERGE, Albert.
A. P. 106
ACHARD, Eugène 116
ADORNO, Theodor W. 42, 47, 198
ALAIN, Daniel 173
ALBEE, Edward 24
ALBERT, Pierre 164
ALLEN, Woody 19
ALLUIN, Bernard 41, 48
AMBOISE, Jacqueline R. 189, 207
ANDERSEN, Marguerite 11, 159, 201, 203, 210
ANON. 117
APRIL, Jean-Pierre 209, 210
ARCHAMBAULT, Gilles 80-81, 83, 210
ARGUIN, Maurice 178, 183
ARISTOPHANE 121
ARLAND, Marcel 25
AUBERT DE GASPÉ, Philippe-Ignace-François 176
AUBERT DE GASPÉ, Philippe-Joseph 176
AUBIN, Hélène 145
AUBRY, Claude 158
AUDE (Claudette Charbonneau-Tissot, dite —) (voir aussi CHARBONNEAU-TISSOT, Claudette) 57, 73, 83, 182, 183, 205, 210,
AUDET, Noël 182, 198, 205
AUDETTE-DESCHÊNES, Michelle 145
AYMÉ, Marcel 188, 192, 194
BABBY, Ellen Reisman 200
BAKHTINE, Mikhaïl 50, 52, 53, 61, 198
BALZAC, Honoré de 112
BARCELO, François 210
BARNETT, Marva 180, 181, 183
BARTHES, Roland 16, 30, 35, 37, 47, 50, 52, 54, 60, 61, 185, 187, 194, 198
BATAILLE, Georges 46, 47
BAUDELAIRE, Charles 41, 47, 86
BÉALU, Marcel 86, 88

BEAUDETTE, Lucile 146
BEAUDOIN, Daniel 198
BEAUDOIN, Réjean 200
BEAUGRAND, Honoré 23, 24, 28, 30, 176
BEAULÉ, Sophie 200
BEAULIEU, Victor-Lévy 27
BEAUMARCHAIS, Jean-Pierre de 173
BEAUMARCHAIS, Pierre-Augustin Caron de 121, 126
BEAUMIER, Jean-Paul 45, 47, 90, 210
BEAUREGARD, Gilles 209
BEAUSÉJOUR, Hélène (née Brouillette) voir HÉLÈNE
BECCARELLI-SAAD, Tiziana 63, 70
BECKETT, Samuel 37, 96
BEDNARSKI, Betty 202
BÉGIN, Catherine 209
BÉGIN, Émile 114, 115, 119
BÉGUIN, Albert 85, 91
BÉLANGER, Denis 205, 210
BÉLANGER, Ferdinand 116, 120
BÉLANGER, Georgina, voir MONTREUIL, Gaëtane de
BÉLANGER, Marc 213
BÉLIL, Michel 210
BÉLISLE, Jacques 198, 201, 205
BELLEAU, André 42, 43, 47, 55, 61, 78, 81, 83, 198
BELLEFEUILLE, Normand de 45, 47, 205, 210
BELLEFLEUR, Gérald 173
BÉNAC, Henri 70
BENOIT, Réal 178
BENSON, Marc 197, 198
BÉRARD, Sylvie 8, 9, 73, 205
BÉRAUD, Jean (pseud. de Jacques LAROCHE) 120
BERGERON, Bertrand 58, 61, 90, 203, 204, 210
BERNARD, Harry 108, 109, 113, 116, 118
BERSIANIK, Louky 137, 152, 156

BERTHIAUME, André   39, 47, 55, 61, 175, 180, 182, 183, 198, 201, 203, 205, 210
BERTHIAUME, Johanne   209
BERTRAND, Camille   1115, 117, 118
BESSETTE, Gérard   159, 176, 177, 179, 183, 206, 210
BETTINOTTI, Julia   143
BETZ, Maurice   96, 101
BIBAUD, Michel   106
BILLE, Corinna S.   29, 30
BLAIS, Marie-Claire   207
BLIN, Jean-Pierre   41, 47, 198
BLONDEAU, Dominique   204, 211
BOISJOLI, Charlotte   20, 30
BOIVIN, Aurélien   175, 176, 177, 183, 184, 197, 206
BOLDUC, Yves   173
BONENFANT, Réjean   205, 211
BONN, Thomas L.   75, 83
BORGES, Jorge Luis   90
BOSCO, Monique   211
BOUCHARD, Christian   198
BOUCHER, Denise   137
BOUCHER, Jean-Pierre   36, 47, 199, 202, 211
BOUCHERVILLE, Georges de   176
BOULAIS, Stéphane-Albert   211
BOULANGER, Daniel   199
BOULET, Pierre   138, 144
BOURAOUI, Hédi   201
BOURBONNAIS, Nicole   201
BOURGEOIS, Georges   171, 173
BOURGET, Joseph-Guillaume   107, 116
BOURGET, Paul   112, 160
BOURNEUF, Roland   9, 85, 211
BOURQUE, Paul-André   20, 31
BOUTET, madame Antoine   116
BOYLE, Patrick   29
BRASSE-CAMARADES   17, 31
BRAULT, Jacques   201
BREARLEY, Katherine T.   194, 206
BRETON, André   86
BROCHU, André   211
BROOKE-ROSE, Christine   162
BROSSARD, Jacques   211
BROSSARD, Nicole   137, 148, 152, 154, 156
BROWN, Terrence   31
BRUCHÉSI, Jean   118
BRULOTTE, Gaétan   9, 11, 20, 31, 45, 47, 93, 99-101, 187, 194, 199, 201, 202, 203, 204, 206, 211
BUGUET, Antoine Marie   200
BUSSIÈRES, Simone   206
BUTOR, Michel   86, 90
CAILLOIS, Roger   86
CALLOU, Jean   201
CALVINO, Italo   97, 101
CAMBRON, Micheline   159, 164
CAMUS, Albert   24
CAOUETTE, Jean-Baptiste   79, 83
CARDINAL, Marie   138, 145
CARON, Louis   201
CARPENTIER, André   7, 8, 11, 35, 37, 47, 77-80, 83, 180, 182, 183, 187, 199, 202, 207, 208, 211
CESBRON, Bernard   106
CHABOT, Cécile   178
CHAGNON, C. (Clara)   106
CHANTRAINE, Pol   171
CHAPMAN, William   157, 176
CHARBONNEAU, Robert   106
CHARBONNEAU-TISSOT, Claudette, (voir aussi AUDE)   141, 143, 146, 211
CHARBONNIER, Félix   113, 114, 118, 120
CHAUVEAU, P.-J.-O.   24, 21
CHESSEX, Jacques   21, 25, 29, 31
CHKLOVSKI, V.   199
CHOQUETTE, Adrienne   7, 49, 79, 83, 203, 211
CLAPIN, Sylva   158
CLARK, Mary Higgins   19, 31
CLOUTIER, Guy   211
COHEN, Matt   206
COLEMAN, Patrick   199
COLOMBO, John Robert   206
CONSTANTIN-WEYER, Maurice   202
COPPENS, Patrick   206
COPPOLA, Francis Ford   19
CORBEIL, Renée   180, 183
CORMIER-BOUDREAU, Marielle   18, 31
CORRIVEAU, Hugues   202, 211
CORTÁZAR, Julio   78, 88-90
COSSETTE, Gilles   201
CÔTÉ, Huguette   201
CÔTÉ, Lucie   167, 173
CÔTÉ, Suzanne   201
COTNOIR, L.   152, 156
COUET, Yvonne   116
COURCHÊNE, R. J.   180, 183

COUTY, Daniel 173
CROFT, Esther 200, 204, 211
D'AMBOISE, Jacqueline R., voir
AMBOISE, Jacqueline R.
D. P. (voir aussi POTVIN, Damase) 119
DAIGLE, France 172
DANDURAND, Anne 20, 211
DANSEREAU, Estelle 201
DANTIN, Louis (pseud.
d'Eugène Seers) 118, 177, 178
DARIOS, Louise 201
DAUDET, Alphonse 108, 111
DAUMAL, René 86
DAVIAU, Diane-Monique 158, 164, 201,
204, 206, 209, 211
DAVIAULT, Pierre 110, 113, 115, 117
DAVID, Carole 201
DE BELLEFEUILLE, Normand, voir
BELLEFEUILLE, Normand de
DE LAURETIS, Teresa 10, 152, 154, 156
DÉ, Claire 212
DELOFFRE, Frédéric 65, 67, 70, 199
DEMERS, Jeanne 7, 9, 63, 70, 105, 199
DEMOUGIN, Jacques 168, 173
DENIS, Lily 87, 91
DEROME, Bernard 15, 16
DES RIVIÈRES, Marie-José 9, 119, 136,
137, 139, 143, 145, 202
DESBIENS, Patrice 164
DESCHÊNES, Arthur 109, 111, 117
DESJARLAIS, Mireille 159
DESNOS, Robert 86
DESROSIERS, Léo-Paul 106, 109, 110,
113, 115, 116, 178
DESSUREAUX, Lionel 119
DÉSY, Jean 205
DEVAULX, Noël 88, 90
DI STEFANO, Giuseppe 200
DICK, Eugène 176
DIDEROT, Denis 22, 200
DIONNE, René 26, 79
DORION, Gilles 164
DOYON, Paule 145
DUBÉ, Cécile 210
DUBÉ, Pierrette 139, 145
DUBÉ, Rodolphe, voir HERTEL, François
Dubeau, Yvon 205
DUBRÛLE-MAHAUX, Carmen 172
DUCHET, Claude 74, 84
DUFOUR, Michel 90, 205, 212

DUGUAY-CYR, Murielle 172
DUHAMEL, Roger 79, 84, 106, 119
DUPIRE, Louis 109, 114, 117
DUPRÉ, Louise 148, 152, 153, 154, 156
DUPUY, Pierre 118
DURAND, Guy 127
DURAND, Madeleine 87, 91
ECO, Umberto 142, 143
EHRARD, Jean 200
ÉLIE, Robert 106
ELIOT, George 94
ÉMOND, Maurice 164, 197, 202, 207
ÉTHIER-BLAIS, Jean 159, 204, 212
FABRE, Hector 106
FAUCHER DE SAINT-MAURICE,
Narcisse-Henri-Édouard 177
FAULKNER, William 24
FAVREAU, Francis 198
FECTEAU, Hélène 145
FÉNÉON, Félix 68, 70
FERLAND, Albert 119
FERRON, Jacques 23, 26, 179, 203
FERRON, Madeleine 28, 31, 145, 200,
201, 203, 212
FIENNES, monseigneur de 66
FISHER, Claudine 202
FLAUBERT, Gustave 52
FOËX, Évelyne 10, 167
FOËX-OLSEN, Évelyne 145
FOREST, Léonard 172
FORTIN, Andrée 49, 61
FOUILLADE, Claude 202
FRANCE, Anatole 112
FRATTA, Carla 202
FRÉCHETTE, Louis 23, 27, 28,
31, 160, 177
FRÉMONT, Donatien 109
FRENCH, Marilyn 138, 146
FREUD, Sigmund 86, 139
FRIOUX, Claude 87, 91
FRYE, Northrop 121, 127
FUENTES, Carlos 90
FURGIUELE, Rosanna 10, 183, 185
GADBOIS, Vital 173
GAGNON, Charles-Alphonse-
Nathaniel 107, 117
GAGNON, Daniel 181, 182, 183,
203, 204, 205, 212
GAGNON, J(ocelyn) 203, 204, 212
GAGNON, Lucie 199, 202

GAGNON, Madeleine 148, 156
GAILLARD DE CHAMPRIS, Henry 108, 111, 112, 117
GALLANT, Melvin 26, 31, 167, 172, 173, 174
GALLAYS, François 207
GAMACHE, Chantal 202
GARAND, Dominique 202
GARCIA MÁRQUEZ, Gabriel 90
GAUDET, Gérald 205, 206
GAUTIER, Théophile 24
GAUVIN, Lise 68, 70, 105, 180, 183, 199, 202, 203, 212
GENETTE, Gérard 52, 55, 57, 61, 69 73, 75, 78, 82, 84
GÉRIN, Pierre 17, 31
GHALEM, Nadia 139, 140, 145, 146
GIARD, Anne 69, 70, 199
GIDE, André 96, 101
GIRARD, Jean Pierre 80, 81, 84, 205, 212
GIROUX, André 106
GODENNE, René 64, 70, 76, 84, 105, 197, 199, 206
GODIN, Claude 208
GODIN, Jean-Cléo 66, 70
GODIN, Marcel 202, 203, 212
GOLDMANN, Lucien 42, 47
GOUANVIC, Jean-Marc 179, 184, 207, 208
GOULD, Ginette 174
GOULET, Pierre 206
GRACQ, Julien 86
GRADY, Wayne 206
GRANDBOIS, Alain 178, 179
GRANDBOIS, Madeleine 178
GREEN, Julien 96, 101
GRÉGOIRE, Claude 202
GRÉGOIRE-COUPAL, Marie-Antoinette 117
GREIMAS, Algirdas Julien 31, 69
GRELLET, Françoise 181, 183
GRIGNON, Claude-Henri (voir aussi VALDOMBRE) 178
GRIMM, Wilhem et Jacob dit les frères — 22
GROBÉTY, Anne-Lise 21, 22, 31
GROETHUYSEN, Bernard 95, 101
GROULX, chanoine Lionel 79, 84, 108, 109, 110, 111, 114, 115, 117, 178

GURIK, Robert 212
H. B.*** 106
HACHÉ, Louis 167, 168, 169, 170, 171, 172, 173, 174
HAINS, Édouard 118
HAMEL, Réginald 174
HAMELIN, Jean 190, 193, 194
HAMON, Philippe 56, 61, 199
HANCOCK, Geoff 207
HARE, John 174, 175, 177, 184, 207
HARVEY, Jean-Charles 106, 108, 115, 117, 118
HÉBERT, Anne 9, 26, 27, 31, 76, 84, 129, 130, 131, 132, 133, 134, 135, 136, 178, 202, 205
HÉBERT, Louis 133
HÉBERT, Louis-Philippe 212
HÉBERT, Maurice 109, 115, 116, 118, 120
HÉBERT, Pierre 198, 202
HÉLÈNE (pseud. d'Hélène BEAUSÉJOUR, née BROUILLETTE) 118
HENRIE, Maurice 212
HERTEL, François (pseud. de Rodolphe DUBÉ) 119
HESBOIS, Laure 202
HÉTU, Luc 145
HEYNDELS, Ralph 35, 40, 43, 47, 200
HOFFMANN, Ernst Theodor Amadeus 22
HÖLDERLIN, Friedrich 200
HUGOLIN, père (Stanislas LEMAY) 118
HUGUENIN, Anne-Marie (née Gleason) voir MADELEINE
HUSTON, James 128
HUXLEY, Francis 18, 31
IONESCO, Eugène 68
IRIGARAY, Luce 139, 145, 154, 156
JACCOTTET, Philippe 96, 101
JACOB, Suzanne 212
JACQUOT, Martine L. 17, 31, 171
JAKOBSON, Roman 74
JAMES, Henry 98
JARDINE, Alice A. 10, 151, 152, 156
JASMIN, Claude 186, 194
JEAN, Marcel 208
JEAN-FRANÇOIS 145
JIMENEZ, Marc 198
JOLICŒUR, Louis 201, 204, 205, 212
JOLLES, André 63, 69, 70, 200
JOUBERT, Ingrid 207

JOYCE, James 18, 20, 24, 31
JUNG, Carl G. 86, 87
KAFKA, Frantz 86, 88, 95, 101
KAHANE, E. H. 96, 101
KARCH, Pierre Paul 11, 159, 190, 194, 201, 202, 212
KATTAN, Naïm 203, 212
KIBERD, Declan 28, 32
KING, Stephen 24, 25, 32
KIROUAC, Conrad, voir Marie-Victorin, frère
KOUSTAS, Jane 10, 175
KRASHEN, Stephen 192, 194
KRISTEVA, Julia 139, 145
KROETSCH, Robert 203
L'ÉCUYER, Eugène 9, 106, 121, 122, 125, 126, 127, 128
LA BRUYÈRE, Jean de 21, 68, 106
LABBÉ, Josette 145
LABERGE, Albert 120, 176, 177
LACAN, Jacques 139, 145
LACERTE, Émma-Adèle 158, 189
LACHANCE, Micheline 202
LACOMBE, Patrice 106
LAFONTAINE, Gille de 203
LA FRANCE, Micheline 202, 204, 205, 209, 212
LALANDE, André 44, 48
LAMONTAGNE-BEAUREGARD, Blanche 118
LANDRY-THÉRIAULT, Jeanine 172
LANGEVIN, André 106
LAPLANCHE, Jean 152
LAPLANTE, Laurent 207
LAROCHE, JACQUES, voir Béraud, Jean
LAROCQUE, François 202
LARUE, Monique 182, 184
LAUTRÉAMONT, Isidore Ducasse, dit le comte DE 86
LE BIDOIS, Robert 111, 112, 117
LE FRANC, Marie 177, 178
LE GRAND, Éva 203
LE MOYNE, Gertrude 129
LE NORMAND, Michelle 158, 159
LECLERC, Félix 178
LEFEBVRE, Marie-Noël 210
LÉGARÉ, Romain 84
LEIRIS, Michel 86
LE MAY, Pamphile 63, 110. 176
LEMAY, Stanislas, voir HUGOLIN, père
LEMIEUX, Germain 157

LEMIRE, Maurice 9, 107, 176, 177, 178, 184, 197, 198
LESKOV, Nicolas 29
LÉVESQUE, Gaëtan 206
LOBDELL, David 213
LORD, Albert B. 32
LORD, Catherine 138
LORD, Michel 7, 8, 10, 55, 61, 75, 84, 197, 200, 203, 207, 208, 210
LOZEAU, Albert 119
LYOTARD, Jean-François 151, 156
M.-H. B. 119
MacLUHAN, Marshall 67
MADELEINE (pseud. de Anne-Marie Huguenin, née Gleason) 110, 111, 118
MAGALI (pseud.) 119
MAGINI, Roger 204
MAHLER, Gustave 58
MAILLET, Andrée 200, 212
MAILLET, Antonine 16, 23, 28, 32, 66, 70, 167, 172, 212
MAILLET, Marguerite 174
MAJOR, André 189, 194, 204, 206, 213
MALAMUD, Bernard 97, 101
MALLET, Marilú 145, 203, 206
MANDIARGUES, Pierre de 86, 88
MANN, Thomas 96, 101
MARCATO-FALZONI, Franca 199, 202, 203
MARCEL, Gabriel 106
MARCHAND, Clément 114, 118, 119
MARCHAND, Thérèse 145
MARCHILDON, Thomas 158
MARCOTTE, Gilles 28, 63, 70, 106, 205, 212
MARIE-VICTORIN, frère (Conrad KIROUAC, dit —) 108, 114, 119
MARINEAU, Line 203
MARMONTEL, Jean-François 200
MARTEL, Émile 201, 213
MARTIGNY, Paul de 120
MARTIN, Claire 106, 191, 192, 194, 206
MASSÉ, Carole 154, 155, 156
MASSÉ, François 210
MASSÉ, Oscar 120
MASSICOTTE, Édouard-Zotique 176
MATAGAN, Alcide (pseud. attribué à Ubald PAQUIN) 109, 120
MATHIEU, Claude 204, 213
MAUPASSANT, Guy de 29, 56, 63, 111, 193, 194

MAURAULT, Olivier (voir aussi P.-L. M) 113, 117
MAY, Cedric 203
MCBRIDE, Rose-Blanche 194, 206
MCGAHERN, John 29, 32
MCMURRAY, Line 7
MÉDICIS, Marie de 121
MEIER, Paul 17, 32
MÉNANDRE 121
MÉRIMÉE, Prosper 76, 112
MERRIL, Judith 210
MESAVAGE, Ruth Mathilde 203
MEYNARD, Yves 209
MICHAUX, Henri 86-87, 90
MICHON, Jacques 203
MIDLER, Gustave 109
MISCHICK, Reingard M. 203
MISTRAL, Frédéric 111
MITTERAND, Henri 33
MOIRAND, Sophie 183, 184, 186, 194
MOLIÈRE, Jean-Baptiste Poquelin, dit — 51, 121, 126
MOLLICA, Anthony 207
MOLLICA, Elizabeth 207
MONETTE, Guy 203
MONETTE, Madeleine 209
MONFORT, Bruno 41, 48, 53, 54, 61, 200
MONTPETIT, André-Napoléon 106
MONTPETIT, Francine 138
MONTREUIL, Gaëtane de (pseud. de Georgina Bélanger) 120
MORIN, Danyelle 209
MORIN, Denis 203
MORIN, Edgar 63, 70
MORISSETTE, Joseph-Ferdinand 107, 120
MORRIS, William 17, 32
MOSSETTO, Anna Paola 203
MUSIL, Robert 96, 101
NABOKOV, Vladimir 96
NAUDIN, Marie 211
NAVARRE, Marguerite de 39
NERVAL, Gérard de 85, 88, 89, 91
NEVEU, Jean-Pierre 207
NICOT, Stéphane 208
NIN, Anaïs 85
NOËL, Bernard 203, 213
NONO, Luigi 59
NORMANDEAU, Régis 203
O'CONNOR, Frank 28
OORE, Irene 202

OUELLET, Pierre 52, 61, 148, 156, 200
OUVRARD, Hélène 28, 32
P.-L. M. (voir aussi Olivier Maurault) 113
PAGÉ, Pierre 135, 136
PAGEE, Camille 10, 197
PAIEMENT, André 157
PANIER, Louis 201
PÂQUETTE, Denise 174
PAQUIN, Michel 173
PAQUIN, Ubald (voir aussi MATAGAN, Alcide) 109
PARADIS, Suzanne 79, 203
PARATTE, Henri-Dominique 8, 15, 23, 32, 171, 172
PARAYRE, Édouard 87, 91
PARÉ, François 10, 157, 200, 204
PARÉ, Marc-André 202
PARMENTIER, Michel A 189, 207
PASCAL, Blaise 200
PAULHAN, Jean 86, 87, 91
PELCHAT, Jean 205, 213
PELLERIN, Gilles 11, 80, 81, 84, 90, 201, 204, 206, 213
PELLETIER, Albert 112, 117, 118
PELLETIER, Claude J. 209
PELLETIER, Francine 204, 206
PÉRET, Benjamin 86
PÉROCHON, Ernest 111
PERRAULT, Charles 22
PERROT-BISHOP, Annick 202
PIAZZA, François 204, 213
PICHETTE, Robert 172
PICONE, Michelangelo 200
PIÉTRO, voir L'ÉCUYER, Eugène
PILON-QUIVIGER, Andrée 146
PLAUTE 121
POE, Edgar 24
POLIQUIN, Daniel 10, 157, 158, 159, 163, 164, 204, 213
PONTALIS, J.- B. 152
POOL, Léa 29
POTVIN, Claudine 10, 147, 156
POTVIN, Damase (voir aussi D. P.) 108, 114, 115, 117,119, 120
POULIN, Gabrielle 209
POULIN, Richard 208
POURRAT, Henri 108, 111
PRATTE, Richard 139, 141, 145
PRÉVOST, abbé Antoine-François 64, 70

PRIMEAU, Marguerite-A. 201, 204, 212
PROPP, Vladimir Iakovlevich 24, 32, 51
66, 69
PROULX, Antonin 120
PROULX, Monique 11, 45, 48, 145,
201, 203, 213
PROVOST, Joseph 120
QUIGNARD, Pascal 38, 45, 48, 200
R. H. 119
RABELAIS, François 78
RADIGUET, André 87, 91
RAFROIDI, Patrick 28, 32
RAÎCHE, Joseph-Fidèle 108, 113, 120
RAMUZ, Charles-Ferdinand 25, 27, 32
RAY, Jean 24
RAYMOND, Marcel 105
RÉMI, Anne-Elizabeth 141, 145
RENARD, Georges 97, 101
RENAUD, Jacques 213
RENY, Roger 173
REY, Alain 173
REYES, Alina 19, 32
RICARD, François 74, 77, 78, 84, 200
RICHARD, Eugène 204
RICHTER, Jean-Paul 86
RINFRET, Marie-Josée 206
RIOUX, Hélène 202, 206, 209, 213
RIVARD, Adjutor 109, 110, 117
RIVIÈRES, Marie-José DES,
voir DES RIVIÈRES, Marie-José
RLICHER, Jean 85, 91
ROBBE-GRILLET, Alain 86, 98, 101
ROBERT, Suzanne 204, 206, 211
ROBICHAUD, monseigneur Donat 169
ROCHON, Esther 204, 213
ROGER, Danielle 206
ROLLET, Marie 133
ROSNY (Honoré et Justin Boex,
dits J.-H. —) 24
ROUQUET, Guy 80, 84
ROUSSEAU, Guildo 106
ROY, Alain 201, 213
ROY, monseigneur Camille 16, 110
111, 118, 119, 120
ROY, Claude 32
ROY, Gabrielle 16, 63, 70, 106, 130,
159, 179, 189, 194, 201, 213
ROY, Zo-Ann 198
RUFF, Marcel A. 41, 47
RULFO, Juan 90

RUNTE, Hans R. 174
SABOURIN, Claude 204
SACY, Samuel de 130
SAGE, Howard 181, 184
SAINT-JACQUES, Denis 83
SAINT-JEAN, Armande 137
SAINT-MARTIN, Fernande 144
SAINT-MARTIN, Lori 9, 11, 67, 70,
129, 135, 213
SAINT-PIERRE, Arthur 108, 119, 120
SAINT-PIERRE, Christiane, voir
ST-PIERRE, Christiane
SALDUCCI, Pierre 204, 205
SALESSE, Michèle 204
SALLENAVE, Danièle 97, 101
SANDERCOMBE, William Fraser 24, 32
SARTRE, Jean-Paul 16, 28, 32, 69, 70,
95, 101, 191, 192, 194
SAVOIE, Paul 11, 213
SCALABRINI, Rita 211
SCHAEFFER, Jean-Marie 84, 174
SCOTT, G. 152, 156
SEERS, Eugène, voir DANTIN, Louis
SÉGUR, Sophie Rostopchine 160
SEMPOUX, A. 200
SENÉCAL, Joseph-André 9
SERNINE, Daniel 204, 206, 208, 213
SÉVIGNY, Marc 201, 204, 206, 214
SGARD, Jean 65, 70, 200
SHAEFFER, Jean-Marie 76, 81
SHAW, Valerie 200
SIMARD, Sylvain 32
SINCLAIR, Irène 171, 172
SOMAIN, Jean-François 202, 214
SOMCYNSKY, Jean-François 214
SOUCY, Jean-Yves 205, 214
SOUDEYNS, Maurice 80, 84
SPEHNER, Norbert 207
ST-PIERRE, Christiane 18, 171, 172,
173, 174, 213
STEFOFF, Donna 207
STEINBECK, John 24
STEMPEL, Wolf Dieter 82, 84
STENDHAL (Henri Beyle, dit —) 95, 102
STENZEL, Jürg 59
STEWART, Pamela D. 200
STRATFORD, Philip 204
SUARD, François 41, 198
SUE, Eugène 127
SULTE, Benjamin 157

SUZANNE 145
SWEETSER, Franklin P. 71
SYLVESTRE, Guy 119
SYLVESTRE, Paul-François 204, 214
TCHEKHOV, Anton 87, 91
TELEKY, Richard 207
THÉORET, France 10, 147, 148, 149, 150, 152, 153, 154, 155, 156, 201, 203, 205, 214
THÉRIAULT, Marie José 11, 145, 201, 202, 204, 214
THÉRIAULT, Yves 27, 32, 178, 202
THÉRIEN, Christiane 180, 183
THÉRIO, Adrien 10, 157, 158, 161, 162, 163, 164, 177, 178, 179, 184, 204, 207, 214
THISDALE, Martin 204
TILLEMONT, Jean 119
TODOROV, Tzvetan 99, 102, 199
TORGOVNIK, Marianna 93, 94, 96, 97, 102
TREMBLAY, Gaston 157, 165
TREMBLAY, Jules 108, 120
TREMBLAY, Michel 67, 70, 189, 190, 194
TREMBLAY, Sylvaine 59, 61, 214
TRIOLET, Elsa 87, 91
TURCOT, Marie-Rose 10, 109, 120, 157, 158, 159, 160, 161, 162, 163, 164, 165
TWAIN, Mark 29
VAC, Bertrand 214
VAILLANCOURT, Pierre-Louis 205
VALDOMBRE (pseud. de Claude-Henri GRIGNON) (voir aussi GRIGNON, Claude-Henri) 119, 120

VALÉRY, PAUL 18
VAUGHN-JAMES, Martin 211
VELAN, Yves 16
VIALATTE, Alexandre 95, 101
VIAU, Roger 178
VIDAL, Jean-Pierre 214
VIENNET, Hervé 20, 33
VIGEANT, Pierre 118
VIGNEAULT, Robert 32
VILLENEUVE, Jean-Marie-Rodrigue 110, 117
VILLENEUVE, Jocelyne 158, 214
VILLENEUVE, Rodrigue, voir VILLENEUVE, Jean-Marie-Rodrigue
VOISARD, Alexandre 21, 33
VOLTAIRE (François-Marie AROUET, dit —) 16, 66, 70, 112
VONARBURG, Élisabeth 214
VUILLEMIN-SALDUCCI, Pierre 205 (voir aussi SALDUCCI, Pierre)
WAHL, François 97, 101
WANIS-DAHAN, Andrée 140, 145
WINDER, Bill 198
WOOLF, Virginia 26, 33, 94
WYCZYNSKI, Paul 174
YANCE, Claude-Emmanuelle 205, 214
YOURCENAR, Marguerite 65, 66, 68, 70
YVER, Jacques 65
ZIDLER, Gustave 110, 118
ZIMMERMANN, Daniel 22, 33
ZOILE 116
ZOLA, Émile 19, 33, 56
ZUMTHOR, Paul 20, 33, 36, 48, 200

Table des matières

Présentation
Jacques Cotnam et Agnès Whitfield... 7

I. Écriture(s): théorie(s) et pratique(s) de la nouvelle

L'architecture de la nouvelle. Émergence d'un lieu vers ailleurs
  Henri-Dominique Paratte 15

Commencer et finir souvent. Rupture fragmentaire
et brièveté discontinue dans l'écriture nouvellière
  André Carpentier 35

La forme narrative brève: genre fixe ou genre flou?
Prolégomènes à un projet de recherche sur la pratique québécoise
  Michel Lord 49

Nouvelle et conte: des frontières à établir
  Jeanne Demers 63

Des titres qui font bon genre:
de quelques particularités éditoriales de la nouvelle
  Sylvie Bérard 73

L'onirisme dans la nouvelle
  Roland Bourneuf... 85

En commençant par la fin
  Gaétan Brulotte... 93

II. Lectures: réception critique et usage didactique de la nouvelle

La nouvelle québécoise avant 1940:
une définition à partir de témoignages contemporains
  Joseph-André Senécal 105

Eugène L'Écuyer
  Maurice Lemire... 121

Les premières nouvelles d'Anne Hébert: tremplin ou faux départ
  Lori Saint-Martin 129

Les nouvelles de *Châtelaine* (1976-1980)
  Marie-José des Rivières... 137

Les nouvelles de France Théoret:
pour les risques de la pensée et de l'écriture
    Claudine Potvin 147

Soixante-dix ans de nouvelle franco-ontarienne:
Turcot, Thério, Poliquin
    François Paré 157

La nouvelle dans la littérature acadienne d'aujourd'hui
    Évelyne Foëx.. 167

La nouvelle dans les programmes de français:
une approche didactique
    Jane Koustas 175

La nouvelle dans l'enseignement du français langue seconde
    Rosanna Furgiuele.. 185

III. Bibliographie sélective de la nouvelle
    Michel Lord et Camille Pagee 197

IV. Index des noms 217

*Cet ouvrage
composé en Amasis 10 sur 11,5
a été achevé d'imprimer
en octobre mil neuf cent quatre-vingt-treize
sur les presses des Ateliers graphiques Marc Veilleux inc.
Cap-Saint-Ignace (Québec).*